"绿谷双名工程"丛书

探索与实践

山区小学教师一体化专业发展体系

虞　悦　虞伟庚　著

上海交通大学出版社
SHANGHAI JIAO TONG UNIVERSITY PRESS

内容提要

本书结合丽水学院十多年来的教师教育实际，对山区小学教师一体化专业发展体系展开深入研究，系统阐述了山区小学教师一体化专业发展体系的内涵、构成、特点及要求，以及该体系所需的理念体系、人才培养体系、目标体系、内容体系、实施体系、支持服务体系、质量保障体系和文化体系，为山区教师专业发展体系的构建与进一步完善提供了参考和依据。本书聚焦山区小学教师群体，旨在为山区小学教师专业成长的顶层设计与实践优化提供理论支撑与实践指导。

图书在版编目(CIP)数据

探索与实践:山区小学教师一体化专业发展体系/
虞悦,虞伟庚著. 一上海:上海交通大学出版社,
2024.6. —ISBN 978 - 7 - 313 - 30924 - 2

Ⅰ. G625.1

中国国家版本馆 CIP 数据核字第 20246RR257 号

探索与实践:山区小学教师一体化专业发展体系
TANSUO YU SHIJIAN:SHANQU XIAOXUE JIAOSHI YITIHUA ZHUANYE FAZHAN TIXI

著　者:虞　悦　虞伟庚
出版发行:上海交通大学出版社　　　　　　地　址:上海市番禺路 951 号
邮政编码:200030　　　　　　　　　　　　电　话:021 - 64071208
印　制:上海万卷印刷股份有限公司　　　　经　销:全国新华书店
开　本:710mm×1000mm　1/16　　　　　　印　张:11.75
字　数:210 千字
版　次:2024 年 6 月第 1 版　　　　　　　印　次:2024 年 6 月第 1 次印刷
书　号:ISBN 978 - 7 - 313 - 30924 - 2
定　价:88.00 元

F 总 序
Foreword

序言：地方师范学院教师教育一体化的新探索

"一体化"是教师教育的重要特征，是终身教育思想在教师专业发展中的重要体现。1999年教育部印发了《关于师范院校布局结构调整的几点意见》，对师范教育体系结构开始了全面调整，其重要内容之一就是整合教师职前培养和职后继续教育的资源和机构，这是政府层面对教师教育"一体化"提出的最早要求。

很多研究者和教师培养、培训机构都在致力于实现教师教育一体化，丽水学院于2012年开始实施教师教育体制改革，其核心目标就是实现协同培养、教师教育职前职后一体化。经过十多年的实践探索，学校在师范生培养和在职教师继续教育方面都取得了明显的进步。

本书既是对丽水学院十多年教师教育实践的总结，又是基于山区小学教师教师一体化专业发展体系的理论探索。全书以培养具有"山区情怀""行知精神""体艺特长"，愿意服务山区小学发展的师资为特色的丽水学院小学教育专业为研究对象，从教师一体化专业发展体系入手，重点从小学教师一体化专业发展理念体系、小学教师一体化专业发展人才培养体系、小学教师一体化专业发展目标体系、小学教师一体化专业发展内容体系、小学教师一体化专业发展实施体系、小学教师一体化专业发展支持服务体系、小学教师一体化专业发展质量保障体系、小学教师一体化专业发展文化体系、小学教师一体化专业发展研究体系等九个方面对小学教师一体化专业发展进行"行知合一"的阐述。

本书的研究重点是小学教师一体化专业发展体系，并以丽水学院小学教育专业人才培养和小学教师专业发展培训作为典型案例，提炼了丽水学院小学教育专业对"教师一体化"理论建设的贡献，把丽水学院教师教育的"一体化"探索，通过山区小学教师培养呈现出来，全书内容贯穿"一体化""体系化"和"操作化"等鲜明特点。

一是"一体化"。全书基于"山区小学教师一体化专业发展体系"这一话题，围绕"一体化"这个关键词，对小学教师专业发展的一体化理念、目标、内容以及实施和评价等展开了研究,把"一体化"的理念通过人才培养体系、人才培养模式、课程内容的整合、实施方法的序化等落实到小学教师专业发展的全过程,能给教师教育以启示。

二是"体系化"。通过以"一体化体系"为重点的研究,构建了小学教师一体化专业发展理念体系、小学教育专业人才培养体系、小学教师继续教育体系、小学教育专业培养目标体系、小学教师继续教育目标体系、小学教师一体化专业发展内容体系、小学教师一体化专业发展理论课程体系、小学教师一体化专业发展实践课程体系、小学教师一体化专业发展活动课程体系、小学教师一体化专业发展实施体系、小学教师一体化专业发展人才培养模式、小学教师一体化专业发展理论教学体系、小学教师一体化专业发展实践教学体系、小学教师一体化专业发展质量保障体系和小学教师一体化专业发展研究体系等。研究者着力将"一体化"落实为"体系化",通过教师教育各环节的体系设计,达成教师专业一体化成长的目标。

三是"操作化"。本书力图将"小学教师一体化专业发展体系"通过"体系化"设计的方式转化为行动模式,落实到师范生人才培养和小学教师在职继续教育的活动中,所设计的各种体系均具有操作性,并以丽水学院小学教育专业的实践加以验证,取得了良好的成效。

本书能给教师教育工作者带来一定的教师教育"一体化""体系化""操作化"理念启发和实操借鉴,也能给师范生和在职教师的专业发展带来理论学习和实践锻炼等方面启示,希望作者能继续开展理论探索,争取实践和理论各方面都能取得更大的突破。

陈建华

2024 年 1 月

C 目 录
ontents

第一章

教师一体化专业发展体系

教师是教育事业的专门从事者,是专业人才。教师的专业发展需要完整的教师教育支撑体系,教师一体化专业发展体系是教师专业发展的需要,更是教育事业发展的需要。

一、教师一体化专业发展的内涵界定

要厘清"教师一体化专业发展体系"的含义,就必须要搞清教师专业发展、教师教育一体化、教师专业发展体系和教师一体化专业发展体系等的含义。

(一) 教师专业发展

教师专业发展,可以从不同角度进行理解,如"教师专业的发展"与"教师的专业发展"。教师的专业发展又可从教师个体的专业发展与教师队伍的专业发展两个角度理解。

"教师专业的发展"主要指教师职业的历史演变。教师职业成为专业并非一蹴而就,需要经历非专门化阶段、专门化阶段和专业化阶段。教师职业发展到专业化阶段,教师成为专业人员,才会重视教师的专业发展。教师职业的历史演变又与教师教育(师范教育)有着密切的关系。专门培养教师的师范教育为教师职业的专业化奠定了良好基础。

"教师的专业发展"则强调教师由非专业人员成为专业人员的过程,即教师的专业化过程。一般而言,教师专业发展是指教师作为专业人员,在专业理念、专业理想、专业道德、专业知识、专业能力等方面不断积累、不断提升和不断完善的过程。教师专业发展的过程,从教师个体专业发展而言,通常是指从新手型教师(或新教师、不成熟教师)不断发展到成熟教师、专家型教师的过程。从教师队伍专业发展而言,即是教师队伍结构不断趋于合理、教育教学水平不断提升的过程。本书的教师专业发展,是指教师个体专业发展。

教师专业发展的内涵一般包括:

(1)定位:专业人员。教师是专业人员,已经得到社会的普遍认可。专业或称专门职业,最早是从拉丁语演化而来,是指经过专门教育或训练,具有较高层次的知识和专门技术,按照一定专业标准所从事的专门职业。卡尔·桑德斯(Carl Saunders)(1933年)是较早系统研究"专业"的社会学家,他认为,"所谓专业是指一群人在从事一种需要专门技术的职业。① 专业是一种需要特殊智力来培养和完成的职业,其目的在于提供专门性的服务"。英国数学家、哲学家、教育理论家阿尔弗雷德·诺思·怀特海(Alfred North Whitehead)认为,专业是一种行业,其活动有理论的根据、有科学的研究,可以验证,并且能从理论分析与科学验证中积累知识来促进这个行业的活动。正因为认可了教师是专业人员,才有教师专业发展的要求。

(2)目标:专业化。教师专业发展的目标就是促进教师不断专业化,或者说是不断提高教师专业水平的过程。具体而言,专业化是指一个普通职业群体逐渐符合专业标准、成为专门职业并获得相应的专业地位的过程。教师专业化,就是指教师在整个专业生涯中,通过终身的专业训练,形成教育理念,习得教育专业知识技能,实施专业自主,表现专业道德,并逐步提高自身从教素质,成为一个良好的教育专业工作者的专业成长过程。这一过程是连续不断的深化发展过程,是动态的、多方面的变化过程,它既是教师认识过程的不断变化发展,又是教师情感、意志、个性等方面的不断变化发展,是教师职业生涯成熟的过程。

(3)内容:全面性。教师专业发展的内容极为广泛,重点包括专业理念更新、专业理想稳定、专业道德崇高、专业知识深拓、专业能力增强等。专业理念重在教师对教育行业、教师专业的理解与认识。在教师专业发展过程中,教师的专业理念随着社会和教育的发展而不断更新。专业理想主要是指教师在教育工作方面,以个人理解和感受为基础形成的教育生活、价值以及目的等的信念和理想。教师需要有稳定的为教育事业奋斗终身的理想信念。专业道德主要包括对学生的态度与行为、教育教学的态度与行为、个人修养与行为等。职业道德是教师个人修养在教育教学活动中的体现,也是重要的教育因素,对教师自身和教育对象都会产生深远的影响。教师肩负的职责决定教师必须具备崇高的职业道德。专业知识主要指学生发展知识、学科知识、教育教学知识、通识性知识等。在教师生涯发展过程中,教师的各方面知识既需要不断深化、拓展,又需要融合、灵活运用。专业能力主要指教师的教育与教学设计、组织和实施、激励与评价、

---

① 钟祖荣.论教师专业发展的现代理念[J].中小学管理,2003(1):30-33.

沟通与合作、反思与发展能力等。教师的专业能力既需要通过教育教学实践得到展示和提升，又需要通过理论的引领和启迪获得发展，理论与实践互动过程中的反思研究是教师提高专业能力的重要手段。

（4）途径：多样化。教师专业发展的途径多种多样。教师的育人职责要求教师自己必须成为学习者、研究者和合作者。不仅如此，教师还应该具有专业发展的自主性、能动性和创造性。教师不仅要具备社会要求的基本素养，即教师基本素质，而且要充分发挥自身的潜质、个体的个性和特长，即突出个人的专业发展。教师专业发展的途径具体可区分为学习、实践、生活、反思、合作和研究六大方面：学习——与知识对话，优化知识结构。教师是学习者，自学应成为每一位老师的生活习惯。好学应成为每一位教师的性格品质。实践——与行动对话，丰富实践经验。教师的实践活动主要包括教育教学实践活动和教育教学参观考察等。教师要在教学过程中要求自己、规范自己、提升自己。教师的情感、态度、价值观将在教学过程中得到充分展示。教师是不是爱生，是不是敬业，都将在课堂教学中的一言一行中展示出来。教师除亲身实践外，观摩同伴的实践，进行教育教学参观考察等都是丰富自己实践经验的好途径。生活——与社会对话，接受生活教育。参与社会发展，接受生活教育；享受家庭生活，接受家庭教育。反思——与自己对话，谋求持续发展。形成"问题意识"是自我反思的核心。反思的重点就是要对自己的成长过程、生活经历等提出拷问，希图在后续的发展中吸取教训、运用经验。合作——与他人对话，收获共生共赢。与名师（专家）对话，在学习中成长；与同事对话，在交流中成长；与家长对话，在合作中成长；与学生对话，教学相长。合作不仅是一种能力，也是一种态度和姿态。研究——与新知对话，探索教育规律。教师研究是指教师应树立研究意识，以研究的态度去对待学生、学习、教育教学活动；指教师应与研究人员一样去探索教育教学规律、学科发展现状、规律和前沿知识、创造性地运用各学科知识；指教师应与研究者合作，共同推进教育事业发展。教师研究意味着教师要摒弃经验主义的做法，成为研究者、研究型教师，意味着每一位老师都要围绕教育教学活动开展研究工作，不断探索教育教学规律，创造性地促进学生发展。

（5）特点：多样性、自主性和持续性。教师是教育工作者，在教育过程中承担着组织者、引导者、激励者和示范者等角色，同时又是学习者和研究者，教师工作的复杂性决定了教师专业发展的多样性。教师的职责要求教师必须是自主学习者、树立终身学习意识、具备终身学习能力，教师是终身学习观的直接实践者，是学习型社会的组织者和示范者、引领者，教师专业发展要求教师自主学习。同时，教师专业发展也是自主学习的结果。具有自主性，自主学习、主动参与各种方式的培训，才能不断促进教师自身专业发展。教师专业发展又是一个持续不断、逐步提高的过程，教师专业发展贯穿教师职业生涯的全过程。

（二）教师教育一体化

1."一体化"的内涵

"一体化"一般是指多个原来相互独立的主权实体通过某种方式逐步在同一体系下彼此包容，相互合作。一体化过程既涉及国家间经济，也涉及政治、法律和文化，或整个社会的融合，是政治、经济、法律、社会、文化的一种全面互动过程。

"一体化"一词现在的应用已经极为广泛，如全球一体化、区域一体化、城乡一体化、经济一体化、物流一体化、机电一体化，又如一体化战略、一体化发展、一体化平台、一体化研发、一体化教学、一体化管理体系、一体化政务服务等。"一体化"既可用于国家，又可用于企业，既可用于政治，又可用于经济，管理、生产、服务、文化、教育等其他领域也同样在应用。

"一体化"概念的含义可以理解为：将两个或两个以上的互不相同、互不协调的事项，采取适当的方式、方法或措施，将其有机地融合为一个整体，形成协同效力，以实现组织策划目标的一项措施。①

在教师教育实践中，"一体化"应该理解为与综合化、系统化、序列化、协同化和融合化等相一致的概念。综合化主要针对教师的综合素养而言，教师专业发展不仅需要知识丰富，更加需要理念更新、能力增强等等，教师专业发展是综合素养的提升，如情智一体化、人格专业职业一体化等；系统化可以理解为结构化、体系化等，重点从横向梳理，将影响教师专业发展的各种因素进行分类整理、互动互促，使之发生整体大于部分之和的功效，如教科培一体化等；序列化则重点从纵向梳理，对教师生涯发展不同阶段所面临的任务进行分解，并采取相应的举措，促进教师专业可持续发展，如职前职后一体化；协同化重在强化在教师自身主体作用下，利益相关各方的协同，如师范生培养中强调的高校、教育主管部门和中小学的"三位一体"协同培养，"UGS""UUGS""UGSF"等协同培养模式②；融合化则强调的是培养（培训）机构、学习内容等内部的融合，如课内课外一体化、校内外一体化、理论实践一体化、学科课程和教师教育课程的融合等。

---

① 王治卿. 集约型一体化管理体系创建与实践[M]. 北京：中国石化出版社，2010.
② UGS，UUGS，UGSF 具体指高校-政府-学校（UGS，University-Government-School）协同培养模式、高校-高校-政府-学校（UUGS，University-University-Government-School）协同培养模式、高校-政府-学校-机构（UGSF，University-Government-School-Facility）。

2. 教师教育一体化的内涵

教师教育是师范教育的升级版，一般是指"关于教师的教育"，包括教师的职前培养、职后培训等教师专业成长的全过程，即其本身就包含"一体化"的含义。

教师教育一体化，是在终身教育思想指导下，按教师专业发展不同阶段，对教师职前培养和职后培训进行整体设计，实现教师成长的连续性、阶段性和发展性的教育过程。[①]

一体化教师教育，即是为了适应学习化社会的需要，以终身教育思想为指导，根据教师专业发展的理论，对教师职前、入职和在职教育进行全程的规划设计，建立起教师教育各个阶段相互衔接的、既各有侧重又有内在联系的教师教育体系。[②]

《中国教育年鉴（2003）》指出，一体化的教师教育包括三层意思：一是职前培养、入职教育、职后提升一体化；二是中小幼教师教育一体化；三是教学研究与教学实践的一体化，即师范大学与中小学相互协作的关系。[③]

"教师教育一体化"是一个内涵非常丰富的概念，既包括教师职前培养与职后继续教育的一体化、教科培一体化等教师成长过程的一体化，又包括教师教育目标、内容、实施和评价等的一体化。教师教育一体化是以促进教师专业发展为目标，以共享资源、优势互补为基础，以协同化、融合化为抓手，把职前培养、入职教育、职后培训等教师专业发展不同阶段的发展目标、发展内容、发展途径等有机整合，把自主学习、教学研究、教育科研等教师专业发展不同手段有机地融入到教学实践活动中，充分发挥高校、教育主管部门和中小学等相关利益方的作用，促进教师素养整体、持续提升的教师专业发展策略。

（三）教师专业发展体系

体系，一般指的是若干相关的事物或思想意识基于一定的逻辑相互联结而构成的一个有机整体。教师专业发展体系指的是影响教师专业发展的各种因素（教师专业发展理念、目标、内容、措施、评价等），根据教师生涯发展的阶段特征和需求，以促进教师专业持续发展为目标而构成的统一整体。

教师专业发展是一个复杂的系统工程，强化教师专业发展体系或者说教师教育体系建设就成为教师教育的基础性工作。2002年，《教育部关于"十五"期间教师教育改革与发展的意见》（教师〔2002〕1号）指出："教师教育体系的布局

---

① 陈春勇. 构建新时代教师教育一体化体系：困境与出路[J]. 大连教育学院学报，2020（3）：4.
② 师范教育一体化课题组. 上海市教师教育一体化的战略思考[J]. 高等师范教育研究，1998（5）：3.
③ 中国教育年鉴编辑部. 中国教育年鉴（2003）[M]. 北京：人民教育出版社，2003.

和层次结构还不尽合理，培养培训相互衔接一体化程度较低，教师教育体系的开放程度还不够高，教师教育制度建设有待进一步加强。"并强调"按照基础教育事业发展目标，依据国家有关规定，确定合理的师范院校培养规模、结构，初步形成以现有师范院校为主体，其他高等学校共同参与，培养培训相衔接，体现终身教育思想的开放的教师教育体系。制定和完善教师教育的法规、制度，依法保障教师教育的改革与发展。"

2018年，《教师教育振兴行动计划（2018—2022年）》中多次强调"教师教育体系"："以提升教师教育质量为核心，以加强教师教育体系建设为支撑，以教师教育供给侧结构性改革为动力，推进教师教育创新、协调、绿色、开放、共享发展，从源头上加强教师队伍建设，着力培养造就党和人民满意的师德高尚、业务精湛、结构合理、充满活力的教师队伍。""发挥师范院校主体作用，加强教师教育体系建设。加大对师范院校的支持力度，不断优化教师教育布局结构，基本形成以国家教师教育基地为引领、师范院校为主体、高水平综合大学参与、教师发展机构为纽带、优质中小学为实践基地的开放、协同、联动的现代教师教育体系。"①

根据教育部的相关文件精神，教师专业发展体系，或者说教师教育体系涵盖范围很广，如布局、层次结构，培养和培训机构等。教师教育机构，重点要研究的教师专业发展体系则是教师培养体系、教师入职教育体系和教师继续教育体系。

（四）教师一体化专业发展体系

教师一体化专业发展体系是终身教育思想在教师教育中的实践，即把"一体化"的理念（综合化、系统化、序列化、协同化和融合化等）落实到教师专业发展行动中，以"一体化"理念为指导设计教师专业发展体系。具体可以从教师专业发展的纵横两个维度重点思考。从纵向教师专业成长过程看，这一体系包括教师职前培养体系（师范生人才培养体系）、教师入职教育体系（新任教师教育培养体系）和教师继续教育体系。从横向教师专业成长的影响因素看，这一体系又包括教师专业发展目标体系、教师专业发展内容体系（理论课程体系、实践课程体系和活动课程体系）、教师专业发展实施体系（人才培养模式、理论教学体系和实践教学体系）、教师专业发展支持服务体系（师资队伍建设、设施设备支持和环境条件创设）、教师专业发展质量保障体系（激励体系和评价体系）、教师专业发展文

---

① "教育部等五部门关于印发《教师教育振兴行动计划（2018—2022年）》的通知"，中华人民共和国教育部，访问日期：2023年12月29日，http://www.moe.gov.cn/srcsite/A10/s7034/201803/t20180323_331063.html。

化体系和教师专业发展研究体系等。

纵横匹配、内外结合、多维融合，是教师一体化专业发展体系的主要特点。"纵横匹配"是指根据教师专业发展不同阶段（纵向）的需求和特点，提供不同的教育元素（横向），这些教育元素既有区别又有联系，可能是持续提高的，也可能是独属某一阶段的，总之是与发展阶段的需求相匹配的，从而促进教师专业终身可持续发展。如不同发展阶段可能有不同的课程，也可能同一课程在不同阶段有不同程度的要求。"内外结合"既指教师个人的内在动机与外在要求，也指培养、培训机构的内部工作与外部协同等，教师专业发展既需要教师自身的不懈努力，也需要外部的各种支持条件。教师教育机构既需要科学设计、努力工作，又需要相关部门的支持与帮助。教师一体化专业发展体系既需要关注内在因素，又需要重视外部条件。内外结合才能更好促进教师专业发展。"多维融合"重在"融合"，即多方面、多角度的融合。教师专业发展需要主教（兼教）学科知识与教师教育学科知识的融合、理论与实践的融合、信息技术与学科的融合、教学与教科研的融合……教师一体化专业发展体系必然是现代化、科学化、开放化、终身化、融合化的体系。

二、教师一体化专业发展的依据

教师专业发展需要完善的教师教育体系，这一体系应该是职前培养、职后培训、教学、研究和服务等的一体化，即教师专业发展需要构建一体化专业发展体系。教育部的相关政策、教育理论和教育实践都为这一体系的构建提供了依据。

（一）教师一体化专业发展的政策依据

1999 年 3 月，教育部印发《关于师范院校布局结构调整的几点意见》，开始对师范教育体系进行调整，其结构调整的一个重要表现是"整合职前培养和职后培训的资源和院校，开启了教师教育一体化工作"[1]。

2001 年，《国务院关于基础教育改革与发展的决定》提出，"完善以现有师范院校为主体、其他高等学校共同参与、培养培训相衔接的开放教师教育体系"。"教师教育"的概念首次正式出现在国家教育政策文本中，师范教育从此由强调职前培养转向了关注教师终身发展。[2]"教师教育"其实就包含了"一体化"或职前职后一体化的内涵。

教育部近几年来颁发的许多相关教育政策更是明确要求构建一体化教师教

---

[1] 周彬. 教师教育变革 40 年：历程、经验与挑战[J]. 教师教育研究，2019 年第 2 期：3.
[2] 梁丹. 弦歌不辍照芳华——师范教育的百年实践[J]. 中国教育报，2021 年 6 月 10 日.

育体系。2019年2月,我国出台了第一个以教育现代化为主题的中长期战略规划《中国教育现代化2035》,在其"建设高素质专业化创新型教师队伍"的战略任务中明确要求,培养高素质教师队伍,健全以师范院校为主体、高水平非师范院校参与、优质中小学(幼儿园)为实践基地的开放、协同、联动的中国特色教师教育体系。强化职前教师培养和职后教师发展的有机衔接。夯实教师专业发展体系,推动教师终身学习和专业自主发展。①

教师教育相关文件则进一步把一体化教师教育体系作为教师专业发展的支撑。2012年9月,教育部等三部门联合印发《关于深化教师教育改革的意见》,提出建立高校与地方政府、中小学联合培养教师的新机制,促进教师培养、培训、研究和服务一体化。2014年,《教育部关于实施卓越教师培养计划的意见》指出,高校将社会需求信息及时反馈到教师培养环节,优化整合内部教师教育资源,促进教师培养、培训、研究和服务一体化。2015年,《教育部 财政部关于改革实施中小学幼儿园教师国家级培训计划的通知》要求,鼓励支持有条件的高等学校开展教师专业发展学科建设,进行非学历培训与学历教育课程衔接、学分互认试点,推进培养培训一体化。2016年,《教育部关于加强师范生教育实践的意见》要求,完善教育实践与就业一体化的指导体系,大力推动教育实践与就业的有机结合。2018年,《教师教育振兴行动计划(2018—2022)》强调"以加强教师教育体系建设为支撑"。2020年,《教育部等六部门关于加强新时代乡村教师队伍建设的意见》要求,抓好乡村教师培训,积极构建省、市、县教师发展机构、教师专业发展基地学校和名校(园)长、名班主任、名教师"三名"工作室五级一体化、分工合作的乡村教师专业发展体系。

其他教师专业发展相关的文件也对一体化专业发展体系提出要求。2017年10月教育部颁布的《小学教育专业认证标准(第二级)》中要求:"与地方教育行政部门和小学建立权责明晰、稳定协调、合作共赢的'三位一体'协同培养机制,基本形成教师培养、培训、研究和服务一体化的合作共同体。"2019年,教育部等五部门印发的《关于加强新时代中小学思想政治理论课教师队伍建设的意见》强调,推进大中小学思政课教师队伍专业发展一体化建设。发挥高校马克思主义学院辐射作用,主动对接中小学思政课教师队伍建设,开发专门培训项目,并鼓励教师走进中小学校开展教学实践。推动大中小学思政课教师专业发展一

① 中共中央、国务院.《中国教育现代化2035》,2019年2月23日,中华人民共和国中央人民政府网站:https://www.gov.cn/zhengce/2019-02/23/content_5367987.htm,访问日期:2023年12月17日。

体化团队建设,每年遴选一批国家级示范团队,确保每个团队涵盖各学段思政课教师,定期开展大中小学思政课一体化教学研究活动。

2022年4月,教育部等八部门印发的《新时代基础教育强师计划》进一步强调:"遵循教师成长发展规律,以高素质教师人才培养为引领,以高水平教师教育体系建设为支撑,以提升教师思想政治素质、师德师风水平和教育教学能力为重点,筑基提质、补短扶弱、做优建强、全面提高教师培养培训质量,整体提升中小学教师队伍教书育人能力素质,促进教师数量、素质、结构协调发展,为构建高质量教育体系奠定坚实的师资基础。……坚持质量为重。服务教育高质量发展要求,加强高质量教师队伍建设,推动地方政府、学校、社会各方深度参与教师教育,强化师范院校在教师教育体系中的主体地位,推进职前培养和职后培训一体化,创新师范生教育实践和教师专业发展机制模式,提升教师培养培训质量。……到2035年,适应教育现代化和建成教育强国要求,构建开放、协同、联动的高水平教师教育体系,建立完善的教师专业发展机制,形成招生、培养、就业、发展一体化的教师人才造就模式"。

教育部的相关政策文件不仅为教师一体化专业发展体系的构建提供了政策依据,而且明确了教师一体化专业发展体系的基本内涵。

(二)教师一体化专业发展的理论依据

1. 终身教育理论

终身教育的观念早已存在,我国民间"活到老,学到老"的俗语就有这样的含义,我国著名教育家陶行知先生1934年在《普及现代生活教育之路》一文中写道:"生活教育与生俱来,与生同去,出世便是破蒙,进棺材才算毕业"。① 陶行知先生的生活教育理论中有明确的终身教育理念。但终身教育真正确立并产生全球影响的是在20世纪60年代。1965年12月,联合国教科文组织召开第三届促进成人教育国际委员会会议,会上,被誉为"终身教育之父"的法国教育家保罗·朗格朗(Paul Lengrand)以"终身教育"为题做了专题报告,"终身教育"作为一个教育的新概念、新理念被首次提出,并引起了热烈反响。在1970年的联合国"国际教育年"上,教科文组织把"终身教育"这一新理念作为"国际教育年"的12大主题之一推荐给了各成员国。保罗·朗格朗为配合这次活动,于1970年出版了《终身教育引论》专著,系统阐述了他的终身教育思想。20世纪六七十年代是西方现代终身教育理论形成的重要时期。保罗·朗格朗的终身教育观点与瑞典经

---

① 陶行知.陶行知全集[M].成都:四川教育出版社,1991.

济学家莱恩的"回归教育"设想（1968年）①、美国教育思想家赫钦斯（Robert M.
Hutchins）的"学习型社会"概念（1968年）②、巴西教育家保罗·弗莱雷（Paulo
Freire）的"被压迫者的解放教育"思想（1970年）③、奥地利哲学家伊凡·伊里奇
（Ivan Illich）的"非学校化社会"观点（1971年）④等汇聚在一起，形成一股强劲的
现代终身教育思潮，席卷并震撼了全球教育领域。

保罗·朗格朗的终身教育定义是：终身教育所意味的，并不是指一个具体的
实体，而是泛指某种思想或原则，或者说是指某种一系列的关系与研究方法。概
括而言，也即指人的一生的教育与个人及社会生活全体的教育的总和。⑤保
罗·朗格朗的终身教育思想中最强调的是成人教育，因为成人教育与生活、生产
的联系更加紧密，学习的内容、方式、组织形式等更加自由、自主，更能满足人的
个性化发展的需要。他强调成人教育才是真正的教育，其实是说，真正的教育应
该具有"平等、民主（自主、自足）、自由、与生产生活紧密联系"的特征。

因此，终身教育至少有两方面的含义：纵向方面，指教育贯穿人的一生，即从
生命形成到生命结束的生命全过程都要接受教育，而且不同阶段所受的教育不
同；横向方面，指影响人的一生发展的各种教育影响的协调一致，包括家庭、社会
（社区、乡村）和学校，一生所受的各种培训等与人的个性发展、人格完善、能力
培养，与生活、生活的协调一致。

终身教育本身就是一种理念，是一种建立教育体系的指导原则。"终身教育
这个概念包括教育的一切方面，包括其中的每一件事情，整体大于部分的总和，
世界上没有一个非终身而非割裂开来的永恒的教育部分。换而言之，终身教育
并不是一个教育体系，而是建立一个体系的全面的组织所根据的原则，这个原则
又是贯穿在这个体系的每个部分的发展过程之中。"⑥终身教育给教师一体化专
业发展体系建立提供了重要的理论依据。

2. 教师专业发展阶段理论

20世纪60年代，美国得克萨斯大学的弗兰西斯·富勒（Frances Fuller，
1969年）提出教师发展的"关注阶段理论"（职前关注阶段、入职初期关注阶段、

① 李国强.保罗·朗格朗与终身教育理论——兼论西方终身教育理论对我国教育现代化的启示[J].教育研究，2017（6）：149.
② 罗伯特·赫钦斯.林曾，李德雄，蒋亚丽，等译.学习型社会[M].社会科学文献出版社，2017.
③ 保罗·弗莱雷.顾建新，张屹，译.被压迫者教育学[M].华东师范大学出版社，2020.
④ 伊万·伊里奇.吴康宁，译.去学校化社会[M].中国轻工业出版社，2017.
⑤ 保罗·朗格朗.终身教育引论[M].周南照，陈树清，译.中国对外翻译出版公司，1985.
⑥ 联合国教科文组织国际教育发展委员会.学会生存——教育世界的今天和明天[M].上海：华东师范大学比较教育研究所，译.教育科学出版社，1996.

教学情境关注阶段、关注学生阶段），自此，学者们开始高度重视教师专业发展的发展阶段，各种阶段理论逐渐产生。

美国学者卡茨丽莲·凯兹(Lilian Katz)(1972年)运用调查法，归纳出教师专业发展的"求生存时期、巩固时期、更新时期和成熟时期"四阶段理论[1]；美国俄亥俄州立大学教授伯顿(Burden)(1979年)等人将教师专业成长分为"求生存阶段、调整阶段、成熟阶段"三个阶段[2]；伯利纳(Berliner)(1992年)提出，教师专业发展经历"新手教师、熟练新手教师、胜任型教师、业务精干型教师和专家型教师"五个阶段；美国学者斯德菲(Steffy)(1989年)将教师专业发展分为"预备生涯阶段、专家生涯阶段、退缩生涯阶段、更新生涯阶段、退出生涯阶段"五个生涯阶段[3]；美国学者费斯勒(Fessler)(1985年)认为教师专业发展经历"职前教育阶段、引导阶段、能力建立阶段、热心和成长阶段、生涯挫折阶段、稳定和停滞阶段、生涯低落阶段和生涯退出阶段"八个阶段[4]；美国学者休伯曼(Huberman)(1993年)等人认为教师专业发展经历"入职期、稳定期、实验和歧变期、重新估价期、平静和关系疏远期、保守和抱怨期、退休期"七个阶段。

国内的如王秋绒(1991年)认为教师专业发展经历"师范生阶段(探索适应期、稳定成长期、成熟期)、实习教师阶段(蜜月期、危机期、动荡期)、合格教师阶段(新生期、平淡期、厌倦期)"；叶澜(2001年)等认为教师专业发展经历"非关注、虚拟关注、生存关注、任务关注和自我更新关注"等五个阶段；吴康宁(1998年)则认为教师专业化过程分为预期专业社会化与继续专业社会化两个阶段。

不管是国内学者还是国外学者，大家普遍认为教师专业发展是分阶段的，每个阶段有不同的特点，但这些阶段又是连续的、相互影响的，而且许多学者都将教师专业发展阶段延伸到职前培养，即职前职后一体化发展。

教师专业发展阶段理论同样为教师一体化专业发展体系的建立提供了坚实的理论依据。

（三）教师一体化专业发展的实践依据

各高校的师范生培养实践给教师一体化专业发展体系提供实践依据。

北京师范大学将习近平总书记提出的"四有"好老师培养目标和育人理念落实到教育实战之中，改变学科专业教育和教师职业素养教育简单叠加的做法，构

---

① 丽莲·凯兹. 与幼儿教师对话：迈向专业成长之路[M]. 南京：南京师范大学出版社，2004.
② NEMAN L, BURDEN P, APPLEGATE J. Helping Teachers Examine Their Long-range Development [J]. The Teacher Educator, 1979,15(4):7 - 14.
③ 赵昌木. 论教师成长[J]. 高等师范教育研究,2002,14(3):11 - 15.
④ 赵昌木. 论教师成长[J]. 高等师范教育研究,2002,14(3):11 - 15.

建以通识教育、专业教育和教师职业素养教育三维度为基础的一体化培养模式。其中，通识教育涵盖家国情怀与价值理想、社会发展与公民责任、国际视野与文明对话、艺术鉴赏与审美体验、经典研读与文化传承、数理基础与科学素养六大课程模块，重在培养学生理想信念和开阔视野；专业教育主要是学科基础课和专业方向课，重在培养扎实学识和必备品格；教师职业素养教育由课程体系和实践训练体系构成，侧重培养仁爱之心和育人智慧。"三维度"各有侧重，又相互贯通强化，每个维度均进行全学段精心设计，实现育人目标和路径"一体化"、多学科群支撑的师范生人才培养体系。[1]

为做优做强教师教育，南京师范大学于 2005 年新建专门的教师教育学院，以培养"未来教育家"为目标，以培养高素质专业化创新型基础教育卓越教师为核心，以一流师范专业为依托，建设教师教育创新示范区，塑造新时代"大先生"，构建新型"大学＋师范"的综合性大学教师教育体制和运行机制，全力打造有国际影响力的教师职前培养基地、在职教师培训基地和教师教育理论研究基地；在教育学一级学科下在国内率先自主设置教师教育硕士学位点，面向基础教育开展"4＋2"等模式研究生教育，高起点培养卓越教师，教师教育学院负责学位点建设和招生培养；为推进教师职前培养与职后培训一体化建设，南京师范大学于2010 年增设了南京师范大学基础教育师资培训中心，挂靠教师教育学院，更好地服务基础教育。目前中心拥有"国培计划"专家库入选专家 20 余人，设有专门的教师培训专家指导委员会；随着新一轮学位点，调整和全日制专业学位综合改革试点，学校于 2011 年将中文、数学、英语、物理、化学、生物、思政、历史、地理等与教师教育相关的 9 个学科教学专业硕士学位点，调整为教师教育学院负责建设、招生和培养。《推进新时期教师教育实体化、高端化、一体化改革，打造教育家成长摇篮》获江苏省教学成果奖（高等教育类）特等奖和国家教学成果二等奖。[2]

各地的教师教育实践也给教师一体化专业发展体系的建立提供了实践依据。

2021 年 10 月，"长三角生态绿色一体化发展示范区教师一体化培养方案"发布仪式在江苏省吴江区举行，仪式现场正式发布了"长三角示范区教师一体化

---

[1] 北京师范大学：《北京师范大学构建面向未来的卓越教师培养体系　大力培养新时代"四有"好老师》，2019 年 3 月 7 日，中华人民共和国教育部：http://www.moe.gov.cn/jyb_xwfb/s6192/s133/s139/201903/t20190307_372524.html，访问日期：2023 年 12 月 28 日。

[2] "南京师范大学教师教育学院简介"，南京师范大学，2023 年 12 月 28 日访问，http://jsjyxy.njnu.edu.cn/xygk/xyjj.htm。

培养方案"。该方案重点突出资源共享、辐射引领和合作交流三大功能,明确了智库共享、课程共建、轮值主持、名师联训、规培互通、学分互认、品牌联建等 7 项共建共享发展机制,推动一体化发展示范区教师一体化高质量培养,促进示范区教师职业品味和教育能力水平的综合提升,打造优质师资队伍,助推一体化示范区建设成为国内国际有影响力的教育高地。①

为了建设高素质专业化创新型教师队伍,湖北省设立省级教师教育综合改革实验区,构建地方政府、高等学校、中小学校幼儿园"三位一体"的系统培养机制,实现教师培养培训一体化、职前职后相衔接,支持区域内高等学校与地方政府、中小学、幼儿园等教师队伍统筹建设规划。通过建立省级教师教育综合改革实验区,建立健全高等学校与地方政府、中小学校协同培养机制,推动教师培训、培养、教研与发展一体化,促进师范教育与基础教育融合发展,着力构建遵循教育发展规律、适应新技术发展形势、富有湖北地域特色的高水平现代教师教育体系。②

2008 年,浙江省教育厅联合省财政厅印发《关于开展省级教师教育基地建设的通知》,对省级教师教育基地建设的总体目标、主要任务、申报条件和建设方案要求、资助建设经费及资助建设项目、考核验收经费管理、申报材料报送等作了全面规定。明确省级教师教育基地建设的总体目标:2008 年至 2010 年,以从事教师教育的本科高校教师教育学院或教育学院(以下统一简称为教师教育学院)为依托,建立 10 个省级教师教育基地,其中 3 个为省级重点建设基地。通过省级教师教育基地建设,整合教师教育资源,创新教师教育模式,构建培养培训一体化机制,提升浙江省教师教育的层次和水平,努力使省级教师教育基地成为全省或区域性的教师教育信息中心、培训中心、研发中心和学术交流中心。教师教育基地要根据自身优势和特点,努力在师范生培养和中小学教师培训方面办出自身的特色。2010 年,浙江省教育厅出台《浙江省中小学教师专业发展培训若干规定(试行)》,对全省中小学教师专业发展培训采用项目管理的形式,由全省教师教育基地的教师自主申报,全省中小学教师网上自由选课,按项目要求和规范组织实施培训。该形式既是浙江省在教师专业发展培训上的创新举措,也

① "'长三角示范区教师一体化培养方案'发布仪式暨培训者培训力提升高级研修班开班典礼在吴江举行",苏州市吴江区教师发展中心,2023 年 12 月 28 日访问,https://wjjspx. wjjyxxw. com/2021_10/14_16/content-64620. html。
② 中国教育报:《奠基乡村振兴之路——湖北省加强乡村教师队伍建设纪实》,2021 年 8 月 23 日,中华人民共和国教育部:http://www. moe. gov. cn/jyb_xwfb/s5147/202108/t20210823_553286. html,访问日期:2023 年 12 月 28 日。

是教师教育职前培养和职后培训一体化的深度体现。

丽水学院是浙江省首批 10 个省级教师教育基地之一,近年来,学校积极落实省教育厅有关要求,通过组建协调全校师范专业的教师教育学院,开展规范人才培养方案、营造教师教育氛围、强化教师基本技能和实践教学等活动,取得了良好成效,师范毕业生受到用人单位的普遍好评。但是,伴随着学校的转型发展(由以师范院校为主体,转型、合并组建成为地方性、综合性本科院校),学校开始逐年缩减教师教育专业的规模,并努力创造条件开办新的专业和专业群,曾经作为主体专业结构的教师教育专业,成了综合性本科院校众多学科专业中的一员,教师教育的专业特色和规模效应逐年弱化。

为进一步提高教师教育人才培养质量,学校于 2012 年开始实施教师教育体制改革,其核心目标就是实现协同培养、教师教育职前职后一体化。2013 年,学校发布了第一批校级教育体制改革试点项目,其中"教师教育体制改革试点项目"的要求是从综合性本科高校专业结构调整的现实需要出发,根据我国教师教育改革趋势,组建新的专业化高水平的教师教育学院,切实提高教师教育专业人才培养质量,并在面向基础教育、服务基础教育和引领基础教育方面开创新局面。当年,全校除音乐和美术师范专业外,其他师范专业全部并入教师教育学院进行集中培养。培养模式和工作机制是"协同培养,追求卓越"。

"协同培养"是指教师教育学院与相关专业学院、中小学合作,共同培养各专业师范生。师范生的管理由教师教育学院承担,专业基础课和专业课由相关专业学院承担,同时与中小学校密切合作,强化教师教育专业学生的实践教学环节。比如,人才培养方案由各相关部门协同、分工负责编制,不同模块课程的开课计划也由相关部门协同制定,教务处负责编制通识平台课程开课计划、各专业核心教学团队成员负责编制学科平台课程(学科基础课、学科专业课)的开课计划、教育学院负责编制教师教育课程开课计划和教育实践环节设计。具体内容包括确定课程(或实践环节)名称、内容要点、核心课程、建议学分、开设顺序、主要实施方法、评价要求等等。其他如课堂教学、实践教学等都由各相关学院协同承担,教育学院负责统筹。

"追求卓越"是指以教育部卓越人才教育培养计划("卓越计划")的育人理念为指导,培养农村基础教育卓越教师。即教师教育专业应该为学生将来成为卓越教师打下扎实的基础,他们不仅应当具有正确的教育理念与崇高的师德,还应该具备系统、精深的专业知识和很强的教育实践能力。

根据"协同培养、追求卓越"的要求,紧紧围绕教师教育专业人才培养目标,重点构建以学思结合、知行合一、因材施教为主要特征的人才培养模式。建立合作育人、系统培养的育人机制。努力将教师教育职前与职后两个阶段有效衔接，构建教师教育一体化体系，通过开展在职教师培训，努力实现以培促教、以教促培。一方面，在培训中了解、研究基础教育的问题和教师专业成长的规律，促进教师教育教学、研究的发展；另一方面，教师教育教学和研究的发展又为解决基础教育问题、促进基础教育师资素质的提升提供了条件。培养教师非大学独立所能为，而必须集大学和基础教育之合力。教师教育一体化体系的构建有利于联通教师教育和基础教育的关系，架起二者协同的桥梁。

三、教师一体化专业发展的价值厘定

教师一体化专业发展是教师自身发展和履行教师职责的需要，也是教育事业发展的需要，更是学习型社会建设的需要。

（一）教师自身发展和教师职责的必然要求

教师的根本职责是促进人的发展，而教师自身的全面发展则是履行这一职责的前提和基础，教师专业发展既是社会发展的必然要求，更是促进人的发展的需要。"教师的作用目前正在发生变化。权威式的传递知识的办法正在通过花费更多时间判断学习者的需要，推动和鼓励学生学习，考核所获得的知识等办法加以补充。教育界正在按照医院小分队的形式开始建立教育小分队，而且还补充了不少教师和助手，主要负责一些非教学工作，如管理和评定学生以及一些行政事务。"①

随着社会的发展，教师的角色不断发生变化，但"促进人的发展"这一根本职责始终未变，这就要求教师首先是一个终身学习者，不断学习、持续发展，同时还应该是学生学习的组织者、引导者、激励者等。

教师一体化专业发展正是为促进教师全面、可持续发展而设计，既是教师专业发展的可行策略，更是教师专业发展的必然要求。

（二）教育事业发展的需要

教育事业发展需要教师素养的全面提升。教师一体化专业发展是教师专业发展的一种策略，势必推进教育事业发展。

"未来的教育必须成为一个协调的整体，在这个整体内，社会的一切部门都从结构上统一起来。这种教育将是普遍的和继续的。从个人的观点来说，这种教育将是完整和富于创造性的，因而也是个别化的和自我指导的。这种教育既

---

① 联合国教科文组织国际教育发展委员会.学会生存——教育世界的今天和明天[M].华东师范大学比较教育研究所，译.北京：教育科学出版社，1996.

是保障专业活动、促进专业活动的动力,又是文化中的堡垒和推动力。这个教育运动是不可抗拒的和不可逆转的。"[①]

教师一体化专业发展的优势在于纵横匹配、内外结合和多维融合。这一教师专业发展策略,不仅要求统筹教师个人专业发展,而且要求统筹教师培养机构、培训机构和中小学的发展,避免重复、浪费和无序竞争等,同时,也要求教师培养和培训机构内部的统筹、协调等,这势必更有利于教育事业的发展。

（三）学习型社会的必然要求

随着信息化时代的到来和终身学习思潮的影响,当今社会已经进入到学习型社会,全民学习、终身学习已经成为对每个社会成员的基本要求。学习型社会是时代发展和社会进步的必然产物,现代社会对其成员的学习要求比以往任何时候都更强烈、更全面、更持续、更长久,每个社会成员只有不断地学习和实践,才能应对新时代的挑战。当然,学习型社会不会自然而然地出现,需要社会成员根据社会发展的要求,不断学习,努力建设学习型家庭、学习型社区、学习型企业、学习型组织、学习型政府、学习型城市和学习型政党等,不断形成全民学习、终身学习、积极向上的社会风气。自 20 世纪 60 年代美国学者赫钦斯提出"学习型社会"这一理念后,联合国教科文组织于 20 世纪 70 年代提出:人类要向着学习化社会前进。此后,许多国家相继开展了学习型社会创建活动。

学习型社会要求社会成员要终身学习和接受教育,企业要不断创新与改革,国家要大力加强信息网络建设、改善知识传播的技术条件,始终保持竞争的动力和创新的活力,社会要创造鼓励学习、促进创新的文化氛围,形成浓厚的重视知识、重视人才的氛围和机制。

教师应是学习型家庭的主动建设者,是学习型社区的中坚、骨干,是学习型社会的组织者、示范者。教师个人的专业发展不仅直接影响自己的工作,也会影响自己的家庭,进而影响社区和社会氛围。创建学习型社会,要求教师必须树立终身学习思想、持续不断学习和接受继续教育。

---

① 联合国教科文组织国际教育发展委员会.学会生存——教育世界的今天和明天[M].华东师范大学比较教育研究所,译.北京:教育科学出版社,1996.

第二章
小学教师一体化专业发展理念体系

　　理念一般是指理性概念和信念。理念与一般的观念既有联系又有区别,观念常指个人对事或物的观点、看法、想法等,具有主观性。理念则是提升到理性高度的观念,往往是相对正确的观点,如生活理念、哲学理念、办学理念、教育理念、投资理念等。理念是思维的结果、理性化的想法,具有概括性、深刻性,对事物发展能起到导向、引领等作用。小学教师一体化专业发展需要先进理念的引领。当然,理念既然是人们对现象的认识、思考的结果,自然也会有区域性和时代性的局限,许多理念在某一区域或领域是正确的,但在别的区域或领域可能就不适用,而且随着历史、社会发展,人们的认识水平不断提高,以往的理念也不一定适用于现在。

一、小学教师一体化专业发展理念体系的概念辨析

　　小学教师一体化专业发展理念体系指的是适用于当今小学教师一体化专业发展、对小学教师专业发展起到导向和引领作用的教育理念的总和及其结构。

(一)教育理念及其特点

　　教育理念简单理解即是有关教育现象的理性概念,或者说是对教育的理想、信念,是对教育应该是怎样的一种美好期待,亦即是对教育的“应然”状态的一种判断。相比人人都具有的“教育观念”,它更具有社会性,渗透了教育家甚至整个社会长期积累形成的教育价值取向或价值倾向中的“好教育”观念。教育理念在教育发展中往往起着导向、规范和引领等作用。

　　教育理念具有以下特点:

1. 抽象性与概括性

　　教育理念是教育家对教育及其现象进行观察与思考,或人们对教育现象长期观察与思考积累而形成的关于教育是什么,教育应该为谁培养人,教育应该培养什么样的人,教育应该如何培养人等方面的概念或观念,是思维的结果、理性

认识的成果,往往是对一类教育现象发展的特点、规律或一类活动的共性、普遍性等的认知,具有一定的广度和深度,具有较强的抽象性和概括性。而且,教育理念的表述通常采用概括性很强的语词,如"以人为本""全面发展""终身教育""素质教育""主体性""创造性""个性化""信息化""现代化"等。

2. 理想性与完美性

教育理念,特别是能够在社会上广泛流行且在教育界认可度较高的教育理念,总是包含了人们对"好教育"的认知,或者说是"教育应然"的价值取向或倾向,具有明显的理想化倾向与完美性期待。因为教育现象是社会现象的重要组成部分,对社会其他现象起着重要的影响,而且教育的发展事关千家万户,人们对"好教育"的期盼之心可想而知,特别希望教育完美无瑕,完全符合自己的理想。

3. 前瞻性与引领性

教育理念的抽象性与概括性、理想性与完美性,表明教育理念包含一定的规律性认识,抓住了教育现象的本质特征,而且对"好教育"的表述有了较为理想的形式,产生了具有一定创新意义的观念、概念或法则等。所以,教育理念可以为教育改革与发展指明方向、路径等,不仅有利于解释教育实践中的各种现象,而且能对教育改革与发展起到引导定向作用。

4. 间接性与主观性

教育理念是人们对教育现象的理性认识,而不是教育现实本身,教育理念的产生过程是主观反映客观的过程,尽管教育理念源于主体对教育现实的思考,但反映了人的主观能动性,是教育主体对教育现实的自觉、主观的反映,不同的人由于其文化背景、发展水平、思维方式、立场态度等的差异,对同一教育现象会产生不同的反映,所以,教育理念通常具有一定的间接性与主观性。

5. 区域性与时代性

教育理念的间接性与主观性决定了其区域性与时代性的特点。由于受区域或时代的限制,人们的认识水平会有很大的差异,对教育现象的认识自然而然也会存在差异,在认识其共性,即一定程度上反映其本质特征的同时,对其认识的深度、广度和正确性等又会客观上存在差异,因此,任何的教育理念都可能会有一定的局限或者说存在着自己固有的适应范围。

(二)小学教师一体化专业发展理念体系内涵

小学教师一体化专业发展理念是教育理念的下位概念,是指对小学教师一体化专业发展起到导向、引领作用的教育理念。具体来说,小学教师一体化专业发展理念是指对小学教师职前培养(小学教育专业人才培养)、小学教师入职教育(新任小学教师教育培养)和小学教师继续教育(小学教师学历提升、小学教师专业发展培训等)起导向、引领作用的教育理念,特别是对小学教师专业发展目标体系、小学教师专业发展内容体系、小学教师专业发展实施体系、小学教师专业发展支持服务体系、小学教师专业发展质量保障体系、小学教师专业发展文化体系和小学教师专业发展研究体系等的顶层设计起到导向和引领作用的教育理念。

小学教师一体化专业发展理念体系,是指对小学教师一体化专业发展起指导作用的各种教育理念的总和及其结构。这些理念主要包括终身发展、全面发展、自主发展、个性发展、生态发展、协同发展等,其共同特性是"以人为本",着眼教师的终身可持续发展,体现"学教研训一体""政校校地协同"的教师教育新要求。"学教研训一体"中的"学"包括教师职前的专业学习,也包括职后的自主学习等,"教"指教育教学实践及反思等,"研"指教研、科研,"训"指各种培训,小学教师一体化专业成长需要学教研训一体设计和实施;"政校校地协同"中的"政"指政府、政府教育主管部门,第一个"校"指高校、教师培训机构等,第二个"校"指小学,"地"指地方、社区,小学教师一体化专业发展需要政校校地全面协同。

"以人为本"指的是教育回归"培养人"的本质,以促进人的发展为宗旨,基于人、为了人,即从人的发展基础、发展需要等出发,促进人的全面发展。"以人为本"建立在肯定人在社会发展中的主体作用与地位的基础上,强调尊重人、激发人、培养人,尊重人的生命,尊重人的精神世界,尊重人的差异,尊重人的个性。

"以人为本"重视人的可发展性,认为每个人都有潜能,是发展中的人。不仅儿童能接受教育,成人同样有持续发展的需要和可能。"以人为本"重视人的主体性,认为人是自我发展的主体,具有主观能动性。人的发展需要各种发展条件,但最终只能依靠自己。自主确立发展、自主开展学习探究、自我论断、自我激励、自主反思等是个体发展的重点。弘扬人的主体性,丰富人的内在世界,激发人的发展积极性、主动性和创造性,培养人的终身学习意识和能力是现代教育的重点。不仅学生需要激发,成人同样需要激发,需要目标的诱导和制度的约束。"以人为本"重视人的差异性,认为每个人都是与众不同的,是独特的人。统一要求与因材施教相结合、分层分类培养,是遵循教育规律的体现,每个人都会有自己的最近发展区,只有尊重每个人的发展基础、针对每个人的发展需要,才能有效促进人的发展,培养有个性的人。"以人为本"重视人的完整性,认为人是身心统一的和谐整体,需要全面、和谐发展。人不仅要有知识的积累、能力的增长、素质的提升和个性的完善、精神的升华,还要有体质的增强、生命质量的提高,更重要的是身体与精神的和谐发展、个人与社会的友好互动、人与自然的和谐统一。"以人为本"重视人的向善性，认为每个人都有不断发展的需要，是追求幸福的人。追求幸福是每个人的最终目标，真正的幸福在于人的自我实现，实现自身的价值，清晰感受到自身对社会的意义。教育要努力的方向是肯定人的进步、激发人的动力、丰盈人的精神。与金钱、地位相比，人的品性、人的内心的充实、人的生命的精彩更为重要，学会生活、学会生存是头等大事。教师专业发展需要激发、需要肯定、需要条件，需要让教师快乐生活、幸福生存。

二、小学教师一体化专业发展理念体系的框架研究

小学教师一体化专业发展理念体系是在"以人为本"理念指导下的教育理念有机整体，包括小学教育专业建设理念、小学教育专业人才培养理念和小学教师继续教育理念等。小学教育专业建设理念以"以人为本、协同育人"为基本特征，直接影响小学教育专业人才培养理念和小学教师继续教育理念，小学教育专业建设理念、小学教师专业人才培养理念与小学教师继续教育理念之间又存在相互影响的关系。小学教育专业人才培养理念以"学生中心、产出导向"为基本特征，小学教师继续教育理念以"持续发展、追求卓越"为基本特征，小学教师一体化专业发展理念体系框架如图 2-1 所示：

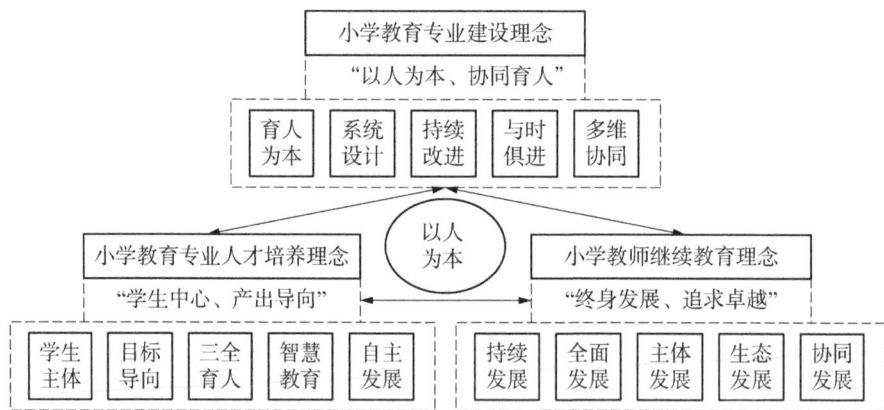

图 2-1　小学教师一体化专业发展理念体系框架

（一）小学教育专业建设理念

小学教育专业建设需要树立"以人为本、协同育人"的"育人为本、系统设计、持续改进、与时俱进、多维协同"的一流专业建设理念。专业建设理念直接影响专业的建设方向、预期目标、建设内容、建设途径和成效评价等各方面，在专业建

设中起着导向和引领作用。

小学教育专业建设理念自成一个相对独立的体系，包括育人为本、系统设计、持续改进、与时俱进和多方协同等具体理念。

1. 育人为本

培养人是教育的本质属性。立德树人，培养一流小学教师是小学教育专业建设的根本任务。《国家中长期教育改革和发展规划纲要（2010—2020 年）》明确提出"优先发展、育人为本、改革创新、促进公平、提高质量"的工作方针，强调"把育人为本作为教育工作的根本要求"①。育人为本要求"基于人""依靠人""发展人"。"基于人"就是要基于人的身心发展水平，教育教学工作要从人的发展需要、兴趣出发，要承认人的差异性、独特性，把统一要求与因材施教紧密结合；"依靠人"就是要承认人的主体性、主动性，尊重人、信任人，充分激发人的主观能动性，促进人的主体性发展；"发展人"就是要明确人的发展目标，遵循教育和人才成长规律，为每个人提供适合的教育，以促其健康成长、生动活泼、主动发展、全面发展。

小学教育专业建设中坚持育人为本的具体要求：

1）选择乐教适教的学生

教育是需要"用心"做的事业，培养人需要教育者的全身心投入，教育情怀在教师的专业成长中起着至关重要的作用。什么是教育情怀？"情"即感情，"怀"即胸怀，"情怀"往往是指胸怀积极、崇高的情感，"教育情怀"具体来说，就是崇尚教育事业、热爱教育对象、钻研教育工作，不为名、不为利，满怀兴趣与热情投入教育过程的积极、崇高的情感态度。教育情怀是一种无私的情感，需要丰富的精神支撑。拥有强烈教育情怀的人往往会有自己对教育教学活动独特的理解和感受，会在教育教学活动中投入真情实感。教育情怀是师德的重要组成部分，是高尚师德的重要体现。教育情怀的养成比知识的丰富、技能的娴熟等更加重要。选择热爱教育事业、热爱学生，有教育情怀、适合成长为优秀小学教师的学生报考小学教育专业，提高生源质量是提高小学教育专业建设水平的重要基础。

2）营造学生中心的氛围

学生中心是"以人为本"理念在学校教育中的直接体现，也是专业认证的最基本理念，对专业建设有直接的指导意义。优质生源只是专业建设的基础，发挥

① 国家中长期教育改革和发展规划纲要工作小组办公室：《国家中长期教育改革和发展规划纲要（2010—2020 年）》，2010 年 7 月 19 日，中华人民共和国教育部：http://www. moe. gov. cn/srcsite/A01/s7048/201007/t20100729_171904. html，访问日期：2023 年 12 月 28 日。

学生自身的主观能动性,让他们全身心投入专业学习更为重要。强调学生中心,就是要真正突出学生的主体地位,教育教学要从学生的学习基础和需要、学生的发展水平出发,专业要为学生的学习和发展做好各种服务。具体而言,就是专业要面向全体学生,关注每一个学生的学习和发展,要重视专业学生培养目标和毕业要求的制(修)订,并根据培养目标和毕业要求开展"反向设计、正向实施",围绕专业目标和毕业要求开展课程建设(课程体系设计、特色课程开发等)、配置教育资源和安排教育教学活动,同时,及时收集各利益相关方对专业人才培养情况的反馈信息,注重将学生和用人单位对专业建设、学生培养等的满意度作为专业建设水平评价的重要依据,持续做好专业建设的自我整改提升工作。

目前,许多学校采用的增加选择性、扩大开放度的做法,如"个性化学习""定制化学习"等都是学生中心在教育教学和管理中的具体体现。比如,丽水学院多年来一直实施的"五选一认"(选专业、选课程、选老师、选学习时间、选学习方式、学分互认)举措,就体现了学生中心的理念,深受学生和家长欢迎,在招生、学生学习积极性激发、毕业和就业质量提高等方面都发挥了积极作用。

3) 确立儿童中心的立场

儿童是小学教师的培养对象,确立儿童中心的立场就是要促进小学教育专业学生树立现代儿童观,相信"儿童,是人类之父""儿童是我们的教师"(蒙台梭利《童年的秘密》),努力认识儿童、尊重儿童、关爱儿童。这是小学教育专业学生培养的根本所在,比讲授知识、训练技能、培养能力更加重要。儿童教育工作者首先要具备"童心"、懂得呵护儿童心灵、善待儿童天性,要能融入儿童世界,只有在认识儿童,与儿童保持同理心的基础上,教师才能真正激发、引导儿童学习和发展,才能真正与儿童一起享受教育的快乐、幸福。

小学教育专业确立儿童中心立场需要建设专业的儿童文化,形成"为儿童幸福而学,为儿童幸福而教"的教育信念。与中学教育专业相比,突出"儿童性""融合性""实践性"是小学教育专业人才培养的重点和关键所在。小学教育专业要以"儿童学"为依据,遵循儿童生命成长的特征与规律,促进儿童快乐成长、幸福生活。专业应围绕"儿童发展"这一复杂问题解决,集聚人才培养、科学研究、社会服务等所有力量,深入开展"儿童学""教师教育学"研究,将"认识儿童、尊重儿童、关爱儿童,促进儿童快乐成长、幸福生活"的儿童中心立场渗透到专业建设的方方面面,贯彻到专业建设的全过程。

"确立儿童中心的立场"与"营造学生中心的氛围"似有重复之处,"学生中心"理念其实就是"儿童中心"理念在学校中的具体体现,分别论述的目的是从不同角度阐述,强化"学生中心"意识。"营造学生中心氛围"重点从小学教育专业学生培养的教师和管理人员角度进行阐述,指专业要重视学生中心氛围营造;"确立儿童中心立场"则重点从小学教育专业学生的角度,强调学生要具备"童心素养",把认识儿童、尊重儿童、关爱儿童作为学习和体验的重点。当然,不管从哪个角度论述,都是专业建设的范畴,而且这两个角度本身也是紧密联系的,学生素养的形成本就离不开教师的引导和帮助。

4) 培养终身发展的能力

培养终身发展的能力既是育人为本的具体体现,又是小学教师一体化专业发展的必然要求。在小学教育专业人才培养中体现最明显的是"毕业五年左右预期",即专业的人才培养目标中要明确预期学生毕业后,作为一名小学合格教师,工作五年左右应具备的专业素养和能力水平,以及在教育教学、学生管理等主要方面所能达到的专业发展成就。这就要求专业培养目标不仅要指向学生在校学习期间的成长,还要重视学生在毕业成为小学教师以后的成长,即要求专业重视职前培养和职后专业发展的联系,专业学习期间要在理念与师德、知识与能力等多方面为学生职后的专业发展奠定扎实基础。

培养终身发展的能力是响应这一要求的基本策略。培养终身发展能力的关键就是培养学生的学习力。学习力是指个人或组织的学习意识、学习动力、学习毅力和学习能力等的综合体现,学习力是个人或组织的核心竞争力,是学习型组织的根基。学校教育的重点应从知识传授转向学习力培养,作为培养小学教师的小学教育专业更应强化学生学习力的培养,要有意识指导学生通过制订生涯规划,自我确定发展目标、自主选择学习内容与途径,并重视自我评价、自我管理、自我激励。总之,培养学生的自主性、终身学习意识、毅力和能力,是专业人才培养的重点。

2. 系统设计

专业是人才培养的基本组织,而专业建设涉及人才培养、科学研究、社会服务和文化传承等高校职责的所有方面,是一个庞大的系统工程,需要体系支撑、系统设计。

系统设计就是要求专业建设依据教育和人才成长规律进行顶层设计,整体有序开展专业建设各项工作。专业建设顶层设计的主要工作是科学编制专业建设规划,包括分析专业建设基本状况、明确专业建设指导思想、明晰专业建设目标定位、理清专业建设基本思路、确定专业人才培养目标、厘定专业学生毕业要求、拟定专业建设重大举措、制定专业建设年度计划、提供专业建设资源保障、培育专业特色文化品牌、达成专业建设实际成效等内容。这些内容相互联系构成专业建设体系,其关系如图 2-2 所示。

```
            ┌─────────────────────────┐
            │    科学编制专业建设规划    │
            └─────────────────────────┘
        ┌──────────────┐   ┌──────────────┐
        │ 分析专业建设基本状况 │   │ 明确专业建设指导思想 │
        └──────────────┘   └──────────────┘
            ┌─────────────────────────┐
            │     明晰专业建设目标定位    │
            └─────────────────────────┘
            ┌─────────────────────────┐
            │     理清专业建设基本思路    │
            └─────────────────────────┘
  ┌──────────────┐           ┌──────────────┐
  │ 确定专业人才培养目标 │           │ 厘定专业学生毕业要求 │
  └──────────────┘           └──────────────┘
            ┌─────────────────────────┐
            │     拟定专业建设重大举措    │
            └─────────────────────────┘
            ┌─────────────────────────┐
            │     制定专业建设年度计划    │
            └─────────────────────────┘
            ┌─────────────────────────┐
            │     提供专业建设资源保障    │
            └─────────────────────────┘
  ┌──────────────┐           ┌──────────────┐
  │ 培育专业特色文化品牌 │           │ 达成专业建设实际成效 │
  └──────────────┘           └──────────────┘
```

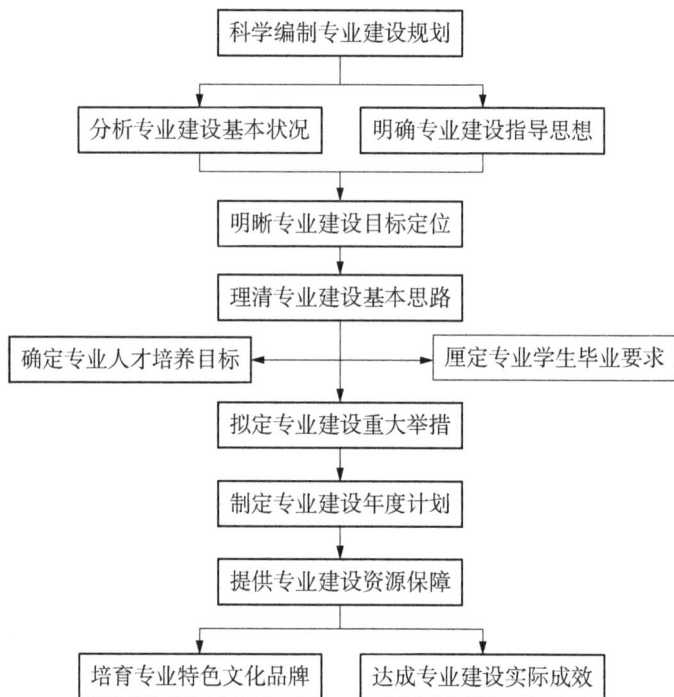

图 2-2 小学教育专业建设顶层设计图

　　系统的专业顶层设计可以避免专业建设中的随意现象,保证专业建设有序开展。当然,设计只是建设工作的开始,真正的建设在于规划的切实实施。因此,要特别重视专业建设规划中的拟定专业建设重大举措和制定专业建设年度计划这两项具体工作,通常来说,人才培养方案修订、师资队伍建设、课程建设与教学改革、实践基地建设和完善、设施设备和环境条件改善、管理制度完善和创新和教研科研工作等是专业建设中常抓不懈的工作。

　　系统设计的基本思路是按照"产出导向"理念进行反向设计,在把握相关政策、调研经济社会发展和基础教育改革需求、分析专业建设基本状况的基础上,结合学校人才培养总目标,确定专业办学目标定位和人才培养目标,然后根据培养目标和毕业要求设计课程体系和实践环节,实施课堂教学、实践教学和学生活动等的综合改革,确保学生毕业要求全面达成。这里特别强调的是专业建设始终要回应国家和社会发展的需求,专业人才培养目标要符合学校和学生的实际。学生毕业要求要能支撑培养目标,课程体系要支撑毕业要求与培养目标,教学、实践和活动要支撑课程目标的达成,最终实现人才培养目标。系统设计就是要构建完整的支撑关系,指导专业建设工作有序、有效开展。

3. 持续改进

持续改进是专业认证的重要理念之一,也是保证专业建设水平和人才培养质量不断提高的重要举措。持续改进强调的是聚焦学生核心能力和素质要求、对标人才培养目标和毕业要求,邀请、动员利益相关方对专业人才培养过程进行全方位、全过程跟踪与评价,定期与不定期结合,对校内外的评价结果进行综合分析,及时将评价结果用于人才培养工作改进,推动人才培养工作持续改进、人才培养质量持续提高,形成"评价—反馈—改进"闭环,并以此为基础建立基于专业人才培养过程状态数据的质量保障体系和追求卓越的专业质量文化,形成质量保障的长效机制,推动专业人才培养能力和质量不断提升。

持续改进理念在专业建设过程中往往通过学校、专业的督导与评估、毕业生跟踪调查、学生座谈会等途径加以落实。普遍存在的问题是利益相关方参与面不够广、参与程度不够深、各种信息处理不够及时、针对状态数据的改进措施针对性不够强等。

4. 与时俱进

专业建设的目的是培养人才,而人才需与社会、时代相适应,既要知识社会又要促进社会发展,与时俱进势必成为专业建设的重要理念。与时俱进就是观念、行动等与时间或时代一起前进。既指准确把握时代特征,始终站在时代前列和实践前沿,又指开拓进取、大胆探索、不断进取、永不停滞。

专业建设的与时俱进理念,一方面要求专业要从经济社会发展的角度,以敏锐思维发现专业建设中的问题,以科学态度分析问题的实质、影响因素,并遵循教育和人才成长规律,以创新精神探索解决问题的途径、策略、方法等,在不断解决问题过程中促进专业建设水平持续提升,体现出创新精神。另一方面要求重视人的开拓、进取精神培养,重视培养学生的上进心、责任感,这对小学教育专业学生而言尤为重要,因为他们更需要充满正能量,更需要不断学习、不断进步。

与时俱进最直接体现的是时代性,全面了解基础教育改革与发展前沿、瞄准小学教育现代化对教师的要求是确定专业建设目标定位、人才培养目标等的前提,并且要随着经济社会和教育发展适时变化。教育改革前沿、主教和兼教学科前沿等都需要专业师生及时把握。

5. 多维协同

师范类专业认证(第二级)一级指标"合作与实践"中的第 1 条二级指标就是"协同育人",明确要求:"与地方教育行政部门和小学建立权责明晰、稳定协调、合作共赢的'三位一体'协同培养机制,基本形成教师培养、培训、研究和服务一体化的合作共同体。"这里一是要考查专业"三位一体"协同培养机制的建立和运行情况，强调"校地校"（"UGS"）协同；二是要考查专业是否按照教师教育职前职后一体化的要求，坚持为基础教育和小学在职教师专业发展服务，强调职前职后协同。同时，要求完善协同育人制度，形成协同育人长效机制。

教师发展学校是协同育人的重要载体，既体现了"校地校"协同，又实现了职前职后协同。协同开展师范生培养、教师专业发展培训、教研活动、学校发展诊断与评估等都是重要的协同方式。

多维协同还表现为：①校内教师间的协同。小学教育专业建设不仅涉及教育学学科，同时涉及汉语言文学、数学、英语、科学、社会、体育等多种主教和兼教学科，这些学科的任课教师往往分布在不同学院、不同专业，教师间的协同非常重要；②师生间的协同。专业人才培养既要教师的努力，更要学生自身的努力，师生间的协同同样非常重要；③高校间协同（U－U模式）。如高校的对口帮扶、师生互派等。协同育人越来越表现出多主体、多维度、多模式等趋势。

（二）小学教育专业人才培养理念

根据教育学类教学质量国家标准、小学教育专业认证标准、小学教师专业标准、小学教育专业师范生教师职业能力标准等相关文件精神和国家级、省级一流专业建设等要求，小学教育专业人才培养必须坚持"学生中心、产出导向"的"学生主体、目标导向、三全育人、智慧教育、自主发展"理念。"学生中心""产出导向"是专业认证的基本理念，落实在小学教育专业人才培养中具体体现为"学生主体""目标导向""三全育人""智慧教育"和"自主发展"。

1. 学生主体

学生主体是以人为本在学校教育中的具体体现，更是"学生中心"理念的进一步落实。学生主体就是在学校教育教学活动中要真正认可学生才是学习和发展的主人，教师和其他人、物等都只是学生学习和发展的条件，即外因。只有充分发挥学生的主观能动性，学习才能真正发生、才会有高质量的学习。学生主体理念指导下的专业人才培养，要特别注重学生自觉性、自主性、能动性、独立性和创造性等的培养。

自觉性是指个体认识到自己的长远目标任务，并自愿执行的一种心理特征，自觉性与责任意识、权利意识、理想信念等直接相关；自主性是指在一定条件下，个体对自己的行为、活动具有自我支配和自我控制的意识、权力和能力；能动性即个体的主观能动性，是指个体能通过自己的思维和行动等对内外各种影响作出积极的、有选择的反应或回答的心理特征，能动性是意志力的表现，与目的性、自觉性等紧密相关；独立性是指个体能自己独自处理面临的问题，即遇事有主见，不依赖他人、不易受他人影响和左右等心理特征，独立性也是意志力的表现，与自信、专注、勇敢等品质密切相关；创造性是指个体能别出心裁地解决问题或产生新奇独特、有价值的新产品等的能力，创造性是能力特征，往往是批判性思维、发散思维等的结果。

真正实现学生主体，专业首先要进行管理制度的改革，重点是学生管理制度和教学管理制度的改革。学生管理上要解决"一刀切"现象，学生发展评价、学生考勤、学生活动等各方面都应充分考虑学生的发展目标、个性特征等，教学管理中的课堂教学、实践教学等既要面向每一个学生，又要充分尊重学生的差异。如针对学生发展目标方面的考研深造、基本技能与实践能力强化等，在教学要求、实践安排等方面充分予以考虑，既要使学生达到专业毕业要求，又要为学生的个性发展提供更好的条件。学生主体促进学生成长成为既有全面发展的身心素养，又各具特点、各有特长的优秀小学教师；实现学生主体，还应充分发挥信息技术在专业人才培养中的作用，通过线上线下结合的方式，丰富专业学习资源、优化专业实践条件、设施设备，加大学生在学校中的选择性，创建更有利于学生自主选择的教学管理机制和办学模式，把自主学习、合作学习、探究学习等应用于专业人才培养，让启发式教学真正在专业教学中普遍实施，形成有利于学生自主选择的管理机制，扩大学生学习过程中的选择性，真正实现学生主体。

学生主体的实现需要学生自身主体性的发展，这就需要专业在人才培养的始业教育中注意让学生认识自己、认识专业、理解专业，把握未来小学教师的特质及其养成，上好《小学教育专业导论》课程并指导学生切实做好自己的生涯发展规划，以始为终制定发展目标，针对目标设计发展计划，真正实现个性的全面发展、专业的持续发展。学生主体的重要特征是鼓励学生个性发展，分层教学、因材施教、以学定教等应成为专业人才培养的基本策略。

2. 目标导向

目标是指预期的结果，导向即指引和方向。目标导向是"以终为始"的思维方式，或者说依据目标反向设计。就人才培养而言，就是从专业人才培养目标出发，根据培养目标的要求，确定毕业要求，实现毕业要求对培养目标的支撑；根据培养目标和毕业要求设计课程体系和活动体系等培养内容体系，实现对毕业要求和培养目标的支撑；根据课程和活动体系开展课程建设和教学活动，实现课程和活动目标；同时，完善各项管理制度，激发教师和学生的工作和学习积极性、主动性，提高工作和学习效率，并根据课程、教学和活动等的需要配备相应的教学设施、实验与实践设施设备、实践实训基地等，创造良好的培养条件，借助和创造实现培养目标的各项条件，按照人才培养的各环节设计，逐步推进人才培养目标的实现。目标导向是一种反向思维方式，强调的是紧紧围绕目标的顶层设计，"倒推法"的育人思路，倒推资源配置、环节设计、时间分配，实现"反向设计，正向实施"。

目标导向首先要树立目标意识。目标既是导向，又是动力。人才培养的目标意识就是要以培养目标贯穿人才培养过程的各个环节，树立目标既是出发点又是归宿的观点，以目标为依据设计人才培养各环节标准，以目标为依据对培养成效实施评价等。其次要明确目标内涵。目标导向理念下的小学教育专业人才培养，关键是要明确本专业的培养目标和毕业要求。目标导向的关注点是目标的设定是否科学合理，强调的是方向、内涵的问题。再次要完善实施举措。目标导向要求人才培养紧紧围绕培养目标设计实现目标的支撑体系。目标导向强调的是系统思维方法，既要科学合理设置培养目标（包括毕业 5 年左右预期）和毕业要求（根据"一践行三学会"细分专业毕业要求指标点），又要围绕培养目标和毕业要求完善支撑体系，形成培养过程对培养目标的系统支撑。

3. 三全育人

"三全育人"即全员育人、全程育人、全方位育人，是中共中央、国务院《关于加强和改进新形势下高校思想政治工作的意见》提出的坚持全员全过程全方位育人（简称"三全育人"）的要求。[①] 尽管"三全育人"最初是对高校思想政治工作所提的明确要求，但所有的教育工作都应遵循，因为教育工作的最终目的就是育人，即促进人的全面发展，立德树人是教育工作最核心的目标。

小学教育专业人才培养的"三全育人"理念，要求小学教育专业的人才培养遵循全员育人、全过程育人和全方位育人的要求。全员育人要求全体参与小学教育专业建设的师生树立立德树人意识、育人责任感，发挥各自岗位的育人功能，并注重相互配合，形成育人合力，不断提高育人水平和境界。全员育人强调的是"人人育人"，参与人既是教育者，又是受教育者。全程育人要求人才培养各环节都要突出"育人"这个中心任务，所有的教育教学活动，如始业教育、课堂教学、实践教学、毕业教育等都是育人的过程，其目标共同指向"育人"。全程育人强调的是"时时育人"，教育过程中的每一个时段都要发挥育人功效。全方位育人要求人才培养过程"五育并举"，充分发挥各育的"育人"功效。全方位育人强调的是"处处育人"，立德树人融入课内课外、校内校外、线上线下、活动竞赛、作业考试、实训实践等，实现育人无处不在。

"三全育人"重心在"育人"，即培养人，包括"为谁培养人""培养什么人""怎样培养人"等教育的根本问题，所以，"三全育人"是以人为本理念背景下的教育

---

① 武贵龙：《奏响"三全育人"最强音》，2019 年 2 月 26 日，人民网：http://theory.people.com.cn/n1/2019/0226/c40531-30901931.html，访问日期：2023 年 12 月 28 日。

综合改革。要求德育为首,人人德育、时时德育、处处德育,教育者都是德育工作者,教育过程都是德育过程,教育空间都是德育空间。"三全育人"理念对作为儿童成长引路人的小学教师的培养尤为重要。

4. 智慧教育

智慧教育就是智慧地促进学生发展的教育。或者说是教师借助信息技术等手段,充分运用自己的智慧和技能有效地发挥学生的智能和主体作用,从而高效促进学生智慧发展的教育活动。智慧教育是经济全球化、技术变革和知识爆炸的产物,也是教育信息化发展的必然阶段。教育本就源于智慧,是智慧的结晶。教育自其诞生就是人们在生活中总结出来的培养下一代的智慧活动。教育发展需要智慧,教育面对的是个性各异的受教育者,他们天赋不同、兴趣不同、目标不同、发展的道路不同,简单地给予他们相同的帮助不能真正地帮助他们,智慧地促进受教育者智慧发展是现代教育的必然要求。

智慧教育离不开智慧教师、智慧学习、智慧教育环境、智慧教育影响、智慧教育对象等,培养智慧教师、运用智慧教育手段,是智慧教育的客观需要。

智慧教师就是拥有高度教育智慧的教师。每个教师都应拥有充分的教育智慧,都应成为智慧教师。教育智慧是教育科学与艺术高度融合的产物,是教师探求教育教学规律基础上长期实践、感悟、反思的结果,也是教师教育理念、知识学养、情感与价值观、教育机智、教学风格等多方面素质高度个性化的综合体现。

运用智慧教育手段是智慧教师的基本技能之一。智能手机、可佩戴智能设备等可以对行为、位置,甚至人的生理数据变化进行记录、分析。但用于教育的还很少,信息技术本质上还没有真正融入课堂,部分教师在尝试使用"信息化技术",但仅仅是手段,没有到"信息"层面,更没有到"思维"层面。相当多的教师只会使用最基本的信息技术手段代替粉笔和黑板,还难以借助信息技术手段开展教学模式、学习方式等的改革。展示方式、传播方式的生动化、形象化和丰富化等,并没有对教育本身带来实质性改变,基于教育技术的教育思维尚未真正形成。也就是说,教育信息化还处于量变之中,教育理念、课程体系、教材内容、学习方式本质上还是传统的,信息化应用并未实现常态化。

智慧教育需要社会、学校和专业共同重视。

5. 自主发展

"自主发展"即学生生命个体的自我发展,强调的是发展中的"自主",即学生自身主体在发展中的主动、主导,积极性、创造性等的充分发挥。"自",自己,包括自知(认识自己)、自律(控制自己)、自强(发展自己)等内涵。"主",主体,包括主见(自我判断)、主动(自觉行动)、主导(自我掌控)等内涵。"自主发展"的主要手段是自主学习，重点是学会认知、学会做事、学会合作，最终学会生存。"自主发展"以自知为前提、以自律为基础、以自强为动力，强调学生的自觉性、主动性、独立性、自律性，要求给学生的发展提供更多的空间、机会和可能性，让学生真正成为学习和发展的主体。

"自主发展"理念指导下的小学教育专业人才培养，强调的是充分激发学生学习的内在动力，全面培养学生自主学习的意识和能力，着力完善激励学生自主发展的制度，全力营造学生自主发展的浓厚氛围，努力创设学生自主发展的条件，积极探索学生自主发展的长效机制。

（三）小学教师继续教育理念

作为小学教师一体化专业发展理念体系的组成部分，结合终身发展、学习型社会等思潮和教育改革发展对教师的要求，小学教师继续教育应该秉持"终身发展、追求卓越"的"持续发展、全面发展、主体发展、生态发展、协同发展"理念。终身发展是社会发展的要求，追求卓越是教师职责的要求。在小学教师专业发展中体现为"持续发展""全面发展""主体发展""生态发展"和"协同发展"等理念。这些理念相互作用，构成小学教师继续教育理念体系。

1. 持续发展

持续发展是现代社会对人的发展的基本要求。社会发展越来越要求其成员全面协调可持续发展，要求各级各类教育统筹兼顾构建人才成长的立交桥。以培养人为基本职责的教师理应是持续发展的示范者、引领者，既要以促进全体学生持续发展作为工作的出发点和归宿，又要以学习者、持续发展者的身份为学生、社会成员的持续发展做表率。终身发展势必成为小学教师继续教育的基本理念。

持续发展理念要求教师教育既要变"灌输知识"为"培养学习力"，又要变"接受知识""训练技能"为"提升复杂问题解决能力"，从职前教育开始就应该重视师范生自身发展"核心素养"和教育专业"核心素养"的培养。学习意识、学习动力、学习毅力、学习能力等的培养，先进教育理念的形成，从教意愿、教育情怀等的养成，实践中形成的学习成果转化为教育教学能力、教育机制等都是教师专业发展最需要的因素。

小学教师继续教育的关键是稳定小学教师专业终身可持续发展的意识，持续提升小学教师专业发展能力，即不断提高小学教师的"心智水平"、解决小学教育"复杂问题"的能力，社会不断在发展，教育面临的问题也在不断变化，教师需要的是养成"能够适应持续发展和社会发展需要"的"必备品格和关键能力"，是综合素质的提升、教育教学能力的提高。

2. 全面发展

培养德智体美劳全面发展的社会主义建设者和接班人是我国的教育目的，是我国教育的出发点和归宿。小学教师是面向儿童、直接影响儿童发展的人，更需要全面发展。

小学教师的继续教育要坚持以促进每一个教师全面发展为取向，综合考虑经济社会发展需求、学科发展趋势和个人发展需求等，帮助教师实现专业发展和个性发展的结合。小学教师的继续教育自然离不开理念更新、师德修养，知识深拓和能力提高等教师专业发展的基本要求，但更重要的是教师人格、品性、教育情怀、教育智慧等的发展。

3. 主体发展

主体发展是人的发展的关键，也是现代教育的必然要求。人的成长过程其实就是其内部主体性不断增强的过程，即自律性、能动性不断增强，不断超越自己的过程，学生发展如此，教师专业发展也如此。当然，主体性并不是自然而然就会增强的，它既需要主体自身的主观努力，也需要外界环境的驱动。

主体发展理念要求小学教师的继续教育真正重视以人为本，重视小学教师自身能动性的地位，内在动机激发、自主学习、主动探索的精神对教师专业发展而言尤为重要。继续教育要特别重视教师专业发展内驱力的激发，同时也要重视国家相关政策的落实落地、尊师重教社会环境的营造、学校管理制度的优化等以激发教师专业发展的外驱力。

4. 生态发展

生态是指在特定的社会、自然条件下生物的生存和发展状态。生态平衡和生态和谐，是生态的基本表现形式和主要发展要求。[①] 生态最早是从生物个体的研究开始产生的，现在"生态"一词涉及的范畴越来越广，人们常用"生态"来定义许多美好的事物，如健康的、美的、和谐的事物均可以"生态"一词修饰。

生态发展是社会、自然相互交融、互为促进的可持续发展。生态发展以尊重和遵循自然规律为前提，以教育和人的发展规律为指导，促进人与人、人与自然、人与社会和谐共生、可持续发展，生态发展是生态文明的具体表现方式。生态文明强调人的自觉与自律，强调人与自然环境的相互依存、相互促进、共处共融，既追求人与生态的和谐，也追求人与人的和谐，而且人与人的和谐是人与自然和谐

---

① 窦中达、龚建光、邹燕红：《发展论略——环境发展和生态发展》，2021 年 7 月 5 日，公共日报社：https://baijiahao.baidu.com/s? id＝17044526653942715326&wfr＝spider&for＝pc，访问日期：2023 年 12 月 29 日。

的前提。小学教师继续教育的生态理念要求遵循小学教师专业发展的规律促进小学教师专业成长，具体而言，处于不同发展阶段的教师面临不同的发展任务，需要不同的继续教育支持，如不同的目标、不同的支持条件、不同的评价激励等；不同的教师有不同的基础、不同的个性、不同的目标追求，要求教师继续教育多样共存、个性凸显，分层分类，找准发展定位（自我定位），促进教师个性发展、综合素质不断提升。

5. 协同发展

协同发展是指两个或更多的不同个体或发展资源相互协调、互补互促，共同完成某一特定任务，实现共同发展的多赢目标。

小学教师继续教育的协同发展理念要求教师主管部门、教师所在学校、高校、专职教师培训机构和教师专业发展培训人员与教师相互协调，共同促进教师专业可持续发展。常见的"UGS"（高校-政府-中小学）、"UUGS"（高校-高校-政府-中小学）、"UGSF"（高校-政府-中小学-社会基金）等协同机制就是协同发展理念在教师教育中的具体落实。

三、小学教师一体化专业发展理念体系的践行要求

小学教师一体化专业发展理念体系要求小学教师教育要将"以人为本"的教育理念全面落实到教师专业发展的全过程，根据"终身教育"的要求，"一体化"设计教师专业发展，创建"学生中心"的教学模式。

（一）全面落实"以人为本"的教育理念

"以人为本"是现代教育的基本理念，教师教育过程在全面贯彻这一理念的同时，更重要的是要培养师范生的人本理念。教师教育专业的师生都要坚信：

1. 学生是学习和发展的主体

学生是学习主体的教育观已经众所周知，但在实践中却又往往难以真正落地。全面落实"以人为本"的教育理念必须将学生主体贯穿教育全过程，要用全面、发展的眼光辩证看待学生，充分尊重每一个学生的主体地位。要清楚学生学习和发展的起点、兴趣与目标。要充分激发学生学习和发展的自觉性、主动性和积极性。教师培养中更应秉持学生主体的理念，只有充分调动教师自主学习的积极性，才能真正促进教师专业成长。

2. 良好师生关系是学生最需要的条件

良好师生关系既是以人为本的体现，又是学习不可或缺的条件。不管是在校学生还是接受继续教育的教师，他们的学习都需要良好的环境条件，在硬件条件基本保障的基础上，构建良好的师生关系可以极大地促进学习。因为人的学

习需要舒畅的心情,积极的情绪会给学习带来极大的推动,而影响情绪的最主要因素则是人,与学习者密切接触的教师,往往会对学习者的情绪产生各种影响,良好师生关系的建立无论是对儿童还是成人的学习都极为重要,教师教育从业者要更加重视人际关系的改善,以便对学习者起到建立良好师生关系的示范作用。

3. 因材施教是促进学生发展的最佳策略

因材施教是我国教育思想的精粹,特别是到了数字化时代,学生发展的各种数据可以为因材施教提供客观依据,为学生个性发展提供所需要的资源支持。教师教育更加需要加强信息技术与学科教学、班级管理、教育教学研究等的全面融合,在提供技术支持的同时,提高师范生和在职教师的信息技术素养,并借助信息技术实现学生发展的"共性"和"个性"的完美结合,促进学生全面发展。

现代精准教学就是基于数据的因材施教,不仅可以为学生的知识掌握提供更精准的帮助,而且可以为学生的全面发展提供更客观的依据,精准教学理念值得教师教育从业者掌握和运用。

4. 教师需要服务意识

在现代社会不仅服务业需要服务意识,教育者同样需要树立全心全意为学生发展服务的意识。为学生发展服务就是要确定学生发展的起点、把握学生发展的需要和社会发展对学生的要求、了解学生发展所拥有的资源条件等,在此基础上为学生发展制定可行的预设方案,在充分激发学生发展主动性的基础上,促进学生全面、和谐、个性化发展。

(二) 全程遵循"终身教育"的教育思想

终身教育既是教师一体化专业发展的重要理论依据,又是全面落实"以人为本"教育理念的基本要求。全面落实"以人为本"就是要依据人的终身可持续发展要求设计教育目标、教育内容和教育举措,要依据人的不同发展阶段的需要和任务等提供适合的教育。师范生培养和教师在职继续教育都要以教师专业标准为基本依据,但在不同阶段各方面的要求又各有侧重,如师范生培养阶段,以师范生职业能力标准为重要参照,继续教育阶段按照教师生涯发展阶段设计不同的继续教育专题,以适应教师终身可持续发展的需要。

终身教育同样也要求教师在专业发展的全过程中,对学校教育、社会教育,正规教育、非正规教育,自主学习、反思探索等统筹兼顾。

终身教育既是对受教育者的要求,又是对教育机构的要求。教师,既是教育者,又是受教育者,更应是终身教育思想的践行者、示范者,将"以人为本"的教育理念全面落实到人的发展的全过程。

（三）全力创建"学生中心"的教学模式

"以人为本"教育理念的全面落实，最终要落实到教育教学活动中，特别是课堂教学中。创建"学生中心"的教学模式是其重要举措。"学生中心"教学模式的基本特点就是"以学定教"，这里的"学"既指"学生"又指"学习"，或者说是指"学生的学习"，也就是说，"学生中心"教学模式要真正构建以学生发展水平为基点、以学生培养目标为出发点和归宿、以学生自主性培养为重点，通过线上线下混合、理论实践融合、课内课外结合的自主、合作、探究等学习方式，推进教学由以教师的教为主向以学生的学为主的彻底转变，使教学活动真正处于学生的"最近发展区"，真正建立在学生发展水平和自主活动、合作探索的基础之上，为学生思维发展、实践探索、发现和创新等提供最大的空间。

"学生中心"教学模式强调学生是认知过程的主体，注重在学习过程中发挥学生的主动性、积极性，创设良好的"学习环境"，激发学生"自主学习"就成为非常重要的教学策略，"讨论式""研究式""体验式""自主合作学习""项目化学习"等都是"学生中心"常用的教学模式。

教师教育中更应摆脱固定教材和单一课堂的限制，引进更多体现"学生中心"的教学模式，鼓励学生这一认知主体通过自主合作学习、主动研究探索、丰富实践活动等学会表达展示、团队协作，通过理论与实践的紧密结合，培养其教学设计、活动实施和诊断评价等教师职业能力。

第三章

山区小学教师一体化专业发展人才培养体系

人才培养体系直接关系到人才培养质量，人才培养体系的成熟、完善是提高人才培养质量的关键。教育部教师工作司负责人就实施卓越教师培养计划2.0答记者问时就强调：针对当前师范生培养在教学、实践、师资、保障等方面存在的问题，面对当前信息化、国际化等新形势新任务新要求，提出全面开展师德养成教育、分类推进培养模式改革、深化信息技术助推教育教学改革、着力提高实践教学质量、完善全方位协同培养机制、建强优化教师教育师资队伍、深化教师教育国际交流与合作和构建追求卓越的质量保障体系等八大举措，加快形成高水平师范人才培养体系，引导广大师范生求真学问、练真本领，从源头上培养高素质教师。[①] 各培养教师的高校也高度重视教师教育人才培养体系的创新构建。山区小学教师一体化人才培养体系包括山区小学教育专业人才培养体系和山区小学教师继续教育体系两个部分，而且这两个部分又是相互联系的。

一、山区小学教师一体化专业发展人才培养体系的内涵解读

无论是小学教师一体化专业发展人才培养体系，还是构成小学教师一体化专业发展人才培养体系的小学教育专业人才培养体系和小学教师继续教育体系，都只是人才培养体系的一个组成部分，所以，在了解小学教师一体化专业发展人才培养体系之前，需要先搞清楚人才培养体系的内涵和人才培养体系的特征等问题。

---

① 中国新闻网：《如何组织实施好卓越教师培养计划2.0？教育部回应》，2018年10月11日，中工网：https://www.workercn.cn/32842/201810/11/181011141536167.shtml，访问日期：2023年12月29日。

（一）人才培养体系的概念界定

对人才培养体系及其构成，不同的专家从不同的角度提出了论述，如人才培养质量并非是受单一要素影响的结果，而是受到培养目标、知识体系、培养模式、教学制度、文化环境及教师共同作用的结果。上述六个要素构成了大学人才培养体系，但首要的是具有价值统领作用的培养目标。①

人才培养体系是指以提高人才培养质量为最终目标，根据人才成长规律，由人才培养相关的培养理念、培养目标、培养对象、培养内容（课程和活动等）、培养路径（教学和实践等）、培养工具、培养环境等要素相互作用构成的有机整体。人才培养体系是人才培养的各个环节、各个层面、各个领域的总和，人才培养体系强调的是人才培养全过程、全方位的系统性和有序性。

具体而言，构成人才培养体系的要素有人才培养理念体系、目标体系、内容体系、实施体系、质保体系、支持体系、文化体系和研究体系等，这些要素本身就是人才培养的子系统，它们之间又相互影响、互相促进、相辅相成，共同构成人才培养体系。

总之，人才培养体系是在一定的思想意识、教育理念等指导下，根据人才成长规律，结合学校特点而创建的，不同学校往往有不同的人才培养体系。如，青岛大学坚持以习近平新时代中国特色社会主义思想为指导，认真贯彻落实全国教育大会、全国高校思想政治工作会议精神，按照"课程＋实践＋竞赛"路径，不断完善"五育＋创新创业"协同育人机制，着力构建高水平人才培养体系。② 中国空间技术研究院以航天系统工程理论体系为指导，结合 50 年航天科技创新人才管理经验，提出并构建具有"时空二维"特性的创新人才培养总体架构（其中，"时间特性"表现为创新人才的成熟度结构，"空间特性"表现为创新人才的专业领域分布结构），设计出一套多层次、多专业、全覆盖的人才培养体系。③

（二）人才培养体系的特点分析

人才培养体系是人才培养各影响因素、各培养环节等相互影响、相互促进形成的有机系统，有如下特点：

---

① 俞婷婕，眭依凡. 大学课程与人才培养——基于大学教学理性的思考［J］. 清华大学教育研究，2013(6)：32.

② 青岛市教育局：《青岛大学探索构建"五育＋双创"协同育人机制 着力构建高水平人才培养体系》，2021 年 11 月 30 日，中华人民共和国教育部：http://www.moe.gov.cn/jyb_xwfb/s6192/s222/moe_1769/202112/t20211202_584002.html，访问日期：2023 年 12 月 29 日。

③ 中国空间技术研究院. 打造创新人才培养体系［J］. 企业管理，2020(9).

1. 全面性和全程性

人才培养的影响因素众多,需要全面考虑,而且人才成长的每一个阶段既具有一般特点,又具有特殊性,需要区别对待。人才培养体系要在全面梳理影响人才成长的各种因素的基础上,有序安排各种因素,做到横向的全面统筹和纵向的螺旋上长。如在人的不同发展阶段有不同的培养目标,但这些目标都是德智体美劳全面发展教育目的的具体体现,教育目的相同但不同学段的培养目标不同。其他如培养内容、培养举措等也是如此,既有共性又有差异。人才培养体系的创建既要全面考虑人才成长的各种要素,注意系统性、全面性,又要根据人才发展阶段特征,有序安排这些要素及其内容,注重终身性、阶段性,力求全面性与全程性统一,促进人才终身可持续发展。

2. 科学性和独特性

人才培养体系创建必须符合教育基本规律、人才成长规律、学校管理规律和经济运行规律等,做到科学有效。教育是一种社会现象,与其他社会现象有着密切的关系,特别受生产力发展水平、科学技术和政治经济制度等的制约,只有正确处理教育与社会的关系,才能促进人的发展。而且,人的发展也是有规律的,教育受人的身心发展规律制约,按照规律创建人才培养体系,才能促进人才成长。同时,每所学校、每个专业、每个学生都有自己的特性,要创建有利于每一个人发展、促进人的个性发展的普遍性与独特性结合的人才培养体系,努力实现科学性与独特性统一。

3. 理论性和实践性

人才培养体系需要理论的指导,哲学理论、教育理论、思想政治等都影响着人才培养体系的创建。人才培养需要专业理论教育与通识理论的结合,需要理想、信念的导向,又需要脚踏实地地实践,指向未来的系统性、前沿性与指向职业(行业)的现场性、操作性相结合,能力导向与问题导向相统一,这样才能培养既有理论素养又有实践能力的人才。

4. 协调性和发展性

体系是指有机整体,构成整体的各部分、各要素必须相互协调,人才培养体系也是由多种要素构成的,政府、高校、中小学、社区、家庭等都会直接或间接影响人才培养,培养目标、培养内容、培养过程、培养成效等要素之间也需要协调,这些内部要素与外部影响因素的协调、整合直接影响人才培养体系的运行和成效。同时,社会在不断发展,对人才的要求在不断变化,人才培养体系要保持与社会、与人的发展的动态平衡,要具有自我矫正、持续改进、自主发展、持续优化的内生机制,以适应和引领社会发展。

5. 开放性和共享性

教育与社会发展息息相关，学校培养的人要符合社会发展需求，人才培养体系应该具有开放性，要保持与社会沟通、合作，及时了解社会发展的各种信息、及时吸收社会发展的各种成果。学校师生都要面向社会、积极参与专业活动，同时，也要吸引社会资源进入学校，与学校协同开展人才培养工作。当然，学校的许多设施设备、图书资料等也应该向社会开放，实现与社会的良性互动、资源共享。开放性和共享性是现代人才培养体系的重要特征。

二、山区小学教师一体化专业发展职前培养体系

山区小学教师职前培养体系，即山区小学教育专业人才培养体系。小学教育专业是一种本科层次的、具有明显职业性的专业教育，是培养小学教师的专业[①]。小学教育专业人才培养体系是小学教师一体化专业发展人才培养体系的起点。小学教育专业教育阶段为小学教师的一体化专业发展奠定理论与实践基础。当然，并非所有小学教师都必须经历小学教育专业培养阶段，事实上有许多小学教师不是小学教育专业毕业，甚至不是师范专业毕业，这并不会影响他们的成就。当然，这也不能否定小学教育专业教育的基础性作用。

（一）山区小学教师一体化专业发展职前培养体系的创建依据

人才培养体系直接影响人才培养的方向、过程等，对人才培养质量起着决定性的作用，在人才培养中至关重要。创建人才培养体系必须考虑其政策依据、理论依据和实践依据。其中，党和国家的相关教育政策是创建人才培养体系最基本的依据。理论研究和实践成果也会直接或间接地反映在相关的教育政策和文件中。

2012年2月，教育部在关于印发《幼儿园教师专业标准（试行）》《小学教师专业标准（试行）》和《中学教师专业标准（试行）》的通知中强调：《专业标准》[②]是国家对幼儿园、小学和中学合格教师专业素质的基本要求，是教师实施教育教学行为的基本规范，是引领教师专业发展的基本准则，是教师培养、准入、培训、考核等工作的重要依据。当前和今后一个时期，各地教育行政部门、开展教师教育的院校、中小学校和幼儿园要把贯彻落实《专业标准》作为加强教师队伍建设的重要任务和举措，认真制订工作方案，精心组织实施，务求取得实效。各地、各校要紧密结合实际，抓紧制订贯彻落实《专业标准》的具体措施。要依据《专业标

---

① 陈威. 走向卓越："实践取向"小学教师教育课程设置研究[M].北京：高等教育出版社,2016.
② 指《幼儿园教师专业标准（试行）》《小学教师专业标准（试行）》和《中学教师专业标准（试行）》。

准》调整教师培养方案,编写教育教学类课程教材,作为教师教育类课程的重要内容。将《专业标准》作为"国培计划"和"省培计划"等各级培训的重要内容,依据《专业标准》制定教师培训课程指南。将《专业标准》作为中小学和幼儿园教师考核的重要依据,进一步细化考核的内容和指标。《小学教师专业标准(试行)》进一步明确:小学教师是履行小学教育教学工作职责的专业人员,需要经过严格的培养与培训,具有良好的职业道德,掌握系统的专业知识和专业技能。《小学教师专业标准(试行)》是国家对合格小学教师专业素质的基本要求,是小学教师实施教育教学行为的基本规范,是引领小学教师专业发展的基本准则,是小学教师培养、准入、培训、考核等工作的重要依据。《小学教师专业标准(试行)》提出了"师德为先""学生为本""能力为重""终身学习"四大基本理念,并从"维度""内容"和"基本要求"三个层面对教师专业标准的基本内容进行了规定,为教师培养和继续教育提供了全面的依据。① 小学教育专业人才培养体系创建的目的是全面提高小学教育专业人才培养质量,《小学教师专业标准(试行)》是小学教育专业人才培养体系创建的基本依据。

　　2017 年 10 月,教育部出台的《普通高等学校师范类专业认证实施办法(暂行)》中要求:第三级定位于师范类专业教学质量卓越标准认证。建立健全基于产出的人才培养体系和运行有效的质量持续改进机制,以赶超教师教育国际先进水平为目标,以评促强,追求卓越,打造一流质量标杆,提升教师教育的国际影响力和竞争力。② 人才培养体系是专业建设水平的重要标志,是影响人才培养质量的重要因素。

　　2018 年 1 月,《中共中央　国务院关于全面深化新时代教师队伍建设改革的意见》的"目标任务"中强调,经过 5 年左右努力,教师培养培训体系基本健全,职业发展通道比较畅通,事权人权财权相统一的教师管理体制普遍建立,待遇提升保障机制更加完善,教师职业吸引力明显增强。教师队伍规模、结构、素质能力基本满足各级各类教育发展需要。③ 这里的"教师培养培训体系"就是教师一

① "教育部关于印发《幼儿园教师专业标准(试行)》《小学教师专业标准(试行)》和《中学教师专业标准(试行)》的通知",中华人民共和国教育部,访问日期:2023 年 12 月 29 日,http://www. moe. gov. cn/srcsite/A10/s6991/201209/t20120913_145603. html。
② "教育部关于印发《普通高等学校师范类专业认证实施办法(暂行)》的通知",中华人民共和国教育部,访问日期:2023 年 12 月 29 日,http://www. moe. gov. cn/srcsite/A10/s7011/201711/t20171106_318535. html。
③ 新华社:《中共中央　国务院关于全面深化新时代教师队伍建设改革的意见》,2018 年 1 月 31 日,中华人民共和国中央人民政府:http://www. gov. cn/zhengce/2018-01/31/content_5262659. htm,访问日期:2023 年 12 月 29 日。

体化专业发展的人才培养体系。

2018年2月，教育部等5部门印发《教师教育振兴行动计划（2018—2022年）》，在"目标任务"中同样强调：经过5年左右努力，办好一批高水平、有特色的教师教育院校和师范类专业，教师培养培训体系基本健全，为我国教师教育的长期可持续发展奠定坚实基础。师德教育显著加强，教师培养培训的内容方式不断优化，教师综合素质、专业化水平和创新能力显著提升，为发展更高质量更加公平的教育提供强有力的师资保障和人才支撑。[①] 健全教师一体化专业发展人才培养体系是教师教育振兴的基础性工作。

2018年9月，《教育部关于加快建设高水平本科教育　全面提高人才培养能力的意见》中则是多次强调"高水平人才培养体系"建设，如文件开头就强调：为深入贯彻习近平新时代中国特色社会主义思想和党的十九大精神，全面贯彻落实全国教育大会精神，紧紧围绕全面提高人才培养能力这个核心点，加快形成高水平人才培养体系，培养德智体美劳全面发展的社会主义建设者和接班人，现就加快建设高水平本科教育、全面提高人才培养能力提出如下意见；在"形势要求"中指出：高等学校必须主动适应国家战略发展新需求和世界高等教育发展新趋势，牢牢抓住全面提高人才培养能力这个核心点，把本科教育放在人才培养的核心地位、教育教学的基础地位、新时代教育发展的前沿地位，振兴本科教育，形成高水平人才培养体系，奋力开创高等教育新局面；在"总体目标"中强调：经过5年的努力，"四个回归"全面落实，初步形成高水平的人才培养体系，建成一批立德树人标杆学校，建设一批一流本科专业点，引领带动高校专业建设水平和人才培养能力全面提升，学生学习成效和教师育人能力显著增强。[②]

2018年9月，《教育部关于实施卓越教师培养计划2.0的意见》的"目标要求"则将教师教育人才培养体系具体化：经过五年左右的努力，办好一批高水平、有特色的教师教育院校和师范专业，师德教育的针对性和实效性显著增强，课程体系和教学内容显著更新，以师范生为中心的教育教学新形态基本形成，实践教学质量显著提高，协同培养机制基本健全，教师教育师资队伍明显优化，教师教育质量文化基本建立。到2035年，师范生的综合素质、专业化水平和创新能力

---

① "教育部等五部门关于印发《教师教育振兴行动计划（2018—2022年）》的通知"，中华人民共和国教育部，访问日期：2023年12月29日，http://www.moe.gov.cn/srcsite/A10/s7034/201803/t20180323_331063.html。

② 中华人民共和国教育部：《教育部关于加快建设高水平本科教育　全面提高人才培养能力的意见》，2018年10月8日，中华人民共和国教育部：http://www.moe.gov.cn/srcsite/A08/s7056/201810/t20181017_351887.html，访问日期：2023年12月29日。

显著提升,为培养造就数以百万计的骨干教师、数以十万计的卓越教师、数以万计的教育家型教师奠定坚实基础。[1]

相关的教育文件既指出了创建人才培养体系的重要意义,强调形成高水平的教师教育人才培养体系,又不同程度地阐述了人才培养体系的基本内容,为人才教养体系的创建、理论研究和实践探索提供了政策依据。

(二)山区小学教师一体化专业发展职前培养体系的框架创建

总体而言,人才培养体系由人才培养理念体系、目标体系、内容体系、实施体系、质保体系、支持体系、文化体系和研究体系等构成,其中,人才培养目标体系起导向、核心和决定作用。人才培养目标是人才培养顶层设计的起点,对其他各要素起到直接或间接的影响作用。

具体而言,构成小学教育专业人才培养体系的是理念体系:专业建设理念和人才培养理念等;目标体系:培养目标、毕业要求,课程目标、实践教学目标等;内容体系:理论课程体系、实践教学体系和学生活动体系等;实施体系:专业人才培养模式、专业教学体系、专业活动实施;质保体系:人才培养过程各环节标准、质量保障体系等;支持体系:专业师资、经费、设施设备、实验实训基地、管理制度等;文化体系:专业特色、专业文化等;研究体系:针对问题、目标、发展等的探索与实践。

根据人才培养体系创建的相关分析,山区小学教师职前培养应该创建"山区小学教师一体化专业发展职前培养体系(小学教育专业人才培养体系)",其基本要求是:构建"实践导向、行知合一"的"定位山区、基于学生、依据标准、强化自主、突出实践"的一流人才培养体系,如图3-1所示。

其基本内涵是:围绕培养山区乡村小学卓越教师的培养目标,基于学生原有基础和发展需求,遵循教育和人才成长规律,依据国家和省厅相关规章制度,以学生发展为中心,育人为本、育德为先,以课程和教学、学科和师资、设施和基地等为支撑,以强化学生自主学习、合作学习、师德体验、探索研究和实践锻炼为主要手段,构建学生主体、师资优化、制度创新、条件改善、文化培育、协同育人、督导评估等机制和人才培养模式,促进学生全面发展、个性成长。

1. 定位山区

"定位山区"是培养山区小学教师的必然要求,即以培养山区小学卓越教师为目标的小学教育专业必须要有"定位山区"的人才培养定位。"定位山区"特别

---

[1] 中华人民共和国教育部:《教育部关于实施卓越教师培养计划2.0的意见》,2018年9月30日,中华人民共和国教育部:http://www.moe.gov.cn/srcsite/A10/s7011/201810/t20181010_350998.html,访问日期:2023年12月29日。

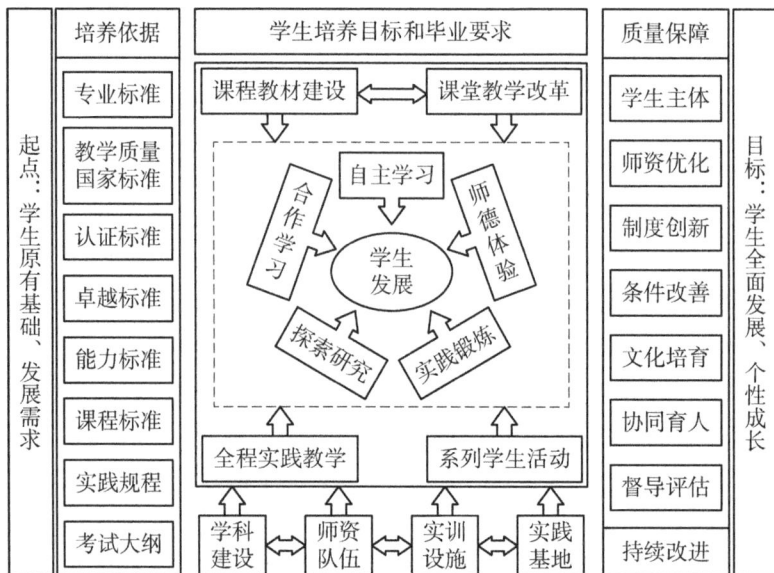

图 3-1　山区小学教师一体化专业发展职前培养(小学教育专业人才培养)体系架构

强调"山区情怀"的培养。"山区情怀"是指热爱山区、山区教育、山区发展,并愿意为之奋斗终身的感情。"定位山区"就是培养愿意服务山区的人才,小学教育专业定位山区就是培养愿意服务山区小学改革与发展的卓越教师,并非强制学生必须到山区工作。定位山区具体体现在小学教育专业人才培养目标和毕业要求中,同时也体现在课程体系和课程教学、合作实践等培养过程中。

"定位山区"要清晰厘定"山区"。"山区"是一个地理概念,我国有三分之二以上的地方属于山区,"山区"不应该只是"交通不便""贫穷落后"等的代名词,而应该是"生态""绿色""优美""观光旅游""名胜古迹"最具代表性的地方。

"定位山区"还要深入研究山区教师特质,特别是"山区乡村教师"特质。虽然对"乡村教师"的研究由来已久,也已经取得了一定的成效,但对"山区乡村教师特质"的研究文献并不丰富,为了真正将人才培养工作做到实处,必须组织专业教师深入研究培养目标的特质,这是保证人才培养质量、特色的前提。小学教育专业要在引导教师专题研究的同时,结合毕业生追踪调查研究,将这一研究持续深化。

2. 基于学生

基于学生是"学生中心""产出导向"理念的体现,"学生中心"强调遵循教育和学生成长成才规律,围绕学生发展需要配置教育资源、组织课程和实施教学。即要求突出学生的学习主体地位,从传统的以"教"为中心转变成以"学"为中心,以学生学习效果和个人发展为中心配置教育资源和安排教学活动。小学教育专业人才培养体系要适应本专业师范生需求，服务师范生养师德、育师能，成就师范生从教志愿，落实对师范生从入学到毕业全周期发展指导与服务，促进每一个师范生知识、能力和素质全面协调发展。

基于学生就是以学生原有发展水平为基点，以促进学生发展为目标追求，以学生自主性（主动性、积极性和创造性）培养为重点，以自主学习、合作学习、师德体验、探索研究和实践锻炼为主要手段，通过课程教材建设、课堂教学改革、全程实践教学和系列学生活动，促进学生全面发展、个性成长。

基于学生也是"产出导向"理念的体现，"产出导向"强调以学生的学习效果为导向，对照培养目标和毕业要求，评价专业人才培养质量。而培养目标和毕业要求则要坚持以基础教育师资需求、教育教学岗位需要、师范生应知应会和潜能潜质为依据进行设计。同时，要根据培养目标和毕业要求反向设计课程体系与教学环节，以毕业要求达成情况衡量教学工作和教师绩效，以毕业生能力素质评价师范人才培养质量。

小学教育专业人才培养体系也应该是"产出导向的人才培养体系"，根据教育目的、社会需求，结合学校人才培养总目标和学生实际水平确定专业人才培养目标、制定毕业要求，依据培养目标和毕业要求确定课程体系和课程目标，根据课程目标实施课程教学和实践活动，最后形成课程实施支撑课程目标，课程目标支撑毕业要求，毕业要求支撑培养目标的完整体系。

学生原有发展水平和发展需求是专业人才培养的出发点，学生培养目标是人才培养的最终追求，其中，学生的自主性发展成为关键。

3. 依据标准

人才培养体系的创建必须以相关的规章制度为依据，国家和省教育主管部门颁发的相关标准、制度既是专业建设的依据，又是专业人才培养体系创建的依据，主要包括《小学教师专业标准（试行）》《教育学类教学质量国家标准》《师范类专业认证标准（小学）》《教育部关于实施卓越教师培养计划的意见》《小学教育专业师范生教师职业能力标准（试行）》《教师教育课程标准（试行）》《浙江省高校师范生教育实践规程（试行）》《小学教育专业教师资格考试大纲》等。

依据标准是人才培养体系创建的必然要求，如《小学教师专业标准（试行）》是国家对小学合格教师专业素质的基本要求，是教师实施教育教学行为的基本规范，是引领教师专业发展的基本准则，是教师培养、准入、培训、考核等工作的重要依据。小学教育专业是培养小学教师的最主要组织形式，专业人才培养体系的创建必须以此为主要依据。

4. 强化自主

自主即自己为自己做主,自己对自己负责,自己有主人的意识、有自我负责的精神,不需要他人安排、不受别人支配。心理学中自主一般是指个体遇事有主见,能对自己的行为负责。

强化自主就是要重点培养学生的自主性。哲学、政治学、伦理学、法学等多个学科领域都涉及自主性论题,不同的论域赋予了这一论题不尽相同的内涵。这里所指"自主性",是指人的品格特性,是人的素质的基本内核,即个体能具备按自己意愿行事的动机、能力或特性。自主性是一个社会人必备的基本素质,具体体现为主体性、主动性、上进心、判断力、独创性、自信心、自我控制、自律性、责任感等。在自主性发展的过程中,这些特性都融汇在自主性态度和自主性行为之中,构成一个人的统一的品格特点。

自主是人的本能,是人的重要需求,每个人都想自己做主,但由于环境的影响、个体努力程度的差异,不同的人自主性发展差异极大,特别是现代社会,由于诱因太多,许多孩子在发展过程中会受到外界因素的诱导而失去自我发展目标,如网络成瘾就是受网络影响失去了自己为自己做主的意识和能力,也就是失去了自主性。教育的作用就是要激发人的自主意识,培养人的自主意识和能力,即培养学生的主动性、积极性和创造力,培养学生的自律性、责任感。

强化自主是学生发展的必然要求,更是目前教育现状的需要。目前教育中学生的自主性容易被忽视,即将成为教师的师范生,不仅自己要具备自主意识和自主能力,而且要有培养学生自主性的意识和能力。给学生提供更多选择的机会,培养学生的选择意识和选择能力是培养自主性的前提,自主学习是自主性培养的重要途径。自主学习是学生作为学习的主体,自己确定学习目标、制定学习计划、做好具体的学习准备,通过自己的独立分析、探索实践和质疑问难等创造性的方法来实现学习目标的学习形式。"自主学习"昭示着学习是学习者自己的事情,体现着学习者"主体"所具有的"能动"品质。

学习本应是"自主"的学习,"自主"是学习的本质,"自主性"是学习的本质属性。"自主"更是个体发展的需要,"自主性"既是学生发展的基础,也是学生发展的必然结果。作为未来教师的师范生更应该强化自主性培养。

5. 突出实践

实践是能力形成最重要的途径,只有通过实践才能真正形成能力。突出实践实际上就是强化能力培养。小学教育专业学生需要足够的技能训练、实践锻炼时间。突出实践不仅是学生形成正确的教育理念、养成崇高的师德、掌握专业知识和提升专业能力的需要,而且是对接基础教育改革和实际社会需求的必然途径,同时,突出实践也是专业教师丰富课程资源、改善课堂教学、提高教学水平、联通学校与社会,提高服务社会能力的重要环节。

小学教育专业的实践包括:校内的教师基本技能训练,如"三字一话"、信息技术等,小学教育专业技能训练,如小学班级管理、小学心理健康教育、小学教育科研方法等,小学教学综合能力培养,如学科教学设计、说课和模拟上课等,以及课程开发、创客实验等;校外的教学观摩、教育调研、教育见习、教育实习和教育研习等。实践教学贯穿小学教育专业人才培养全过程,内容不断综合化、要求不断"临床"化。

(三) 山区小学教师一体化专业发展职前培养体系的特征分析

山区乡村小学卓越教师的培养目标除具有人才培养体系的共同特点外,还具有如下的特点:

1. 培养理念的"自主性"

教育是为社会培养人才的,小学教育专业培养的是未来的小学教师,他们的作用是促进儿童全面、和谐发展,儿童是祖国的未来,是未来社会发展的人才,小学教师必须要树立面向未来的意识。未来发展的方向、内容和速度等其实都无法完全确定,所能确定的就是社会在不断变化,而且变化的速度可能还会越来越快,而要适应这种变化就必须学会自我选择,必须养成自主学习、自主发展的习惯。为此,小学教育专业人才培养体系必须体现学生"自主",充满"自主性"。

2. 培养目标的"全科性"

培养目标是人才培养体系的核心,小学教育专业与其他教师教育专业的不同之处就在于小学教育的基础性、全面性、启蒙性等特点。《基础教育课程改革纲要(试行)》明确指出:小学教育要以综合课程为主。这就要求小学教师必须具有系统、全面的知识与能力、复合型的知识结构,以满足小学生的身心发展特征和多方面的发展需求。为此,小学教育专业必须打破单一的学科专业划分标准,改变师范院校传统的单一学科培养模式,注重不同学科间的知识结构与知识体系的整合与重构。[①] 也就是说,小学教育专业的培养目标必须打破学科的界限,注重综合、多科融合,即注重"全科性"。

3. 培养内容的"融合性"

与培养目标的"全科性"相适应,支撑培养目标实现的培养内容必须体现"融合性"。小学教育专业首先是教育专业,教育教学知识的掌握对学生的未来成长有着举足轻重的作用,其次小学教育专业也要考虑主教学科与兼教学科的相关

---

① 王莉.本科层次全科型小学教育专业人才培养模式的建构[J].教育实践与研究,2017(9):9.

知识，这些知识也是小学教师知识结构的重要组成部分。与其他教师教育专业不同，小学教育专业学生更需要的是基础、全面、各学科知识有机融合的培养内容。"融合性"才是小学教育专业人才培养内容的重要特点。有研究者认为小学教师的素质结构应该是："教育专业性与学科专业性并重，教育实践能力重于研究性，专业知识要求更为全面，教育素质要求更为突出，专业技能要求更为侧重广博性超过深刻性。"①

4. 培养过程的"临床性"

小学教师是应用型人才。应用型人才培养应该坚持实践导向、问题导向，在实践活动过程中培养人才。小学教育专业人才培养过程也应像医学专业临床医生培养那样，延长实践活动时间，重视"临床"经验的积累，让学生更多进入教育现场，在真实的教育场域中学习教育教学经验。支撑专业培养目标，构建"三全五式"实践教学体系，即"依托全体（全体师生）、全程融入（行知合一）、全面协同"的贯穿式（行知合一、四年贯穿）、融入式（融入课程、融入活动）、浸润式（现场浸润、虚实结合）、螺旋式（分类实践、环环相扣）、协同式（师生结对，高校、主管部门和小学"三位一体"）的实践教学体系，把"临床"实践渗透到人才培养全过程，让培养者和培养对象全员参与、全面协同是专业人才培养的需要。

5. 专业文化的"儿童性"

小学教育专业是面向儿童的事业，或者说是为了促进儿童发展的事业，儿童立场是小学教育专业必须坚持的立场。与其他教师教育专业相比，小学教育专业更加需要培养具有童心素养、热爱儿童的优秀小学教师。儿童立场就是要求以儿童科学为依据，遵循儿童生命发展规律、充分认识儿童身心发展特征，有效促进儿童快乐、幸福成长、全面、和谐发展。小学教育专业的人才培养目标、课程体系架构、人才培养模式和课程设置等都应体现出"儿童性"专业特征，或者说都要以科学的儿童观为指导。小学教育专业的人才培养需要充满"儿童性"的专业文化。

三、山区小学教师一体化专业发展职后教育体系

山区小学教师职后教育体系是指山区小学教师继续教育体系。1999 年，教育部在《关于实施"中小学教师继续教育工程"的意见》中明确提出：实施"中小学教师继续教育工程"，就是要逐步建立起有中国特色的中小学教师继续教育新体系，完善教育教学制度，形成良性运行机制，使中小学教师继续教育逐步走上法

---

① 潘健.小学教师培养模式：问题与抉择[M].南京：南京师范大学出版社，2011.

制化、制度化、规范化的轨道。① 实施过程中，制定了5年一个周期推进中小学教师继续教育的制度与法规，并建立了教师培训与教师管理相结合的3个体系：①建立了"国家、省、地(市)、县、校"五级管理体系；②初步形成一个综合大学与研究机构参与，各级各类教师培训院校和师范院校为主体，联合教研、教科研部门，吸收中小学骨干教师参加的开放型培训体系；③建立了实施国家和省两级监控和评估体系。② 教育部的《中小学教师继续教育工程》是中小学教师继续教育体系创立的开始，在教师教育发展过程中起着极为重要的升级作用，教师继续教育从原来的"缺失补偿"进入到真正的"专业发展"，教师继续教育体系建设真正列入教师专业发展议程，成为促进教师专业发展和教师队伍建设重大举措。2012年，教育部、国家发展改革委、财政部联合印发的《关于深化教师教育改革的意见》中提到，"建立以师范院校为主体、教师培训机构为支撑、现代远程教育为支持、立足校本的教师培训体系"。③ 2018年，中共中央、国务院印发《关于全面深化新时代教师队伍建设改革的意见》中提到，"实施教师教育振兴行动计划，建立以师范院校为主体、高水平非师范院校参与的中国特色师范教育体系，推进地方政府、高等学校、中小学'三位一体'协同育人"。④ 2018年，教育部等五部门印发的《教师教育振兴行动计划(2018—2022年)》中提到，"基本形成以国家教师教育基地为引领、师范院校为主体、高水平综合大学参与、教师发展机构为纽带、优质中小学为实践基地的开放、协同、联动的现代教师教育体系"。⑤

(一) 山区小学教师一体化专业发展职后教育体系构建的意义

教育部关于印发《中小学教师继续教育工程方案(1999—2002年)》及其实施意见的通知中明确强调：部署各地实施"中小学教师继续教育工程"，动员各级

---

① 中华人民共和国教育部：《中小学教师继续教育规定》，1999年9月13日，中华人民共和国教育部：http://www.moe.gov.cn/srcsite/A02/s5911/moe_621/199909/t19990913_180474.html?ivk_sa=1024320u，访问日期：2023年12月29日。
② 李晶.《中小学教师继续教育工程》与我国教师专业化建设[J].中国教育学刊，2003(9)：41.
③ 教育部、国家发展改革委、财政部：《关于深化教师教育改革的意见》，2012年9月6日，中华人民共和国中央人民政府：https://www.gov.cn/zwgk/2012-12/13/content_2289684.htm，访问日期：2023年12月29日。
④ 中共中央、国务院：《全面深化新时代教师队伍建设改革的意见》，2018年1月31日，中华人民共和国中央人民政府：https://www.gov.cn/zhengce/2018-01/31/content_5262659.htm，访问日期：2023年12月29日。
⑤ "教育部等五部门关于印发《教师教育振兴行动计划(2018—2022年)》的通知"，中华人民共和国中央人民政府网，访问日期：2023年12月29日，https://www.gov.cn/xinwen/2018-03/28/content_5278034.htm?tdsourcetag=s_pcqq_aiomsg。

政府和教育行政部门提高对全面推进素质教育，加强中小学教师队伍建设重要性和紧迫性的认识，建立健全中小学教师继续教育制度，形成中小学教师继续教育工作的良性运行机制，开创中小学教师继续教育工作的新局面。

1. 有利于促进小学教师队伍建设

小学教师继续教育体系，克服了零敲碎打，头痛医头、脚痛医脚的被动应对现象，实现了教师继续教育的全体化、系统化、全面化和信息化，保障了教师队伍的可持续发展。比如，从教育对象上看，面向全体小学教师，不分城乡、不分年龄、不分从教年限、不分学历、不分职称和职务等，是面向所有的小学在职教师的专业发展体系；从教育目标和内容上看，指向教师整体素质的全面提高，包括教育理念与师德修养、教育知识和教育能力等全面素质；从教育途径和方法上看，强调理论与实践相统一、问题导向、目标导向、项目化实施，面授、在线学习、自主学习、校本研训等相结合，高校、政府主管部门、中小学和培训机构等协同开展，不仅有面向全体教师的通识项目，而且有面向特定教师群体的各种专题项目。小学教师继续教育体系的建立，不仅从机制上为教师队伍整体素质的提升创造了条件，而且从实效上切实提高了教师的全面素养。

2. 有利于推进小学教师专业发展

小学教师继续教育体系纠正了教育只是满足社会发展需要、教师专业发展只是满足教育改革与发展需要的片面现象，全面考虑教师个体终身发展的需要，有利于教师个体的全面发展。比如，面向教师终身发展的"教师进阶"计划，既对处于不同发展阶段的教师有明确的要求，又设计了相应的如新教师培训、骨干教师培训、名师培养工程等各种不同等级、指向不同学段、不同学科和不同层级教师的项目，让教师自主选择，并且将校外机构培训与校内校本培训相结合，既针对教育改革与发展的需要，又满足教师个人发展的特点和需要，真正促进教师全面、个性化发展。

3. 有利于集约小学教师教育资源

小学教师继续教育体系避免了重复培训、培训缺乏针对性等浪费教师继续教育资源的现象，能够较好地集聚有限的教师教育资源，更好地发挥其效用。比如培训学分管理制度、"自主选择＋学校审核"的项目化培训制度等，可以更有效地将继续教育资源运用到最需要的教师发展上，特别是基于问题、基于学校教师自身发展需求，高校或培训机构与学校密切协同的校本培训，能更有效地帮助学校、教师解决改革发展中面临的问题，提高发展的效度、节省资源。

（二）山区小学教师一体化专业发展职后教育体系的框架梳理

山区小学教师继续教育体系是山区小学教师一体化专业发展人才培养体系

的组成部分，其构成要素包括教师继续教育理念体系、目标体系、内容体系、实施体系、评价体系、支持体系、文化体系和研究体系等要素。

文化体系是环境，直接构成教师继续教育的特色；理念体系是先导，理念体系对其他各体系产生直接的规范和引领作用；目标体系是动力，也是依据，目标体系是专业发展动力机制的成因，是继续教育内容选择、实施途径（方法）确定等的依据；内容和实施体系是载体，是理念落实、目标实现的关键；评价体系是诊断，也是激励与促进，及时发现目标实现程度，即时纠正实施中的问题；支持体系是保障，为教师继续教育提供所需要的资源条件；研究体系是探索，为教师继续教育提供创新的动力和成果，确保教师继续教育事业持续发展。这些要素相辅相成，构成有机整体，持续促进教师专业发展。

（三）山区小学教师一体化专业发展职后教育体系的特征分析

相比山区小学教育专业人才培养体系，山区小学教师专业发展的职后教育体系（继续教育体系）更应突出以下特征。

1. 终身性

这是终身教育思想在教师教育中的体现，其实教师教育替代师范教育就是终身教育思想的体现，在教师继续教育体系中表现更加突出。小学教育继续教育应更突出小学教师的终身可持续发展，具体要更加突出其顶层设计的系统性、阶段性，即既要有整体的生涯设计，又要有分阶段的专题设计，既要有教师专业发展的统一要求，又要有针对教师发展阶段和教师个体发展需要的个性化培训、自主化学习和研究等。

2. 实践性

这是实践导向、问题导向在教师专业发展中的体现。教师专业是一种实践性很强的专业，完成教师职责不仅需要相关的理论知识，更需要较强的教育教学实践能力。教师继续教育更加需要"行知合一"，即理论讲述与实践案例相佐证，问题解决与素养提升相统一。特别要重视教师的反思性实践、行动研究指导，帮助教师在解决实际教育问题过程中提升理论水平、全面素养。

3. 自主性

这是人本主义理念的重要体现，教师继续教育中更加需要重视学习者自身性、主动性和创造性的发挥，教师自身发展责任感、义务感的激发尤为重要。要通过激励与约束相结合，提供更多的自主选择，营造良好的学习氛围，树立身边的学习榜样等多种举措激发教师的学习内驱力，促进教师不断完善自我，实现自身个性的自由发展、素质的全面提升，最终达到教师职业需要与个人理想的统一。

4. 互助性

小学教师继续教育需要专家的引领，也需要教师间、师生间的互助，特别是教师间的同伴互助、协同成长，如成长共同体建设、课题组活动等都是促进教师协同成长的有效途径。每一个教师都是已经有一定知识水平和工作能力的人，其自身的作用、相互间的取长补短更不容忽视。教师继续教育既要注重理论学习与实践经验的互相结合，又要注重教师之间的交流、互助、研讨和合作。同伴互助往往是解除工作困惑障碍、增长工作知识经验最便捷的方式。

5. 混合性

小学教师继续教育面向全体小学教师的全面、终身发展，培养目标、内容、途径等都更加复杂、综合。比如，培养目标上的补偿与提升，内容上的接受与创新（学习与研究）、全面与分段（政治思想、道德品质、教育理念等全面要求，学科知识、学生发展知识等区分学段）、全体与学科（师德、教研等面向全体，课程、教学等面向不同学科、学段）、途径上的线上与线下，组织上的校内与校外、分层与分类（国家级、省级、市级、县级和校本等分层培训，各负其责；学前、小教、普教、职教、成教等学段，语文、数学、英语等学科分类培训，各尽其所）、方式上的讲授与参与、案例与操作、研讨与体验等。

6. 开放性

小学教师继续教育体系不管是目标还是内容、途径等各方面都需要更大的灵活度，这不仅是面向全面、终身发展的需要，更是激发教师自主发展的需要，只有提供更多的学习主题、学习时空，给教师提供更多的选择机会，才能彻底解决工学矛盾、缺乏学习兴趣等问题。今后，教师教育将更具有开放性并实现信息网络化，教师的潜能将进一步得到开发，其学习模式和培训过程将更具民主性。[①]

---

① 李品.《中小学教师继续教育工程》与我国教师专业化建设.中国教育学刊，2003年第9期.

第四章

山区小学教师一体化专业发展目标体系

山区小学教师一体化专业发展人才培养体系外延上由山区小学教育专业人才培养体系和山区小学教师继续教育体系两部分构成,内涵上则由目标体系、内容体系、实施体系、评价体系和支持体系等组成。其中,目标体系在人才培养中具有价值统领和方向导引作用。

一、山区小学教师一体化专业发展目标体系的确立

山区小学教师一体化专业发展目标体系指的是由山区小学教师专业发展的各种目标及其相互作用构成的目标整体。目标体系在人才培养体系中居于指向、标准和动力地位。

(一)明确山区小学教师一体化专业发展目标体系的依据

培养目标一般是指"人才培养的规格和标准,是大学培养什么人的一种价值主张和具体要求,是大学人才观的集中反映"[①]。"大学之人才培养及其管理始于培养目标,明确的培养目标既是知识体系即课程体系及课程内容设计的逻辑前提,亦是大学之人才培养模式即人才培养方法途径选择、教学制度安排、大学文化营造,以及教师素质要求的基本依据。大学之人才培养活动的全要素、全过程无不围绕培养目标而组织、设计及展开。由于人才培养始于培养目标也终于培养目标的实现,因此人才培养质量取决于人才培养目标是否实现。"[②]因此,如何制定培养目标,制定什么样的培养目标就成为人才培养的关键。

培养目标是教育目标的具体化,是教育目的在各级各类学校中的具体落实。小学教育专业人才培养目标的确定除了要全面贯彻反映社会发展要求的教育目

① 眭依凡.素质教育:高校人才培养体系的重构[J].中国高等教育,2010(9):10.
② 项璐,眭依凡.培养目标:人才培养模式改革的价值引领——基于斯坦福大学"开环大学"计划的启示[J].现代大学教育,2018(4):104-110.

的要求外,还要充分考虑基础教育师资需求、学生发展水平、教育学类专业教学质量国家标准和小学教师专业标准等的要求。人才培养目标既要全面贯彻国家相关文件要求,又要符合区域基础教育发展对教师的需求,同时,要充分考虑学生的发展水平和发展需要。当然,培养目标还要根据学校办学定位、专业服务面向、教育教学岗位需求和学校专业特色等分解为具体的毕业要求,其具体关系如图 4-1 所示:

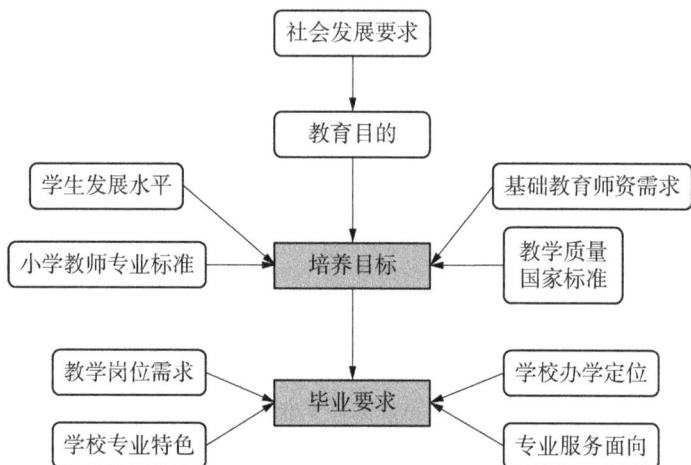

图 4-1　培养目标制定依据

山区小学教师一体化专业发展目标体系是由各级各类目标相互作用构成的,其制定不仅要遵循上述这些依据,而且要充分考虑各种目标之间的相互关系和"一体化"专业发展的要求。一般而言,"国家教育行政部门统筹和指导各地省级政府、有关师范生培养院校、中小学和教师发展机构共同协商,整体设定教师教育一体化总体目标。职前培养应为培养师范生的综合素质与初步从教技能,职后培训目标主要是满足教师专业持续发展与终身学习的要求,重点关注教师教育教学组织、反思、科研、课程开发与资源整合利用能力、课程改革和教学方法创新能力。"[1]

(二)厘清山区小学教师一体化专业发展目标序列

山区小学教师一体化专业发展目标体系总体上看,由山区小学教育专业人才培养目标体系和山区小学教师继续教育目标体系构成,这两个体系相互衔接,形成一体化的目标体系。其中,小学教育专业人才培养目标体系由小学教育专

---

[1] 陈春勇.构建新时代教师教育一体化体系:困境与出路[J].大连教育学院学报,2020(3):5-6.

业人才培养目标和毕业要求共同构成,毕业要求体现专业定位和特色、支撑培养目标。小学教师继续教育目标体系则由教师发展不同阶段目标构成,一般分为新手教师、高级新手教师、胜任教师、熟练教师、专家教师和卓越教师等。小学教师一体化专业发展目标体系具体框架结构如图 4-2 所示:

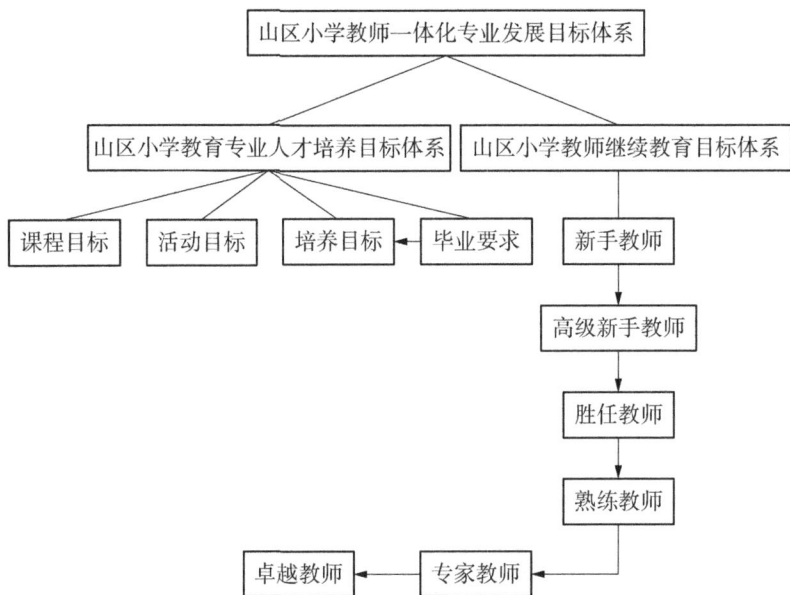

图 4-2 山区小学教师一体化专业发展目标体系

　　山区小学教师一体化专业发展目标体系中,小学教育专业人才培养目标居于基础性地位,起着奠基性作用。小学教育专业的培养目标既为小教专业师范生成为合格的准小学教师奠定全面基础,又为其从业后成长为优秀的小学教师奠定理论基础。小学教育专业人才培养目标是小学教育专业人才培养的出发点和归宿,也是评判小学教育专业人才培养质量的标准,在专业人才培养中起着明显的导向、引领作用。特别是随着"产出导向"理念的深入人心,培养目标的引领性地位更加凸显。"反向设计""正向实施"的专业顶层设计、专业人才培养体系、人才培养模式和人才培养支撑条件等都是围绕培养目标展开的。专业人才培养目标在专业的人才培养过程中体现为具体的毕业要求,毕业要求的实现即培养目标的实现,而毕业要求的实现依靠的是课程体系和活动体系,所以课程目标和活动目标的实现又支撑毕业要求的实现。在专业人才培养实施过程中,课程和活动的科学性及其实施质量就成为影响专业人才培养质量的关键。所以,小学教育专业人才培养目标体系包含了培养目标、毕业要求、课程目标和活动目标,课程目标又包含理论课程目标和实践课程目标，活动目标又包含专业活动目标和学生活动目标等，这些目标相互支撑、相辅相成，共同构成专业人才培养目标体系。

小学教师继续教育目标体系在小学教师一体化专业发展目标体系中居于引领性地位，起着动力性作用。小学教育专业毕业生只是具备了成为小学教师的专业基础，或者说只是准小学教师，其成长的速度和水平，取决于其在小学教育岗位实践和继续教育过程中的努力程度、机会和方式方法等。相对于小学教育专业人才培养目标，小学教师继续教育目标影响更加长久，对小学教师的专业成长意义更加深远，需要更多地进行研究和实践。目前，这一目标体系研究成果已比较丰富，但区域性特别明显，不同的国家，国内不同的省份、城市对教师专业发展的阶段（目标）划分会有些区别。随着教育部"卓越教师培养工程"的实施，"卓越教师"基本上成了大家共同追求的最高目标。综合国内外研究成果，将小学教师继续教育目标划分为六级，前四级是"基本性"目标，或者叫"共同目标"，是对所有老师的共同要求，激励每一位老师努力上进。后二级是"努力性"目标，或者叫"个性目标"，是对特别优秀教师的个性化要求，鼓励优秀教师有更高的追求。这也是分层分类培养、个性化发展的体现，符合人的发展的差异性规律。

二、山区小学教师一体化专业发展职前培养目标体系

定位山区小学教师培养的小学教育专业在山区小学教师职前培养中起着奠基作用，其培养目标体系需要深入研究并切实付诸实践。

（一）构建山区小学教育专业人才培养目标体系架构

《小学教育专业认证标准（第二级）》对培养目标有三个方面的要求：一是"目标定位"。培养目标应贯彻党的教育方针，面向国家、地区基础教育改革发展和教师队伍建设重大战略需求，落实国家教师教育相关政策要求，符合学校办学定位。二是"目标内涵"。培养目标内容明确清晰，反映师范生毕业后 5 年左右在社会和专业领域的发展预期，体现专业特色，并能够为师范生、教师、教学管理人员及其他利益相关方所理解和认同。三是"目标评价"。定期对培养目标的合理性进行评价，并能够根据评价结果对培养目标进行必要修订。评价和修订过程应有利益相关方参与。①

---

① "教育部关于印发《普通高等学校师范类专业认证实施办法（暂行）》的通知"，中华人民共和国教育部，访问日期：2023 年 12 月 31 日，http://www.moe.gov.cn/srcsite/A10/s7011/201711/t20171106_318535.html。

专业认证标准既是对专业认证的要求，又是指导专业建设的文件，专业要按照认证标准的要求全面开展建设工作，并取得实际效果。根据专业认证"培养目标"指标，小学教育专业人才培养目标体系的整体框架应该包括三个部分内容，即"目标定位""目标内涵"与"目标评价"，因此，我们将山区小学教育专业的目标体系划分为"目标依据体系""目标内容体系"和"目标评价体系"，具体见图 4-3：

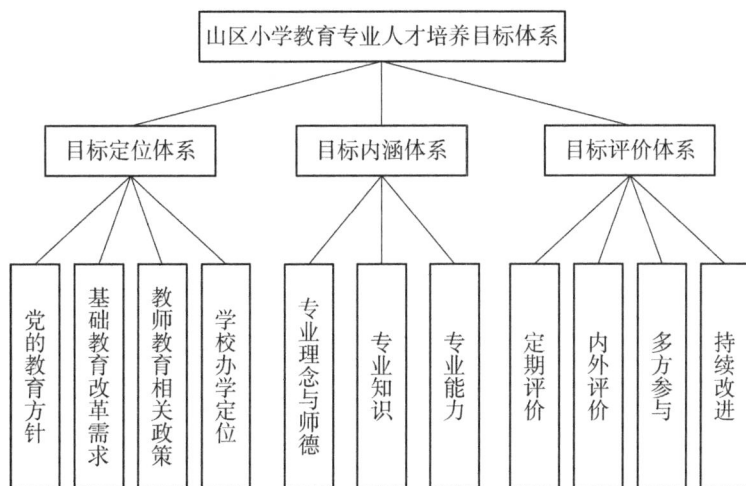

图 4-3　山区小学教育专业人才培养目标体系

培养目标依据体系是专业制定人才培养目标必须遵循的各种要求，包括党和国家的教育方针政策、学校自身的特点等。制定小学教育专业人才培养目标最基本的依据是党的教育方针、国家和区域基础教育改革与发展对师资的需求、国家和省市教师教育相关政策等，同时要考虑学校的办学定位和人才培养总目标。

培养目标内容体系是培养目标体系的核心组成部分，反映的是培养目标的具体内容，专业培养的人才的质量标准与具体规格都体现在内容体系中，根据小学教师专业标准，小学教师的专业素养总体上由"专业理念与师德""专业知识""专业能力"三个维度构成。且该标准对各个维度的具体领域和基本要求做了明确的说明。[①]《教育部关于实施卓越教师培养计划 2.0 的意见（教师〔2018〕13

---

① "教育部关于印发《幼儿园教师专业标准（试行）》《小学教师专业标准（试行）》和《中学教师专业标准（试行）》的通知"，中华人民共和国中央人民政府，访问日期：2023 年 12 月 31 日，https://www.gov.cn/zwgk/2012-09/14/content_2224534.htm。

号)》的总体思路中明确指出:培养造就一批教育情怀深厚、专业基础扎实、勇于创新教学、善于综合育人和具有终身学习发展能力的高素质专业化创新型中小学(含幼儿园、中等职业学校、特殊教育学校)教师。① 《小学教育专业师范生教师职业能力标准》(2021年5月)将小学教育专业师范生教师职业能力划分为师德践行能力、教学实践能力、综合育人能力和自主发展能力四种,并对各种能力的构成做了详细的说明。② 研究者对专业培养目标制定或设计的研究也高度重视,认为培养目标的共性应当包括:具有强烈的爱国主义精神和对人类、国家、社会、环境负责担当的精神;具有国际文化视野、世界胸怀和国际社会适应能力;有自我发展和创业、创新的能力;身心精神健康并有职业道德等。就培养目标的个性而言,则必须体现大学自身的历史、传统、定位和条件,以及本专业人才的知识能力要求。③ 相关政策与研究成果为培养目标的内容体系奠定了扎实的基础,专业在确定培养目标内容时要予以充分考虑。培养目标内容体系还包含"师范生毕业后5年左右在社会和专业领域的发展预期",这些预期既要充分体现专业人才培养的总体素养,即共性要求,又要充分体现不同学校同一专业的专业特色,彰显专业个性。在专业人才培养的实践过程中,培养目标的内容体系具体要通过理论课程目标体系、实践课程目标体系和活动课程目标体系等得以落实。理论教学、实践教学和活动体验等是培养目标得以实现的主要途径,是保证人才培养质量的基本举措。

培养目标评价体系是监测、诊断、激励培养目标落实的体系。专业人才培养目标是专业人才培养的导航系统,引导着专业人才培养的方向,也是专业人才培养的标准,既需要审慎制定,又需要根据社会和基础教育发展的情况及时修订,所以,对培养目标合理性的定期评价就成为专业培养目标实现过程中的必需环节,专业不仅应该通过毕业生、用人单位、主管部门、专业教师和在校学生等及时掌握专业培养目标合理性及实现程度等各种信息,还要组织研究和实践专家对收集的信息进行全面、深入研究,将其结果用于专业培养目标及其实施过程持续改进的重要依据,确保专业人才培养质量持续提升。

---

① 教育部:《教育部关于实施卓越教师培养计划2.0的意见》,2018年10月10日,中华人民共和国中央人民政府:http://www.gov.cn/xinwen/2018-10/10/content_5329343.htm,访问日期:2023年12月31日。
② "教育部办公厅关于印发《中学教育专业师范生教师职业能力标准(试行)》等五个文件的通知",中华人民共和国教育部,访问日期:2023年12月31日,http://www.moe.gov.cn/srcsite/A10/s6991/202104/t20210412_525943.html.
③ 项璐,眭依凡. 培养目标:人才培养模式改革的价值引领——基于斯坦福大学"开环大学"计划的启示[J]. 现代大学教育,2018(4):104-110.

（二）剖析小学教育专业人才培养目标体系案例

以浙江省丽水学院小学教育专业为例，分析小学教育专业师范生人才培养目标体系。

丽水学院是一所源于师范、教师教育氛围浓厚的本科综合性教学应用型大学，办学历史可追溯到 1907 年的处州师范学堂。1978 年经国务院批准设立丽水师范专科学校，2004 年经教育部批准升格更名为丽水学院，2010 年通过教育部本科教学评估，2016 年通过教育部本科教学工作审核评估，2017 年学校被列为浙江省"十三五"硕士授予立项建设单位，2019 年被浙江省教育厅确定为省第二批应用型建设试点示范学校。2021 年获批硕士学位授予单位及教育、农业、护理硕士学位授权点。学校立足地方需求和学校实际，化生态优势为发展优势，化地方特色为学科特色，化区域资源为办学资源，在服务和引领地方经济社会发展中彰显特色。坚持"两山"铸魂、"两基"立根、"两特"赋能，全力服务地方经济社会发展，培养高素质应用型山区适用人才。

丽水学院是全国最早开始学习和应用陶行知教育思想的高校之一，"丽水师专学生陶行知研究会"成立于 1985 年 4 月 22 日，是全国最早成立的学生学陶组织，如今"行知文化"已经成为丽水学院教师教育的特色文化品牌。学校有得天独厚的行知历史传承，晓庄师范学院毕业的陶行知的学生丁赞熙曾担任丽水学院前身处州师范学堂的校长，在晓庄师范学院小学部担任过教导主任的陈波老师在学校师生中大力宣传、推广陶行知教育思想，经过三十多年的努力，积累了丰富的陶行知研究成果（《20 世纪陶行知研究资料索引》《生活世界与生活教育——陶行知研究文集》《陶行知教育思想概论》等），学校形成了浓厚的"行知文化"氛围——行知视觉符号（"行知路""行知亭""行知楼""行知园""行知书院""行知板报长廊"），行知办学理念（"躬耕杏坛　爱满天下"院风，"谨诲于道"教风和"学做真师"学风），行知品牌社团（学生陶行知研究会、行知书友会、行知观影社、行知合唱团等），行知系列活动（演讲比赛、歌手大赛、教师形象大赛等），行知社会实践（"行知行"暑期社会实践队），行知特色课程（"陶行知教育思想概论""陶行知与大学生成长"等）构成了独特的"行知文化"，重点通过搭建"行知环境"熏陶平台、"行知人格"感染平台、"教学做合一"实践教学平台、"小先生"互助服务平台、"行知思想"研究平台等让学生深切体验"行知精神"和"行知教育思想"，自然而然地受到伟大的人民教育家的影响；通过"陶行知教育思想概论"特色课程和"学生陶行知研究会""行知杯"等丰富多彩的活动，创设学生学习、研究和职业精神感悟、体验平台，激发学生热爱教育事业的情感，促进学生形成高尚的道德品质，提升学生的全面素养，推动学校办学特色的形成。"行知特色"是丽水学院教师教育的鲜明特色。

丽水学院一直重视教师教育工作,2012年在全省率先实施教师教育体制改革,明确提出建设"高水平、专业化、有特色教师教育学院"的目标,除音乐、美术外的所有师范生集中到教师教育学院统一培养。2018年学校与市教育局签订"协同共建丽水学院教师教育学院框架协议",内容涵盖协同共建乡村教育研究院、丽水教育评估院、中小学教师发展中心等三大平台,协同开展丽水市基础教育重大课题研究和丽水市中小学教师专业发展培训等工作,堪称校地密切合作、全面服务本地基础教育的典范。

小学教育专业是学校办学历史最悠久、规模最大的专业,一直得到学校领导和各部门的高度重视。丽水学院小学教育专业2013年成为校级特色专业。2014年开始定向委托培养小学全科教师,赢得浙江省"十二五"特色专业建设项目。2015年开始"三位一体"招生。2017年开始学校"山区+"专业综合改革,2018年得到"浙江省'十三五'教师教育创新工程"资助,2019年接受师范类专业二级认证,成为省一流建设专业。

丽水学院小学教育专业2022版人才培养方案中的"培养目标"内容如下:

本专业贯彻落实党的教育方针和国家教师教育相关政策要求,立足丽水、面向浙江、辐射全国,以"行知精神"和"生活教育理论"培养德智体美劳全面发展("德高""知丰""体健""艺特""能备"),具有"山区情怀""行知精神"和"体艺特长"的小学学科教学和教育管理等方面专业人才、卓越教师。

毕业五年左右预期:

目标1:坚持立德树人。热爱祖国,有理想信念,有道德情操,有高度的社会责任感和民族自信心,践行社会主义核心价值观,能通过教育教学活动增进中国特色社会主义的思想认同、政治认同、理论认同和情感认同,做学生锤炼品格、奉献祖国的引路人。潜心育人,能与同事、学生和家长等建立起良好的教育合作伙伴关系,对学生及其班级实施良好的教育和管理,让学生爱戴、家长放心。

目标2:坚守教育岗位。热爱教育,面向未来、面向世界,能长远规划教师专业发展。热爱山区乡村教育事业,有服务山区乡村小学教育的强烈愿望和能力,表现出良好的小学教师职业形象。

目标3:坚持专心教学。热爱工作,有扎实学识,能将主要精力投入教学和教学研究工作,能熟练运用信息技术,能开设优质示范课,有较强的学科整合意识、创新意识和能力,成为任职学校的青年教学骨干,做学生学习知识、创新思维的引路人。

目标4:坚持学生为本。热爱孩子,有仁爱之心,能从学生发展核心素养培养出发,深入体察小学生,特别是山区乡村小学生的学习和发展需求,积极投身教育教学改革,行知合一,勇于实践创新,成为关爱、尊重、信任学生的好教师。

目标 5:坚持终身学习。热爱学习,有较强的问题意识,勤于积累和反思,能紧跟基础教育改革与发展步伐,能对日常教育教学中发现的问题深入思考,能独立开展研究,能积极与同事合作教研、共同发展,成为任职学校的教科研积极分子,做党和人民满意的好老师。

目标 6:坚信健康第一。热爱生命,将关注学生的健康成长放在教育工作的首位,坚持锻炼,重视身心健康,有良好的生活和工作习惯,有一定的体艺特长,做学生健康成长的组织者、激励者和陪伴者。

丽水学院小学教育专业人才培养目标体系由培养目标、毕业 5 年左右预期和毕业要求共同构成。专业人才培养目标是专业对培养的人才的总体预期,毕业 5 年左右预期是专业人才的第一个阶段目标,即毕业 5 年左右能成为的小学教师的画像,毕业要求则是指本专业学生毕业时应达到的目标,这三个目标从宏观到具体,从长远到近期,不断具体化,体现一体化。

培养目标既遵从党和国家的教育方针、教师教育相关政策,又充分体现学校的办学定位和"培养高素质应用型山区适用人才"的人才培养总目标,凸显专业的"山区情怀""行知精神"和"体艺特长"三大特色。"山区情怀"是指热爱山区,愿意服务山区的情感与态度,是学校人才培养"山区定位"总目标在教师教育中的师德体现;"行知精神"既指传承、践行陶行知先生"博爱、奉献、求真、创新、实践"精神,又指突出"行知合一"的实践导向人才培养策略和培养擅长实践育人的小学教师的目标,是学校百年师范教育的历史积淀;"体艺特长"强调的是山区小学教师应该要在体育或艺术方面具备一定的特长,同时还应具备运用自己的体艺特长培养学生的能力,这不仅是山区小学教育教学工作的需要,也是教师自身生活和专业成长的需要。

毕业 5 年左右预期将党和国家的要求、社会的需要与小学教师专业标准中的"师德为先""学生为本""能力为重""终身学习"四大基本理念紧密结合,将我国德智体美劳全面发展的教育目的落实到小学教育专业培养目标中,具体体现为"六个坚"("六个热爱"):坚持立德树人(热爱祖国)、坚守教育岗位(热爱教育)、坚持专心教学(热爱工作)、坚定学生为本(热爱孩子)、坚持终身学习(热爱学习)和坚信健康第一(热爱生命)。这是对小学教师的基本要求,每一位师范毕业生在毕业 5 年左右都应达到这一预期目标。

培养目标的进一步细化,则体现在"毕业要求"中,即师范生在本科毕业时应该达到的要求。丽水学院小学教育专业根据认证标准中的小学教育专业毕业要求体系(图 4-4)将本专业的毕业要求划分为 27 个指标分解点(师德规范 3 个指标点,教育情怀4个指标点,学科素养4个指标点,教学能力5个指标点,班级指导3个指标点,综合育人3个指标点,学会反思3个指标点,沟通合作2个指标点),具体内容见表4-1。

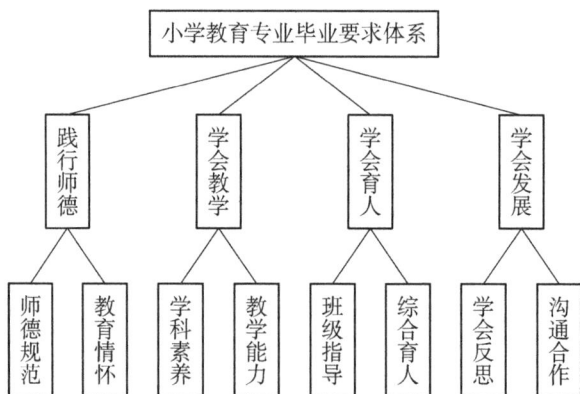

图4-4 小学教育专业毕业要求体系

表4-1 小学教育专业毕业要求指标分解表

毕业要求	指标分解点
毕业要求1 [师德规范]	**1.1[理想信念]**能学习贯彻习近平新时代中国特色社会主义思想和关于教育的重要论述,以及"四史"内容,形成对中国特色社会主义的思想认同、政治认同、理论认同和情感认同;能在教书育人实践中自觉践行社会主义核心价值观;能树立职业理想,立志成为有理想信念、有道德情操、有扎实学识、有仁爱之心的好老师。 **1.2[立德树人]**能解释立德树人的内涵,形成立德树人的理念,使用立德树人途径与方法,在教育实践中实施素质教育;能依据德智体美劳全面发展的教育方针开展教育教学,培育发展学生的核心素养。 **1.3[师德准则]**具有依法执教意识,遵守宪法、民法典、教育法、教师法、未成年人保护法等法律法规,在教育实践中能履行应尽义务,自觉维护学生与自身的合法权益;能准确解释教师职业道德规范内涵与要求,在教育实践中遵守《新时代中小学教师职业行为十项准则》,能分析解决教育教学实践中的相关道德规范问题。
毕业要求2 [教育情怀]	**2.1[职业认同]**具有家国情怀,乐于从教,热爱教育事业。体验教师工作传播知识、传播思想、传播真理,塑造灵魂、塑造生命、塑造新人等价值所在;能准确陈述小学教师的职业特征,树立教师是学生学习的促进者与学生成长的引路人理念,创造条件帮助学生自主发展;能准确界定小学教育对小学生发展的价值和意义,树立促进学生全面而有个性地发展的理念;具备强烈的山区教育情怀,热爱山区教育事业,能为山区教育事业发展贡献自己的力量。

毕业要求	指标分解点
毕业要求2 [教育情怀]	**2.2[关爱学生]**做学生锤炼品格、学习知识、创新思维、奉献祖国的引路人；能公正平等地对待每一名学生，关注学生成长，保护学生安全，促进学生身心健康发展；自觉尊重学生人格和学习发展的权利，主动保护学生的学习自主性、独立性和选择性，用心关注个体差异，确信每名学生都有发展潜力，乐于为学生创造发展的条件和机会；清晰认识山区乡村特殊儿童特点，愿意以"博爱、奉献"的行知精神，为山区儿童发展尽心服务。
	2.3[用心从教]树立爱岗敬业精神，对教育的基本传统、知识与原理有较为深刻的认识，在教育实践中能够认真履行教育教学职责与班主任工作职责，积极钻研，富有爱心、责任心，工作细心、耐心；能使用"教学做合一"的理念指导教育教学，不断追求工作创新。
	2.4[自身修养]热爱生活，适应山区、安心山区小学教育，养成良好的生活情趣，形成良好的卫生与健康习惯，掌握基本的体育技能，有一定的体艺特长；具有健全的人格和积极向上的精神，有较强的情绪调节与自控能力，能积极应变，比较合理地处理问题；掌握一定的自然和人文社会科学知识，传承中华优秀传统文化，具有人文底蕴、科学精神和审美能力；具有一门外语的基本听、说、读、写能力，能借助工具阅读本专业领域的外文资料，拓宽国际视野；仪表整洁，语言规范健康，举止文明礼貌，符合教师礼仪要求和教育教学场景要求。
毕业要求3 [学科素养]	**3.1[教育基础]**能评判教育理论基本知识；能遵循小学教育规律，结合小学生认知发展特点，正确使用教育原理和方法，分析和解决教育教学实践中的问题。
	3.2[学科素养]能熟练使用主教学科的基本知识、基本原理和基本技能。能准确陈述主教学科核心素养，能准确解释主教学科知识体系的基本思想和方法，能正确梳理主教学科知识结构、大概念；能正确使用兼教学科的基本知识、基本原理和基本技能，并具有一定的综合运用学科知识的能力；能复述常见的儿童科普读物和文学作品，具有一定的阅读理解能力、语言和肢体语言表达能力。
	3.3[信息素养]能陈述信息时代对人才培养的新要求。能比较熟练操作常见信息化教学设备、软件、平台及其他新技术，并能解释其对教育教学的支持作用。具有安全、合法与负责任地使用信息与技术，主动适应信息化、人工智能等新技术变革积极有效开展教育教学的意识。
	3.4[知识整合]能准确陈述学科整合在小学教育中的价值；具备一定的学习科学相关知识；能清晰界定所教学科与其他学科、与小学生生活实践的联系；具有一定的跨学科知识，能指导综合性学科教学活动；能陈述融合教育的意义和作用、随班就读的基本知识及相关政策，能正常开展随班就读活动。

毕业要求	指标分解点
毕业要求 4 [教学能力]	**4.1[掌握技能]**具备"三字(钢笔字、毛笔字、粉笔字)一话(普通话)一画(简笔画)一技(信息技术运用与相关学科实验操作)一研(教科研技能)"等教学基本功;能熟练使用导入、讲解、提问、演示、板书、结束等课堂教学基本技能;能依据单元内容进行整体设计,能科学合理地依据教学目标及内容设计作业,并实施教学。 **4.2[教学设计]**(熟悉课标)能正确使用拟任教学科的课程标准和教材,能正确梳理教材的编写逻辑和体系结构,能合理辨别不同学段目标与内容的递进关系,养成依据课标进行教学的意识和习惯;(分析学情)能正确使用分析小学生学习需求的基本方法,能根据小学生已有的知识水平、学习经验和兴趣特点,分析教学内容与学生已学知识的联系,预判学生学习的疑难点;(设计教案)准确选择教学内容,准确判断本课(单元)在教材中的地位以及与其他课(单元)的关系,能根据课程标准要求和学情分析确定恰当的学习目标和学习重点,设计学习活动,选择适当的学习资源和教学方法,合理安排教学过程和环节,科学设计评价内容与方式,形成教案与学案;能复述小学综合课程和综合实践活动的基本知识,并根据教学要求和学生兴趣进行教学设计。 **4.3[教学组织]**能够创设教学情境,建立学习内容与生活经验之间的联系,激发学习兴趣,引导学生积极参与学习活动;能正确使用教学组织与课堂管理的形式和策略,能够科学准确地呈现和表达教学内容,根据小学生课堂反应及时调整教学活动,控制教学时间和教学节奏,合理设置提问与讨论,引发小学生的主动学习和探究学习,达成学习目标。 **4.4[学习指导]**能依据小学生认知特点、学习心理发展规律和个体差异,指导学生开展自主、合作、探究性学习,注重差异化教学和个别化指导,引导小学生体验学习的乐趣,保护小学生的求知欲和好奇心,培养小学生的广泛兴趣、动手能力和探究精神;能正确陈述不同类型的信息技术资源在为学生提供学习机会和学习体验方面的作用,合理选择与整合信息技术资源,为学生提供丰富的学习机会和个性化学习体验;能够运用课堂结束技能,引导学生对学习内容进行归纳、总结,合理布置作业。 **4.5[教学评价]**树立促进学生学习的评价理念,能解释教育评价原理,能正确使用试题命制的方法与技术。能在教学实践中结合作业反馈等实施过程评价,初步运用增值评价,合理选取和运用评价工具,评价学习活动和学习成果;能利用技术工具收集学生学习反馈、跟踪、分析教学与学生学习过程中存在的问题与不足,形成基于学生学习情况诊断和改进教学的意识。

毕业要求	指标分解点
毕业要求5 [班级指导]	5.1[育德意识]树立德育为先理念,能正确陈述小学德育原理与方法,在德育实践活动中能有意识、有针对性地遵循小学生品行养成的特点和规律开展德育工作,帮助学生养成良好行为习惯。
	5.2[班级管理]能正确使用班集体建设、班级教育活动组织的常用方法。能正确陈述教育教学、小学生成长生活等相关法律制度规定,能够合理分析解决教学与管理实践相关问题;能正确使用学生发展指导、综合素质评价的方法,能够利用技术手段收集学生成长过程的关键信息,建立学生成长电子档案;能够初步运用信息技术辅助开展班级指导活动;能正确陈述校园安全、应急管理相关规定和小学生日常卫生保健、传染病预防、意外伤害事故处理等相关知识,能正确使用面临特殊事件发生时保护学生的基本方法。
	5.3[心理辅导]关注学生心理健康,能正确界定小学生身体、情感发展的特性和差异性,能正确使用行为训练、情绪调控等方面常用的心理辅导方法,能够参与心理健康教育等活动。
毕业要求6 [综合育人]	6.1[协同育人]坚持德育为先、协同育人理念,能使用人际沟通的基本方法,能够运用信息技术拓宽师生、家校沟通交流的渠道和途径,积极主动与学生、家长、社区等进行有效交流,通过校园文化建设、家校合作、学校与社区(乡村)合作、学科教学、主题活动、少先队活动和社团活动等方式综合育人。
	6.2[课程思政]能正确陈述学科核心素养、育人价值,能正确使用课程育人方法和策略,具备基本的课程思政能力。能够在教育实践中,准确界定拟任教学科课程特点和独特的育人功能,注重课程教学的思想性,有机融入社会主义核心价值观、中华优秀传统文化、革命文化和社会主义先进文化教育,充分挖掘课程的思想政治教育资源,将知识学习、能力发展与品德养成相结合,合理设计育人目标、主题和内容,有机开展养成教育,进行综合素质评价,体现教书与育人的统一,培养学生适应终身发展和社会发展所需的正确价值观、必备品格和关键能力。
	6.3[活动育人]能陈述课外活动的组织和管理知识,能使用相关技能与方法,能组织小学生开展丰富多彩的课外活动;能复述学校文化和教育活动的育人内涵和方法,学会组织主题教育、少先队、社团活动,对小学生进行教育和引导。
毕业要求7 [学会反思]	7.1[发展规划]能准确界定教师专业发展的要求,形成终身学习与自主发展的意识。根据基础教育课程改革的动态和发展情况,制定教师职业生涯发展规划。
	7.2[反思改进]具有反思意识和批判性思维素养,学会使用教育教学反思的基本方法和策略,能够对教育教学实践活动进行有效的自我诊断,提出改进思路。

毕业要求	指标分解点
毕业要求7 [学会反思]	**7.3[学会研究]**能正确使用教育教学科研基本方法分析、研究小学教育教学实践问题，并尝试提出解决问题的思路与方法，能规范撰写教育教学研究论文；能正确使用专业发展所需的信息技术手段和方法，在信息技术环境下开展自主学习。
毕业要求8 [沟通合作]	**8.1[沟通技能]**具有阅读理解能力、语言与文字表达能力、交流沟通能力、信息获取和处理能力；能使用基本沟通合作技能与方法，能在教育实践、社会实践中与同事、同行、专家等进行有效沟通交流。
	8.2[共同学习]能解释学习共同体的作用，能在实践中使用团队协作的基本策略，能正确界定小学教育的团队协作类型和方法，能正常开展小组互助、合作学习等活动。

丽水学院小学教育专业人才培养目标体系整体架构中的培养目标包括基础目标和特色目标，基础目标是"培养德智体美劳全面发展的社会主义建设者与接班人"的教育目的在小学教育专业的落实，具体特征体现为毕业5年左右预期的"六个坚"；特色目标是学校办学定位和教师教育特色在小学教育专业中的具体落实，具体表现为"山区情怀""行知精神"和"体艺特长"。基础目标和特色目标最终都细化为毕业要求，它们之间的关系如图4-5所示：

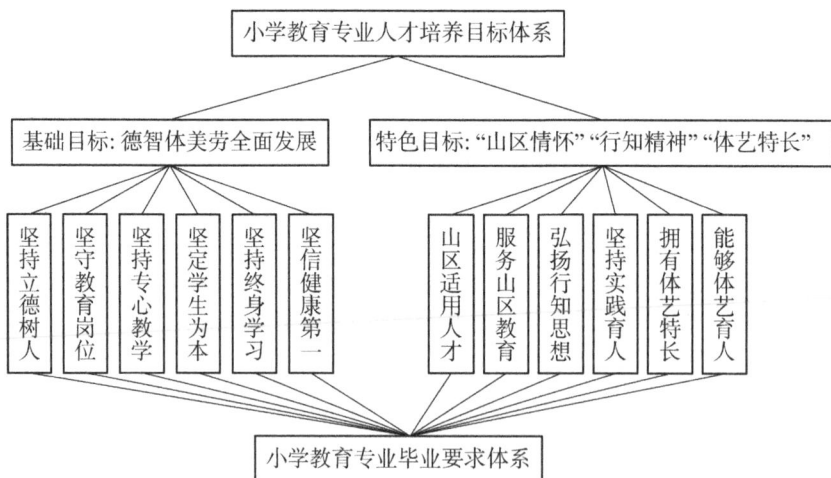

图4-5 小学教育专业人才培养目标体系支撑关系

小学教育专业人才培养目标体系总目标中的基础目标主要是教育目的在小

学教育专业中的具体落实,是小学教育专业的通用目标,即小学教育专业毕业学生必须达到的,特色目标则主要是学校办学定位和学校教师教育特色在小学教育专业中的具体体现,这二者又是紧密结合、相辅相成的,它们共同构成小学教育专业人才培养目标体系,融合体现在小学教育专业的毕业5年左右预期和毕业要求中。

(三) 打造小学教育专业人才培养目标体系特色

根据丽水学院小学教育专业人才培养目标体系构建及实施,以培养山区小学教师为目标定位的小学教育专业应该着力打造"一体化""区域化""实践化"和"卓越化"等特色。

1. 一体化特色打造

这里的"一体化"主要是指职前职后一体化,即将小学教育专业学习阶段真正设计成教师专业发展的起始阶段,换句话说,就是小学教育专业人才培养目标要以优秀教师或卓越教师的标准为参照,按照培养卓越教师的要求反向设计职前培养阶段的培养目标。

丽水学院小学教育专业的具体做法是高度重视与教育主管部门、小学等的联系,协同开展教师培养和基础教育改革研究与实践等工作。早在2014年,丽水学院就与上海师范大学教育学院、丽水市教育局、丽水市教育教学研究院协同成立了"丽水市基础教育协同创新中心",旨在构建"UUGS"协同机制,促进高校教师教育专业建设、基础教育师资培养、区域教育教学改革等协同推进。2017年,《丽水市教育局、丽水学院协同共建丽水学院教师教育学院框架协议》正式签订。根据协议,双方将协同共建乡村教育研究院、基础教育质量评估院、教师发展学校,共同研究丽水市教育事业发展"十三五"规划重点工作中的热点、难点问题。以此为基础,教师教育学院与市教育局、丽水经济开发区第一中小学、莲都区教育局、莲都外国语学校,松阳县教育局、松阳县实验小学集团学校等签署了三方协议。小学教育专业安排教师到小学挂职任副校长、丽水市教育教学研究院派出教研员、小学安排优秀教师针对本专业学生的学科课程与教学论部分内容授课,丽水市教育局与丽水学院协同组建教师教育专业建设领导小组指导专业建设工作、协同组建课题组开展与本市基础教育改革发展密切相关的课程研究,协同开展基础教育学校教师专业发展专题培训等活动已经成为常态。三方经常就人才培养方案修订、课程体系设计、实践课程改革、基础教育改革与发展、基础教育教师专业发展培训等协同研究,基本形成了"作为导向"的小学教育专业培养运行机制,为小学教育专业培养目标的一体化特色打造创造了良好的条件。

丽水学院小学教育专业不断完善政府教育主管部门、高校和小学"三位一体"

协同育人机制,不断通过强化基础教育改革发展研究提高适应国家、区域基础教育改革发展需要的能力,着力培养德智体美劳全面发展,具有先进教育理念和良好教师职业道德、丰厚人文素养和全面专业素质,掌握系统的教育教学基础理论、娴熟的教师基本技能和学科教学技能,具备敏锐的现代教育思维能力和较强的解决小学教育问题能力、教育教学研究能力,能独立承担至少一门小学课程教学和研究工作,能创造性地组织小学生开展发展性活动、指导小学生健康、和谐、全面发展的教育专业人才,为其成长成为小学卓越教师奠定扎实、全面的发展基础。

2. 区域化特色打造

高校承担着人才培养、科学研究、社会服务和文化传承等职能,这些职能的履行与人才、人才培养密切相关。专业是高校人才培养的基本组织,在培养人才的同时自然也承担着服务经济社会发展的职能,作为地方高校,服务区域经济社会发展是其生存和发展的基础。地方高校的小学教育专业势必打造区域化特色,着力服务区域基础教育改革与发展。

丽水学院地处浙西南山区,学校从实际出发制定了坚持"两山"(绿水青山就是金山银山)铸魂、"两基"(基础教育、基础医学)立根、"两特"(民族特色、地方文化特色)赋能,全力服务地方经济社会发展,培养高素质应用型山区适用人才的办学定位和人才培养总目标。定位山区、服务山区基础教育就成了丽水学院小学教育专业的区域化特色。

丽水学院小学教育专业将"山区小学卓越教师"作为远景目标,将"山区定位、实践导向、行知合一"作为特色品牌,培养全面发展,具有山区情怀、行知精神、体艺特长的全科型山区小学教师。根据一体化专业发展的理念,小学教育专业学习阶段只是教师专业成长的初始阶段,只是为学生成长成为卓越教师奠定全面的基础,小学教育专业学生本科毕业后无法等同于卓越教师,也不能以优秀教师、卓越教师的标准要求大学毕业生,但对他们要有美好的长远期待。

丽水学院小学教育专业对学生的期待是:

(1)师德高尚("德高"):热爱祖国、遵纪守法、道德高尚;热爱教育、创新思维、服务山区。成师先成人,要成长成为优秀教师必须先成为一个爱国守法、道德高尚的人;热爱是最好的老师,热爱教育才会产生稳固的从教意愿,才会热爱孩子、担负起悉心引导孩子发展的责任,才会产生创新思维,不断更新教育理念、不断探寻教育智慧。

(2)师知丰富("知丰"):文化知识、学科知识、教育知识;理论知识、实践知识、元知识。成为优秀教师不仅需要丰富的文化素养、系统的学科知识和扎实的教育教学理论知识,而且需要关于知识产生、文化传承创新、人的发展等各种关于知识起源、创新和自我发展等方面的丰富知识。

（3）师体康健（"体健"）：良好习惯、兴趣广泛、体魄健康；情趣高尚、健全人格、积极进取。教师不仅要具备良好的卫生、健康和自主学习等习惯、兴趣广泛、身心健康，而且更应该是情趣高尚、人格完善、积极进取的人。

（4）师艺特长（"艺特"）：教师技能、学科技能、教育技术；艺术修养、美育技艺、体艺特长。当代师范生不仅要强化"三字一话"教师通用技能、学科专业技能、学科教学技能和信息技术及与学科融合技能等，而且要具备较高的艺术素养、美育能力和体艺方面的一技之长。

（5）师能具备（"能备"）：学会教学、学会育人、学会发展；学科融合、技术融合、研究创新。小学教育专业不仅要着力培养师范生教师职业必备的设计、组织和表达等教育、教学和专业自我发展能力，而且要努力培养其学科融合、信息技术与学科融合（全方位融合）能力，以及开展突出信息技术手段使用、基于信息化的课程教学改革研究与创新实践的能力。

丽水学院小学教育专业的区域化特色着重体现在：专业构建了"高校＋市（县）教育主管部门＋教师发展学校"的"三位一体"育人机制，通过理论课程、实践课程、活动课程、"行知杯"系列学生活动的实施和"行知文化"的熏陶，打造具有鲜明"山区"特色的"山区定位、实践导向、行知合一"专业品牌。紧抓"山区情怀""行知精神""体艺特长"的人才培养关键目标点，在人才培养实践中，逐步培养"陶行知"式的全科型、高素质、强岗位胜任力（"德高、知丰、体健、艺特、能备"）的新时代山区、乡村准卓越教师（未来教育家）。

3. 实践化特色打造

目标体系的实践化特色要求专业瞄准教师职业能力培养目标，坚持实践导向、知行合一。"在实践中培植育人理念。育人理念是教育实践与教育思考相结合的产物。在实践中丰富对教育情境的理解，加深对教育理论的领悟，树立科学的学生观、知识观、教师观、教学观。在实践中生成职业情感。教师职业情感是教师身心健康发展的标志，是促进学生成长成才的资源，是提高教育教学质量的保证。"①目标体系的实践化特色包括实践情境创设、实践教学设计、实践活动安排、实践条件优化等各种目标要素。实践化特色打造就是不断改善这些实践目标要素，强化专业实践导向、能力导向的特色，全面提升师范生的教师职业能力。

（1）实践情境创设。实践导向的小学教育专业人才培养，需要经常性创设小学学校教育的各种实际情况，让学生置身于"真实"的小学教育教学境况，在毕

① 庄妍. 地方高校小学教育专业"实践导向" 人才培养模式的构建[J]. 教书育人，2016（6）：15.

业后要直接面对的真实生活情境中学习理论知识、训练教师职业技能、培养教师职业能力，在真实的情境中学会解决真实的教育教学问题，并在此过程中形成或发展小学教师所应具备的核心素养。实践情境创设给学生的学习创造浓厚的实践氛围，既有助于学生学习理论知识，又有助于学生形成重视实践的态度，对学生的教师职业能力培养极有助益。

小学教育专业实践情境创设一般通过"案例教学""模拟活动""教育见习""微格训练""教育实习""教育研习"等方式进行。其中，"案例教学"是理论教学实践化的重要举措，适用于所有的理论课程，落实在人才培养全过程的理论课程教学中。小学教育专业要求教师树立"学生中心"理念，多采用案例法、研讨法等启发学生将理论运用于解决实际教育教学问题，要求学科知识教育化（心理化），教师在教授学科相关知识的时候要重视知识的产生、发展过程，知识的育人价值等的阐述，重视学科知识与学科教学的关系，将学科知识与教育教学紧密结合，提高学生学习兴趣，促进学生形成学科教育教学能力。"模拟活动"是学生专业活动的重要组织形式，即模拟小学教师的日常活动，如组织师范生开展教师形象设计、教学设计、模拟上课、即席讲演、作业设计、班级管理、教育科研等方面的竞赛活动，以赛促学、以赛促训，既有利于形成专业浓厚的实践氛围，又有利于学生技能训练和能力培养水平的提高。"模拟活动"由专业和学生管理部门共同组织，全体学生参与，竞赛活动从班级选拔到年级选拔再到专业选拔，既设立集体项目、团队项目，又设计个人项目，要求"天天有活动、月月有展示、人人都参与"。"教育见习"等其他实践形式的四年贯穿，更是让学生有更多的实际参与实践的机会，对能力培养极为重要。

（2）实践教学设计。实践教学是教学的重要组成部分，是理论知识运用于实际、形成教师职业能力的必须环节。实践教学设计目标包括科学构建实践教学体系、合理开发实践教学课程、创新开展实践教学活动设计等。丽水学院小学教育专业坚持以陶行知先生"教学做合一"理念为指导，强化能力导向的教育教学活动。2011年开始在反复实践的基础上构建了"OPSPR"实践教学体系。该实践教学体系由目标体系、内容体系、操作系统和支持系统共同构成。实践操作系统明确体现了观察（observation）、参与（participation）、模拟（simulation）、实践（practice）的递进过程，反思（reflection）则渗透到每一个过程中。同时，实践教学形式多样、内容丰富，特别是"观察、体验、参与"分阶段教育见习和"综合型实习、就业性实习、全程＋集中研习"的序列化实践，充分体现了实践导向的要求。该体系不仅重视教育见习、教育实习、毕业论文等实践活动，而且以教师要做的"事"（教育教学工作）为起点，纳入志愿服务活动、学科竞赛、科研训练、社会实践等活动,整体设计"四年贯穿、系统、有序、'做学教研创用一体'、学生自主参与"的教师教育专业实践教学体系,运行效果良好。

（3）实践活动安排。实践活动是实践教学的重要补充,对学生的技能训练、能力培养同样必不可少。实践活动安排的目标是"实践活动课程化,学生活动专业化、体系化"。丽水学院小学教育专业构建了实践活动体系和学生活动体系,设计了系列学生活动,如"行知杯"系列活动、"行知"系列社团活动(行知书友会、行知观影社、行知合唱团等)和"行知行"志愿者活动、暑期社会实践活动和学生陶行知研究会活动等。这些活动既密切了学生与小学的关系,又锻炼了学生的教师职业能力。

"行知杯"系列活动自 2013 年创办以来,着眼学生个性差异,连年举办了"行知杯"系列活动之教师形象大赛、新生主题演讲比赛、主题征文比赛、寝室"净化、美化、文化"大赛、教室美化大赛、十佳歌手比赛、合唱大赛、体育运动会和教学技能竞赛等。"行知杯"系列活动旨在让广大师范生明确教师定位,提高自身素养,形成健康教师观,树立理想教师形象。经逐年优化,该系列活动形成了"天天有活动,人人都参与,月月有展示"的良好局面,众多学生从"行知杯"系列活动的历练中走上国家级、省级赛场,取得了良好成效。

（4）实践条件优化。实践化特色打造需要良好的实践条件支撑,不断优化实践条件是专业建设的重要支撑。小学教育专业的实践条件包括课程实践条件,如课程专用教室,校内实验实训条件和校外实践基地(教师发展学校)建设等。实践条件优化目标是"支撑专业人才培养、服务教师专业发展、引领小学教育改革"。丽水学院小学教育专业借助学校"未来智慧教育仿真实训中心"平台和"大数据精准教学实践平台",创建了职前职后一体化"虚拟学校",优化了学生实践条件,特别是基于信息技术的教育实践训练条件得到彻底改善。实践实训设施设备不仅为学生的教育教学技能训练和教师职业能力培养提供了条件,而且为专业的课程建设和课堂教学模式改革提供了信息技术条件,更重要的是为学生的自主成长营造了氛围、优化了条件,扩大了学生自主选择空间,提高了学生自我管理能力,促进学生终身自主发展。

4. 卓越化特色打造

目标体系的卓越化特色要求以培养"山区小学卓越教师"为目标追求,激励学生树立卓越意识、立志追求卓越。丽水学院小学教育专业紧扣培养目标,以强化学生主体、促进学生自主化成长为重点,完善学生自主成长体系、营造自主成长氛围、激发自主成长意识、优化自主成长条件、培养自我管理能力,促进学生终身自主发展。同时,持续探索山区小学卓越教师特质,为"山区小学卓越教师"培养目标制定提供参照。

(1) 热爱山区的高尚情怀。热爱山区是山区小学卓越教师区别于其他卓越教师的最主要特质。能力比知识重要,比知识和能力更重要的是精神(灵魂),是金钱买不到、地位动摇不了的"情怀"。通过"认识山区""服务山区"的山区乡村特色课程、陶行知教育思想课程和专题讲座、调研和支教服务等"五育并举、全程渗透"的"行知"系列特色活动,引导学生追求更高的精神境界、锻造不屈的意志品质、养成良好的行为习惯、搭建和谐的人际关系,形成高尚的山区教育情怀。

(2) 独立思考的教育思维。思维是人对客观现实的间接的、概括的反映,是认识过程的核心,间接性和概括性是思维的两大特性。教育思维指人对教育现象的间接的、概括的反映,具体而言,是指能通过对复杂教育现象的分析、综合、比较、归纳、演绎等思维过程,认识其本质、判断其特性等的心理过程。教育思维既是教育理论的应用结果,也是教育实践的提炼结果,是教育理论转化为教育能力的中介,也是教育实践产生教育理论的中介,在教育问题解决中起到沟通理论与实践的桥梁作用。教育问题的解决,特别是复杂教育问题的解决需要杰出的教育思维。山区小学卓越教师需要独立面对许多山区小学面临的教育问题,拥有卓越的教育创新与想象能力尤为重要,要重点培养学生积极参加各种创造性活动、学会捕获灵感、遇事大胆思考小心求证等良好习惯。

(3) 山区建设的相关知识。树立"绿水青山就是金山银山"的"两山"理念,拥有生态文明、生态文明教育等相关知识,是山区小学卓越教师的另一重要品质。朱熹就强调:"知与行,功夫须著并到。知之愈明,则行之愈笃;行之愈笃,则知之益明。二者皆不可偏废。如人两足相先后行,便会渐渐行得到。""知之深则爱之切",了解山区、热爱山区,懂得不可再生山区资源的合理利用,才能真正地产生服务山区和山区教育事业的情感和意志行为。

(4) 儿童为本的教育理念。山区小学卓越教师具有童心素养、热爱山区儿童,在山区小学教育实践中切实践行遵循儿童身心发展规律,充分尊重儿童生命成长特征,促进儿童快乐、幸福成长的教育理念。深信山区儿童需要学校教育,更需要养成为主的学校教育,需要儿童自主学习与发展,需要唤醒儿童的精神需求、激发儿童自身的主动性、积极性;深信山区小学有自身的独特优势,充分发挥这些优势才能更好地促进山区儿童发展;深信山区小学教师是山区社会的重要组成部分,是绿水青山转化为金山银山的重要力量,山区小学教师不仅是小学生的老师,更是山区生态文明建设的重要引领者、研究者和直接参与者;深信山区小学发展更需要具有高尚师德的教师、目标一致的家校协同,更需要源于深入细致的儿童生活观察和儿童学习及生活问题解决的课程和结合生活的游戏与手工制作等活动。

（5）教学改革的自主意识。教学改革永远在路上。山区小学相对而言与外界的交流比较少，容易保守、满足现状，需要教师有更强的改革意识、创新意识。特别是有意识、有组织、系统设计的教育教学改革活动，在山区小学的开展并不普遍，这就更需要教师们的自主意识，具有教学改革自主意识的教师会不断尝试新的理念、思路、途径和方法等，决不故步自封。山区小学卓越教师要有自主设计和实施教学改革的意识和能力，确保山区小学教育与社会发展协调，助推自身教育教学水平不断提升。

（6）教育科研的行动能力。教育科研是教育发展的途径，也是教师专业发展的途径。山区小学发展和小学教师专业发展都需要教育科研。教育科研能力是现代小学教师的必备能力，对山区小学教师而言，更需要的是教育科研的行动能力，即对山区小学教育问题的行动研究能力。山区小学卓越教师要具备依据山区小学现实问题设计研究课题的意识，能在自己的教育教学实践活动中依据教育理论提出改革的设想，并尝试通过切实可行的实践活动解决问题，得出解决同类问题的一般思路或途径、方法等，行知合一，不断提升自己的理论水平和工作能力。

小学教育专业人才培养目标体系的四大特色既相互独立，又相辅相成。"一体化"特色强调的是目标的连续性、可持续，是纵向的一体化终身发展；"区域化"特色强调的是目标的现实性、阶段性，是小学教育专业学习阶段的可实现的现实目标；"实践化"特色强调的是目标的实践性、过程性，是人才培养过程的实践导向、能力导向；"卓越化"特色强调的是远景性、前瞻性，是激励学生和教师持续发展、积极上进的驱动力。

三、山区小学教师一体化专业发展职后教育目标体系

如果说小学教师职前培养目标是为未来成长成为优秀教师奠定基础，解决师范生的择业和就业问题，那么，小学教师在职继续教育目标则是引导在职教师专业持续发展，重点要解决的是在职教师胜任履职和不断提升的问题。

（一）架构职后教育目标体系

小学教师继续教育既是经济社会发展和基础教育改革的要求，也是教师个人自我发展的需要，小学教师继续教育目标应该充分考虑小学教师岗位要求与小学教师个人发展需求的结合。不同教师发展基础、发展目标、发展动力等都会有差异，促进教师专业发展是共同的要求，但教师只要能顺利完成本职工作、尽心为学生发展提供服务，就达到了岗位的要求，至于个人进阶到什么程度，不管是职称、职务还是荣誉等都既与教师个人发展目标、努力程度等主观因素有关，

也与教师个人发展基础、所处的环境、拥有的资源等客观因素有关。鼓励每一个教师努力发展,为每一个教师的专业发展创造更好的条件是教育主管部门、教师培养(培训)机构和基础教育学校,乃至全社会的共同责任。

与小学教育专业人才培养目标相同,小学教师继续教育目标同样由目标定位、目标内涵和目标评价构成,目标体系则由目标依据体系、目标进阶体系和目标评价体系构成,具体如图 4-6 所示。

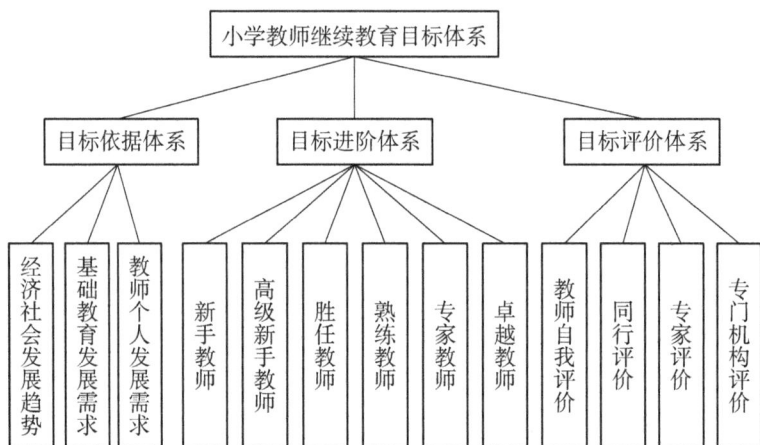

图 4-6　小学教师继续教育目标体系

目标依据体系是制定小学教师继续教育目标的依据,不管是教师个人,还是教师管理部门、小学等在制定继续教育目标时都要考虑经济社会发展趋势,如信息社会、网络经济等,因为教育是社会的重要组成部分,教育对象本身就是社会成员,受教育的目的是为了更好地适应和促进社会发展。经济社会发展最终会反映、落实到基础教育改革行动中,对教师个人而言,更直接的考虑因素就是教师岗位的具体要求,包括专业理念与师德、专业知识和专业能力等全方位的要求及其变化趋势,而这往往反映在教育主管部门制定的各种管理规章制度中,所以教师个人在制定自己的发展目标时要认真研究、充分理解各级教育主管部门的规章制度,同时结合个人的发展基础、发展资源和发展兴趣等各种因素。

目标进阶体系是指根据教师生涯发展阶段制定的教师不同发展阶段的发展目标。小学教师继续教育目标与小学教育专业人才培养目标的差异在于,处于不同发展阶段的教师有不同的发展目标、不同的发展内容、不同的教育方式方法等。或者说,小学教师继续教育目标的个体差异更大,更需要培训机构的因材施教、精准帮助。综合国内外一些专家观点,结合各地教师专业发展进阶要求和小学教师专业发展实际,把小学教师继续教育目标的进阶体系确定为新手教师、高级新手教师、胜任教师、熟练教师、专家教师和卓越教师,便于小学教师有针对性地找到自己的发展目标。目标进阶体系与教师从教年限(教龄)有一定的关系,但并不只受教龄一个因素影响,哪怕处于同一年龄、教龄阶段的教师,目标进阶的差异都可能极大,特别是到教师专业发展的胜任阶段以后。目标进阶体系中的前四个阶段是对每一个教师的共同要求,后两个阶段则因人而异,并非每一个教师都能达到。

目标评价体系是对目标是否实现或实现程度的一种诊断和评估,包括教师自我评价、同行评价、专家评价和专业机构评价等。以往比较重视的是专家评价和专业机构或管理部门的评价,事实上就教师专业发展动力激发而言,更需要重视的是教师个人的自我评价和同行评价。

(二) 凸显职后教育特点

与小学教育专业人才培养目标体系相比,小学教师继续教育目标体系具有统一化和个体性、强制化与自主性、持续化与阶段性、全面化与专题性、素养化与实践性等特点。

(1) 统一化和个体性。小学教师继续教育既有对全体教师的统一要求,又充分考虑教师的差异,体现个体性。比如《浙江省中小学教师专业发展培训学分制管理办法(试行)》就明确规定:"中小学教师专业发展培训每 5 年为一个周期,周期内累计取得的培训学分不得少于 360 学分。教师可自主安排学习进度,但每年取得的培训学分不得少于 24 学分。"[①]就充分体现了这一特征。统一要求是为了确保每一位教师的专业持续发展,对每一位教师都提出了较高的要求,"取法于上,仅得为中,取法于中,故为其下。"[②]高标准严要求才能确保教师专业发展,但在职教师毕竟存在个体差异,分层分类分岗,给教师提供更加丰富的选择机会,才能充分满足教师的个性化培训需求。

(2) 强制化与自主性。教育部、各省市县教育主管部门都有对教师专业发展的规章制度,对小学教师继续教育作出了规定,具有一定的强制性,即每一位教师都必须接受继续教育,教师继续教育学分成为教师资格证书审验的必备条件,要求每一位教师必须坚持学习、持续发展,站在学科和教育发展的前沿。同

---

① "浙江省中小学教师专业发展培训学分制管理办法(试行)",浙江省教育厅,访问日期:2023 年 12 月 31 日,http://jyt.zj.gov.cn/art/2021/12/31/art_1602160_58918570.html.

② (唐)李世民.帝范[M]//景印文渊阁四库全书.台北:台湾商务印书馆.

时,又充分考虑成人的身心发展特点和需求,充分尊重教师自身的主体作用,给教师提供自主选择培训内容、培训时间、培训机构等的机会,如浙江省"突出教师的自主选择性,增强教师参与培训的积极性。明确教师周期内的培训时间,可以集中使用,也可分散使用。教师经学校同意,可根据培训机构提供的培训课程、形式和时间,进行自主选择。同时,编制教师专业发展培训指南,增强教师培训的科学性。"[1]

(3)持续化与阶段性。一般而言,小学教育专业培养目标体系具有一定的稳定性,小学教师继续教师目标体系则具有阶段性。这主要是由小学教师继续教育对象决定的,总体而言,小学教师处于教师生涯发展的不同阶段,而且每个老师经历同一发展阶段所需要的时间和学习机会也会大不相同,阶段性特征非常明显。但整个发展过程却是连续不断的生涯发展过程,又有明显的持续性。持续性和阶段性的目标体系要求教师管理部门和培训机构既要努力激发教师积极向上、持续专业发展的积极性和主动性,又要根据不同阶段的教师发展水平,提供丰富的专业发展资源,如涵盖中小学所有学段、学科,不同学分、不同形式的培训,各种课程和教学资源等,以满足不同教师专业发展的需要。

(4)全面化与专题性。全面化是指小学教师继续教育目标体系涵盖了小学教师师德、师智和师能等全方位的要求,以面向全体教师、全面提升教师素养为总目标。专题性是指在具体安排小学教师继续教育时,要充分考虑不同教师的需求、发展阶段和发展水平、学科和岗位等特点,尽量以专题培训的形式开展继续教育工作,以提高继续教育工作的针对性和实效性。小学教师继续教育目标的实现同样需要主管部门、教师和培训机构的协同,需要领导、学科和教育理论专家、培训主体等各方的共同努力。

(5)素养化与实践性。素养化即强调瞄准核心素养的提升,小学教师继续教育目标体系与小学教育专业培养目标体系同样都指向核心素养的提升,都是对标小学教师专业标准、新时代教师的基本要求。不同的是小学教师继续教育目标无论是目标内涵还是实现目标的途径都带有更明显的实践性,这也是在职教师自身的特点所带来的。对小学教师而言,更要重视的是实践经验的提炼、实践中的反思、实践中的研究,最根本的是更好、更快地解决实践中的问题。

---

[1] 浙江省教育厅:《浙江打破传统模式创新中小学教师专业发展培训制度》,2011 年 02 月 15 日,中华人民共和国教育部:http://www. moe. gov. cn/jyb_xwfb/s6192/s222/moe_1742/201102/t20110215_114984.html,访问日期:2023 年 12 月 31 日。

第五章

山区小学教师一体化专业发展内容体系

　　培养目标的实现需要内容体系的支撑,或者说内容体系是支撑培养目标体系的载体。这里的"内容"是指实现山区小学教师一体化专业发展目标的实质性因素的总和。内容体系即指这些实质性因素及其相互作用构成的系统。

一、山区小学教师一体化专业发展内容体系框架

　　小学教师一体化专业发展内容体系是指支撑小学教师一体化专业发展目标体系的所有载体及其相互关系构成的支撑体系。根据小学教师一体化培养目标的要求,小学教师一体化专业发展内容体系包括理论课程体系、实践课程体系和活动课程体系,这些体系共同支撑培养目标的实现,又相互支撑、相辅相成,共同构成小学教师一体化专业发展的内容体系。简言之,内容体系就是课程体系,"课程是人才培养的施工蓝图,是组织教育教学活动的最主要依据"[1]。

(一) 山区小学教师一体化专业发展内容体系构成

　　围绕培养目标体系,根据教育学专业类教学质量国家标准、小学教师专业标准、教师教育课程标准等要求,结合学校和专业特色架构小学教师一体化专业发展内容体系,其基本结构如图 5-1 所示:

　　内容体系即课程体系,是教师教育人才培养、教师一体化专业发展的施工蓝图。内容体系就是课程的科学设置和具体安排,直接影响教师的知识结构、能力水平的形成和发展,因此,构建职前培养与职后培训"一体化"、相互衔接的课程体系尤为重要。

　　理论课程基本上由五个部分组成,即文化素养类课程、主教学科类课程、兼教学科类课程、教师教育类课程和校本特色类课程。其中,文化素养类课程既是"成人"的教育,又是"成才"的教育,大都以通识课程、选修课程等形式出现。不管

---

① 施良方.课程理论——课程的基础、原理与问题[M].北京:教育科学出版社,1996.

```
                    小学教师一体化专业发展内容体系

          理论课程              实践课程              活动课程

  文  主  兼  教  校    技  学  教  教  创    专  讲  自  反  其
  化  教  教  师  本    能  科  育  育  新    业  座  主  思  他
  素  学  学  教  特    训  实  实  研  创    社  观  学  研  生
  养  科  科  育  色    练  践  践  究  业    团  摩  习  究  活
  类  类  类  类  类    类  类  类  类  类    类  类  类  类  类
  课  课  课  课  课    课  课  课  课  课    课  课  课  课  课
  程  程  程  程  程    程  程  程  程  程    程  程  程  程  程
```

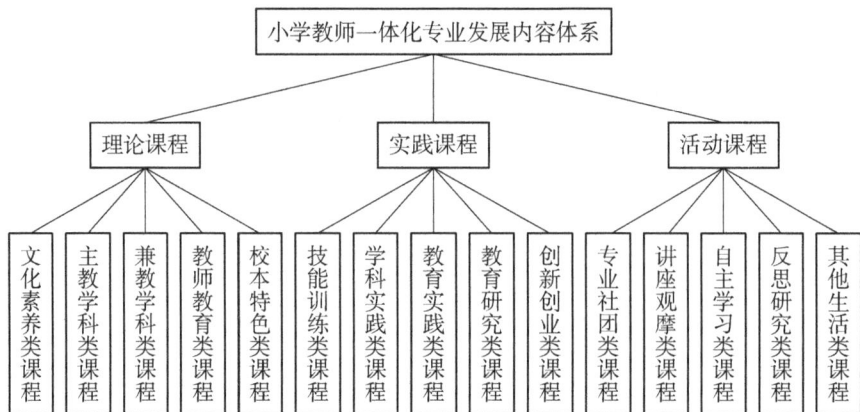

图 5-1　小学教师一体化专业发展内容体系结构

是哪个学段、哪个学科的教师，首先都要成为合格的教师，即专业人才，所以在教师教育专业的人才培养方案中，文化素养知识必不可少，而且要更加偏重思想、政治和道德教育，既要为教师专业发展打下良好的文化基础、拓宽教师的知识视野，更要强化教师的基础道德和职业道德。主教学科类课程和兼教学科类课程奠定教师的学科基础，与其他专业人才相比，小学教师更需要基础性、科学性、系统性学科知识，要特别注重掌握系统的学科知识、学科的基本概念和结构，注重知识的纵横关系、与生活的联系等，方便给小学生以学习引导，同时，也要关注学科发展前沿，及时吸收学科研究的最新成果。教师教育类课程是小学教师知识结构中的重要组成部分，教师师德践行能力、教学实践能力、综合育人能力和自主发展能力等的培养都与教师教育类课程的学习密切相关。《教育部关于大力推进教师教育课程改革的意见》(教师〔2011〕6 号)中提出：创新教师教育课程理念、优化教师教育课程结构、改革课程教学内容、开发优质课程资源、改进教学方法和手段、强化教育实践环节、加强教师养成教育、建设高水平师资队伍、建立课程管理和质量评估制度和加强组织领导和条件保障等十条推进教师教育课程改革的具体意见，并在其附件《教师教育课程标准(试行)》中提出育人为本、实践取向和终身学习三大课程改革理念，对幼儿园职前教师教育课程目标与课程设置、小学职前教师教育课程目标与课程设置、中学职前教师教育课程目标与课程设置做了详细说明的同时，也对在职教师教育课程设置框架提出了建议。① 教师教育类课程一体化是教

① 中华人民共和国教育部：《教育部关于大力推进教师教育课程改革的意见》，2011 年 10 月 8 日，百度百科：https://baike.baidu.com/item/教育部关于大力推进教师教育课程改革的意见/3887213?fr=ge_ala，访问期：2023 年 12 月 31 日。

师教育一体化不可或缺的重要组成部分。严格执行教育部《教师教育课程标准（试行）》规定的课程目标与课程设置要求，重构教师教育课程体系，强化教师教育类课程建设，丰富课程资源，是确保教师教育质量的重要条件。一体化教师专业发展的教师教育课程体系更应增强教师发展阶段的适应性和开放性，特别关注基础教育改革前沿。《小学教育专业认证标准（第二级）》"课程结构"要求中特别强调："课程结构体现通识教育、学科专业教育与教师教育有机结合；理论课程与实践课程、必修课与选修课设置合理。各类课程学分比例恰当，通识教育课程中的人文社会与科学素养课程学分不低于总学分的 10％，学科专业课程学分不低于总学分的 50％，教师教育课程达到教师教育课程标准规定的学分要求"①。校本特色类课程是支撑学校办学定位、人才培养总目标和专业人才培养目标定位的需要，不同学校、不同专业应该有不同的校本特色课程。

实践课程是指支撑小学教师实践能力培养的内容体系部分，从小学教师一体化专业发展看，主要由技能训练类课程、学科实践类过程、教育实践类课程、教育研究类课程和创新创业类课程等组成。新时代小学教师需要的技能除了"三字一话"外，还应包括信息技术技能、研究技能、合作技能和简笔画技能等，能动手"做"、"教学做合一"是新时代教师的基本功。技能训练类课程贯穿教师成长全过程，是教师能力培养的重要基础，能做事、做成事，能有效、快速解决复杂的教育教学问题，是成长成为优秀教师的前提。不仅培养师范生的学校要重视师范生教师职业技能训练和教师职业能力培养，教师培训机构、教师自主学习中同样要重视基本技能训练和能力培养；教育实践类课程就是通常所说的教育见习、教育实习和教育研习等教育教学实践活动课程，教育部、省教育厅相关文件等都有具体的要求，如《教师教育课程标准（试行）》《教育部关于加强师范生教育实践的意见》（教师〔2016〕2 号）和《中共中央 国务院关于全面深化新时代教师队伍建设改革的意见》及教育部等五部门印发的《教师教育振兴行动计划（2018—2022 年）》等都对师范生、教师的实践教育提出了要求，《浙江省高校师范生教育实践规程（试行）》更是对浙江省高校的师范生教育实践做了明确规定，教师培养和培训部门要严格执行这些相关规定，才能确保教师的一体化专业发展；学科实践类课程也是实践课程的重要组成部分，特别是对新时代小学教师而言，实验不再仅仅是理科、工科的专利，新文科建设同样也需要实验，哲学社会科学实验室

---

① "教育部关于印发《普通高等学校师范类专业认证实施办法（暂行）》的通知"，中华人民共和国教育部，访问日期：2023 年 12 月 31 日，http://www.moe.gov.cn/srcsite/A10/s7011/201711/t20171106_318535.html。

建设正在兴起,小学教师应努力朝着动手"做"的方向发展,切实提升自己的实践能力。学科实验也包括教育技术实验、创客实验等,特别是在线微课程开发、常见信息技术平台使用等应成为师范生和教师的常态化学习内容。

活动课程是指除理论和实践课程之外,直接影响教师专业发展但又不包括在专业人才培养方案和教师培训方案中的各种活动总和。活动课程化是人才培养的需要,教师教育过程中的各项活动,包括师范生的校内外活动和在职教师的专业发展相关活动都直接影响教师的专业发展,是教师教育中不可忽视的辅助内容。活动课程大体上由专业社团类课程、讲座观摩类课程、自主学习类课程、反思研究类课程和其他生活类课程等组成。专业社团类课程包括师范生的各种社团活动和在职教师自主参加的学科专业和教育教学研究等相关学会、协会的活动,与教师的知识拓展、前沿把握、人际交流、能力提升和素养提高等密切相关,是教师专业成长的强大助力。讲座观摩类课程包括听取讲座、作专题报告、同行课堂和课题观摩等各种活动,集知识拓展、榜样引领和同行互促等于一身,潜移默化促进教师的素养提升。自主学习类课程是教师专业发展必不可少的活动,无论处于教师生涯发展的哪个阶段,自主性培养都是最为关键的,特别是在当今信息时代,自主性、自主学习是人的最核心竞争力。对教师而言,自主学习不仅是自身专业发展的需要,而且是引领学生自主发展的需要。教育主管部门、学校和教师培训机构等都要大力促进、指导教师开展自主学习,如给教师开列专著、文献阅读清单,指导教师撰写读书笔记等都是促进教师自主学习的重要举措。反思研究类课程应该是教师日常专业活动的重要组成部分。反思是我国的优良传统,是教师专业发展的重要途径,每一个教师都应随时随地对自己的实践活动进行反思。教育教学研究活动是伴随教师终身的专业发展活动,教育工作是创造性很强的工作,需要教师随时保持创新意识,终生拥有研究能力。教师的研究活动包括教育理论研究和教育实践研究,重点是教育实践研究,教育实践研究包括教育问题研究和教学问题研究,重点是教学问题研究,是教师解决复杂教育教学问题最基本的意识、思路和技能。也就是说,教师在日常教育教学过程中遇到任何问题,都要有"研究"的意识,不能拖延、敷衍,也不能仅凭经验。教育研究活动应该是新时代教师的常态活动。其他生活类课程与教师的生活息息相关,也是影响教师专业发展的重要活动,如教师的日常生活活动、健身活动、娱乐活动等不仅影响教师的身心健康,而且影响教师的人际交往,是教师素养的重要组成部分。活动课程有"活动课程化"的意图,要求所有的活动都应有目标、有内容、有实施计划、有评价指标、有结果反馈等,但并不是所有活动都能真正成为课程,特别是在职教师的许多活动不需要也不应该都变成课程,保持活动的鲜活性、生动性、个性化等,更有利于教师的终身可持续发展。

　　课程设置直接影响学习者的知识结构形成和能力发展,师范生的知识、能力和素养形成都需要与之相应的课程支撑,所以,小学教师一体化专业发展内容体系的创新是教师教育改革的重大任务。教师一体化专业发展内容体系要求师范生培养课程与在职教师培训课程相互衔接,其主要依据就是教育部《教师教育课程标准(试行)》《小学教师专业标准(试行)》等文件。其具体要求体现为培养目标对接中央新精神、教育新需要、时代新发展,课程体系支撑培养目标,教材和教法等支撑课程体系和课程目标,教师教育全过程的所有内容都要充分考虑教师职业生涯不同阶段的需要进行设置。当然,不同发展阶段的教师教育内容也应各有侧重,师范生培养要侧重基础性、全面性、系统化和综合化,新教师入职教育要侧重岗位胜任(适用性)、任务导向(实用性)和持续发展(持续性),在职教师继续教育则要侧重针对性、前沿性和迭代性,强化教师自身的经验总结、实践反思和课题研究等主动创新的内容。同时,内容体系也要突出培养、培训的层次性、连续性、衔接性和开放性。

　　为此,作为教师培养或者说教师教育起始阶段,拥有理论研究和教学优势的高师院校要充分发挥自身学科和教育研究的优势,率先实施教师教育专业课程改革,重构教师教育专业课程和实践体系,着力实现一体化教师专业发展。承担在职教师继续教育任务的机构也应重视教师专业发展现状、趋势和举措等的研究,主动对接高师院校,有针对性地设置培训课程、创新培训方式。另外,无论是职前培养和在职教师继续教育,课程内容都要彰显地方特色,特别是地方高校,只有准确定位,与当地基础教育办学条件、师资现状、教育结构及人才需求等紧密结合,才更有利于培养适应当地基础教育改革与发展需要的教师。同时,要主动与当地教育行政部门协作,积极建设教师发展学校,主动参与、研究,争取引导当地基础教育学校教育教学创新改革活动,为当地学校教育教学改革和发展提供理论引领和实践指导。①

(二)山区小学教师一体化专业发展内容体系特点

　　山区小学教师一体化专业发展内容体系具有职前与职后贯通、标准与特色互促、理论与实践融通、接受与创新并重、必修与选修兼顾等特点。

1. 职前与职后贯通

　　职前与职后贯通是指小学教师一体化专业发展内容体系具有连贯性、持续性的特点。由于管理体制、职责等的差异,举办者不同、交流渠道不畅,教师成长

---

① 熊孝梅.高师院校教师教育职前职后"一体化"改革路径研究[J].黑龙江高教研究,2015(2):12.

的研究相对不足等多种原因,教师教育逐步形成了师范生职前培养和在职教师职后培训两种互不沟通、相互独立的封闭模式,即使在承担师范生培养任务的高校,师范生培养与教师在职培训也基本上不沟通、不交流,甚少有真正的"一体化"设计。这种分离现象的存在,势必导致学与教的脱节,重复、浪费,缺乏针对性、有效性等问题就不可避免。高等师范院校必须打通职前培养与职后培训之间的围墙,建立"前后一贯、互有区分的目标体系、课程体系、评价体系等,避免出现单纯的学历补偿教育,真正实现教育教学与教师进修、学历教育与非学历教育之间的平衡与统一"①。

国家和各级教育行政部门应充分发挥引导作用,通过政策、制度等的创新,统筹设计新时代教师教育一体化课程,注重教师培养培训课程的前后衔接互补。事实上,《教师教育课程标准(试行)》既对各层次、各类型师范生培养的教师教育课程提出了要求,同时也对教师继续教育提出了相应的要求。《小学教师专业标准(试行)》《小学教育专业师范生教师职业能力标准(试行)》等都同样包含了对教师终身发展的要求,不管是高师院校还是教师培训机构都应该要按照相关的文件精神设计教师专业发展课程或项目。"职后培训课程要注重与职前培养互补衔接,设置教育理论前沿、基础教育课程改革、教学科研、人工智能、专业发展规划等后续通识课程,以及针对不同发展阶段在职教师的多样化课程,如针对熟练(优秀)教师的职业情感、教法与教学管理创新、教育评价等课程,针对专家型教师的教育理想、教育家教学艺术、教育理论前沿探究、教育科研合作与引领、高效创新教法等课程。"②

职前与职后贯通,按照教师职业生涯发展阶段设计不同的内容,使其形成一体化的内容体系,是实现一体化教师专业发展的重要举措,需要利益相关方的高度重视和协同研究、设计。

2. 标准与特色互促

一体化教师专业发展内容体系首先要符合国家标准,其次再考虑学校和专业特色,职前教育和职后培训都要注重将基本要求与地方有机结合、互促互补。比如,丽水学院小学教育专业的目标定位是"培养山区小学卓越教师",这一培养目标定位的落实需要毕业要求体系、课程体系等的支撑。该专业在一流专业建设和专业二级认证中都努力强化课程体系建设,特别是一流专业建设过程中,在认真总结专业建设经验的基础上,接受了专业认证现场考察专家的建议,构建了

---

① 钟秉林.教师教育的发展与师范院校的转型[J].教育研究,2003(6):24.
② 陈春勇.构建新时代教师教育一体化体系:困境与出路[J].大连教育学院学报,2020(3):5-6.

支撑培养目标和毕业要求,"符合国标、基于学生、融合学科、强化实践、体现特色"的课程体系。这一体系首先根据学校统一要求,建设"通识平台课程、学科平台课程、专业平台课程和实践平台课程"四大平台课程;其次根据专业特点形成"通识教育、学科教育、专业教育、实践教育、特质养成、个性发展"六大课程模块;在此基础上,建设"通识核心课程群、学科基础课程群、教师教育课程群、专业核心课程群、专业方向课程群、专业技能训练群、教育实践课程群、山区特色课程群和素质拓展课程群"等九大课程群,形成了具有专业特色的课程体系,简称为"469"课程体系。这一课程体系的架构如图5-2所示。

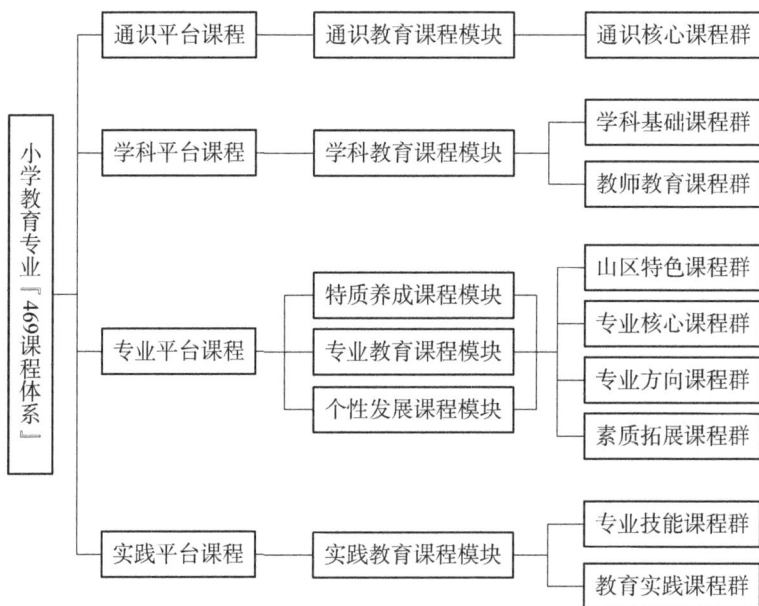

图5-2　丽水学院小学教育专业课程体系架构

这一课程体系的特点:①符合国标。符合国家各项规章制度的要求,达到国家专业类教学标准、小学教师专业标准、小学教育专业认证标准、小学教育专业师范生教师职业能力标准、小学教育专业教师资格考试大纲、中小学教师教育课程标准、浙江省高校师范生教育实践规程等的相关制度和标准的要求;②基于学生。以学生的现有水平和发展需要为出发点,充分考虑专业学生来源与就业的主要去向,增加课程的基础性、强化课程的系统性,适当降低课程的难度,如高等数学是学生相对难以学习的课程,要求教师紧密结合小学数学教学的需要,适当降低难度,但要增加数学思想、数学文化方面的内容,特别是将对数学思想的理解作为学生的基本要求，尽管有些学生在数学解题能力方面可能有所欠缺，但对数学实质的理解不能模糊，什么是数学，为什么要学习数学，怎样学习数学等方面的知识必须清晰把握；③融合学科。注重多学科融合，体现课程的融合化、创新性。小学教育专业课程体系中通过平台（一般指施展能力的舞台，这里指用于集聚专业学习大类课程的地方，或者说是课程大类展示的舞台）、模块（一般指大型软件中的基本结构单位，这里指课程的基本结构单位，即课程大类下的亚类）和课程群将课程归类、梳理纵横关系，并通过课程标准的编制，学科课程与教学论、基础教育改革、山区特色专题类课程等的教学，实验室开放项目和学生社团活动等，强化学科课程的融合；④强化实践。小学教育专业的教育实践贯穿四年培养全过程。从大一的单项教师基本技能如"三笔字"等开始训练，到大二的学科实验、信息技术等综合技能形成，再到大三的教学设计、模拟上课、教育教学研究等能力培养。从一年级的观摩见习、二年级的教育调研、三年级的体验性见习，到四年级的综合性实习、教育研习和就业性实习等循序推进、逐渐提高要求，人才培养全过程强化实践、培养学生的实践能力和创新精神；⑤体现特色。小学教育专业在符合国标的基础上，努力围绕"山区情怀""行知精神""体艺特长"的专业特色开设了山区特色课程群、素质拓展课程群，促进学生个性化发展，支撑专业目标定位。

这一体系在符合统一要求的基础上兼顾学校特色，在继承传统课程的基础上突出未来教育发展要求，如"山区特色课程群"中的"两山教育""山区儿童发展""乡村教育专题研究"等充分体现学校"山区＋"特色，"素质拓展课程群"中的"人工智能与未来教育""精准教学"等充分体现现代教育发展对未来教师的要求。目前，这一课程体现正在不断完善中，体现"山区＋""乡村小学教师的知识结构、能力要求"等方面的特色课程正在不断开发完善。

只要有意识地将前沿、反思、研究和创新等意识与基础教育现实中存在的问题，以及基础教育改革的新趋势、新要求等相结合，就能将这一课程体系运用到职后教师继续教育中，促进在职教师的专业成长，形成职前培养和职后继续教育"一体化"的课程体系。

3. 理论与实践融通

教师专业发展需要理论的引领，又需要实践的锻炼，一体化教师专业发展课程体系必须体现理论与实践融通的特点。东北师范大学刘益春强调，要着力培养师范生的理论与实践融合的能力。校内建立通专融合的抓两端促全程的课程体系，重点建设第一学期专业导论课、新生研讨课，大四学年学科理解课、综合实践课等课程建设，重点建设乡村振兴、美丽中国、农村教育等特色选修课程;实施荣誉学位计划。荣誉学位以荣誉课程修读为基础,突出高阶挑战、体现学科交叉、强调表彰激励,旨在提升育人本领。校外广泛建立"教师教育创新实验区",实施"师范大学-地方政府-中小学校"三方合作的育人模式,即"UGS"模式。[①]

理论与实践融通不仅体现在职前的教师培养课程体系和教学实践中,更应该体现在在职教师的继续教育中。以往的教师专业发展实践中,职前偏重于理论,职后则忽视理论,许多老师都期望学到"回去就能在课堂上用的技能",对教育教学理念、心理学、教育学、教学论等前沿理论不太感兴趣,有的老师认为理论没有什么用。这些问题的出现,最大的原因是理论传授者没有注意理论与实践的融通,仅停留于介绍理论知识层面,甚至有意无意地将理论与实践割裂,未能真正发挥理论的作用。只有让广大教师包括师范生认识到理论指导实践的重要性,认识到理论与实践相互依赖、相互促进、"行知合一"的辩证关系,促进教师将教育理念的转变作为专业发展的首要任务,才能真正提升教师教育的层次,促进教师不断提升教育境界、全面提高素养。

新时代教师继续教育的重点将逐渐由学历补偿、素质缺陷补充转变为学科教学能力的纵深发展、专业化成长。教学的专业本身就是主教学科与教育学科融合的专业,关键是解决教育教学问题的能力,要求能有效、快速地将所教学科知识、技能和智慧等转化为学生容易学习的内容,即知识、技能的心理学化、教育学化,为学生的学习奠定良好的基础,方便不同发展水平学生的学习。因此,特别是在职教师继续教育的课程更应呈现开放性、融合性特征,把课程置于经济社会发展的整个文化环境中设计和调整,突破原有的单一性、学术性的课程框架,建立具有综合性、社会性、实践性特点的新型课程。充分利用在线方式,通过微课制作、混合教学等方式增加问题导向、分层分类的专题化、微型化、前沿性、开放性和引导性(引导教师自主学习、充分发挥专业发展中的主体作用)课程内容,保证信息的即时性、挑战性、强度和浓度。

4. 接受与创新并重

学习过程既是接受过程,也是创造过程,在接受中创造,注重学习的实践性、创新性,是现代学习的重要特征。教师一体化专业发展内容体系设计必须突出创新性。

[①] 刘益春:《促进教育公平,推进中西部欠发达地区教育高质量发展》,2021 年 8 月 4 日,中国教育新闻网;https://baijiahao.baidu.com/s? id=1707126391150640699&wfr=spider&for=pc,访问日期:2024 年 1 月 1 日。

一是课程的新靶向。指课程内容指向、预期的创新，即课程目标创新。课程目标不仅仅是知识学习，更应重视师德素养提升、技能学习和能力培养。新时代教师首先是品德高尚的人，然后是师德崇高的教师，最后才是知识丰富、才能卓著的教师。《中共中央　国务院关于全面深化新时代教师队伍建设改革的意见》强调："教师承担着传播知识、传播思想、传播真理的历史使命，肩负着塑造灵魂、塑造生命、塑造人的时代重任，是教育发展的第一资源，是国家富强、民族振兴、人民幸福的重要基石""健全师德建设长效机制，推动师德建设常态化长效化，创新师德教育，完善师德规范，引导广大教师以德立身、以德立学、以德施教、以德育德，坚持教书与育人相统一、言传与身教相统一、潜心问道与关注社会相统一、学术自由与学术规范相统一，争做'四有'好教师，全心全意做学生锤炼品格、学习知识、创新思维、奉献祖国的引路人。"[①]课程内容的创新首先要着力教师的师德养成内容创新。

二是课程的新设置。指课程内容选择、组合的创新，即课程结构创新。注重选择与教师专业成长高度相关，同时又具有高挑战性、高自主性的内容，并注重内容间的关系，以"复杂教育问题解决"为线索组合相关内容，着力开发知识、技能（做事）、能力（解决问题、做成事）、素质有机融合，以培养学习者解决复杂问题的高级思维和综合能力为目标的课程。课程教学不能仅仅是简单的知识传授，而应该是问题导向的知识、能力、素质的高度融合，是真实场景中教育教学问题的解决。

三是课程的新内容。指课程内容本身的前沿性、时代性，即课程资源创新。支撑课程目标的课程资源和实施形式等都要体现先进性和互动性（如新样态教材），学习过程和结果具有探究性和个性化，如通过案例教学、研究式教学等，增加有一定难度、需要师生全面协同的课程内容，着力培养合作、探究、主动解决问题的能力。课程新内容还要强化学科融合，"应用型本科人才培养不能单独强调专业应用技能，学科基本知识也很重要，甚至随着社会问题越来越复杂，跨学科理论知识的学习很有必要，要依托多个相关的学科，使学生具备跨学科的基础知识，培养复合型应用人才"。[②]

5. 必修与选修兼顾

设置必修课程和选修课程是高校的常态，中小学也已经设置了选修课程。

---

① 中共中央、国务院：《关于全面深化新时代教师队伍建设改革的意见》，2018 年 1 月 20 日，中华人民共和国中央人民政府：https://www.gov.cn/gongbao/content/2018/content_5266234.htm，访问日期：2024 年 1 月 1 日。
② 薛玉香，王占仁.地方高校应用型人才培养特色研究[J].高等工程教育研究，2016(1):149.

教师一体化专业发展内容中的必修课程保证教师的全面素养,带有基础性、系统性等特征,是每一位教师都必须认真学习且达成学习目标的内容,如通识课程、学科课程和实践课程平台中的大多数课程。选修课程则带有前沿性、拓展性、校本性等特征,体现教师个性化发展的需要,专业平台课程中要求有50%以上的选修课程,保证学习者的可选择性、个性化发展。

必修与选修兼顾,才能确保课程结构的系统性、综合性、均衡性与选择性,努力达成国家标准、学校特色和学生发展需求的有机统一。丽水学院推行"五选一认"制度,即必修课程选教师、选修课程选内容,同时还可以选学习场所、学习时间和学习方式,专业和学校相关部门给予学分认定。这一制度为学生的自主学习创造了良好的条件,使分层分类培养真正能落到实处。《教育学类专业教学质量国家标准》要求:"课程结构应覆盖专业知识体系的主要知识单元、知识点。选修课程的范围和数量应提出明确要求,以保证课程的可选择性。有条件的高校可开展国内(外)学生交流、各类形式和层次的联合培养或双语教学"[1]。

为切实解决教师继续教育课程中普遍存在的"课程内容重复性大""课程层级性差""边界模糊"等问题,课程设置创新的重点是提高课程结构的"时间序"。课程结构的"时间序"是指随着时间的推移,某一专业课程内容的难度和深度在不同教育层次间所呈现出的一定层级顺序。它在课程实践中主要表现为课程的纵向衔接特性。[2] 按照课程结构的"时间序"区分同一课程对应教师不同生涯发展阶段的学习内容,如课程的难度和深度、学习要求等,对统筹规划同一课程和不同课程都有一定的适用性,有助于促进教师一体化专业发展。

二、山区小学教师一体化专业发展理论课程体系

山区小学教师一体化专业发展理论课程体系是内容体系的重要组成部分,为实践课程体系和活动课程体系提供理论支撑,是内容体系的基础。

(一)山区小学教师一体化专业发展理论课程体系的构成类别

《教育学类专业教学质量国家标准》规定:课程体系主要包括理论课程、实践课程和毕业论文(设计)。理论课程由通识教育课程、专业基础课程、专业方向课程三类课程组成。通识教育课程包括大学公共课程、创新创业教育课程及相关的人文社会科学类、理工类以及艺术教育类课程。专业基础课程为教育学类专

---

① 教育部高等学校教学指导委员会.普通高等学校本科专业类教学质量国家标准(上)[M].北京:高等教育出版社,2018.
② 杨荣昌.教师继续教育课程体系创新构想[J].南阳师范学院学报(社会科学版),2007(7):71.

业的基本理论和方法课程。专业方向课程为教育学类各专业的主干课程和专业方向课程。[①]

《教师教育课程标准（试行）》则对教师教育专业的教师教育课程和教育实践作出了明确规定。

根据国家相关文件精神,结合小学教师一体化专业发展目标体系和内容体系,小学教师一体化专业发展理论课程体系总体上由五大类课程构成,其结构如图5-3所示。

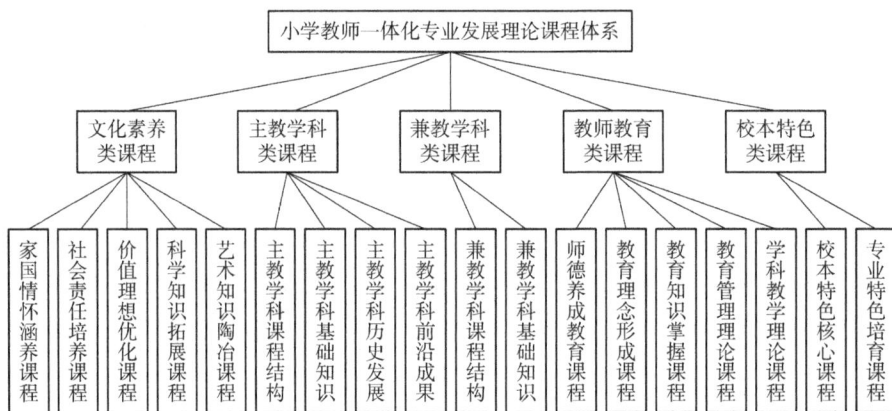

图5-3　小学教师一体化专业发展理论课程体系结构

小学教师一体化专业发展理论课程体系中的文化素养类课程在小学教育专业的人才培养方案中一般体现在通识课程中,在小学教师继续教育课程体系中则体现在素养提升课程中。文化素养是教师的背景知识,也是教师的底色,更是"成人"的基础,家国情怀、社会责任、价值理想方面的课程为教师奠定培养"德智体美劳全面发展的社会主义建设者和接班人"的思想、政治和道德基础,科学知识拓展课程和艺术知识陶冶课程则奠定文化基础,是每一位教师必不可少的。教师的品德最为关键,"把提高教师思想政治素质和职业道德水平摆在首要位置,把社会主义核心价值观贯穿教书育人全过程,突出全员全方位全过程师德养成,推动教师成为先进思想文化的传播者、党执政的坚定支持者、学生健康成长的指导者""加强理想信念教育,深入学习贯彻习近平新时代中国特色社会主义思想,引导教师树立正确的历史观、民族观、国家观、文化观,坚定中国特色社会主义道路自信、理论自信、

---

① 教育部高等学校教学指导委员会.普通高等学校本科专业类教学质量国家标准(上)[M].北京：高等教育出版社,2018.

制度自信、文化自信。引导教师准确理解和把握社会主义核心价值观的深刻内涵，增强价值判断、选择、塑造能力，带头践行社会主义核心价值观。引导广大教师充分认识中国教育辉煌成就，扎根中国大地，办好中国教育""加强中华优秀传统文化和革命文化、社会主义先进文化教育，弘扬爱国主义精神，引导广大教师热爱祖国、奉献祖国"。① 教师首先应该是一个具有家国情怀、责任担当和价值理想的人，然后才能真正成为学生健康成长的指导者。文化素养类课程贯穿教师专业发展的全过程，而且在不同社会发展阶段，学习的重点不同，是保证教师与时俱进不可或缺的学习内容。

主教和兼教学科类课程为教师奠定所教学科的知识基础，学科知识是教师指导学生发展的重要载体。对小学教师而言，更应注重的是学科的知识结构，即学科基本概念、原理及其意义等的系统、深刻理解。兼教学科是小学教师素养的特色，小学教师有别于其他学段教师，他们很有可能兼教其他学科知识，特别是现在注重"全科教师"培养的背景下，兼教学科知识更加需要被纳入教师教育的内容体系。

教师教育类课程为教师职业道德和教育理念的养成、教育知识的丰富、教育能力的培养、教育教学艺术的习得等奠定基础。教师对教育事业的认识、理解，职业规范、教育情怀的养成，育人和教学能力的培养，自主发展意识和能力的形成等都有赖于教师教育类课程的学习。教育对象的年龄越小，越容易受到教育者的影响，越需要教育者的教育教学艺术。小学教师的培养需要进一步强化教师教育类课程学习，特别是在教师继续教育课程设置中更要强化师德养成教育和教育理念更新。师范生培养中的"老三门"（心理学、教育学和教学法）已经为新的教师教育课程体系所替换，但教育管理类课程，包括学校管理和班级管理等课程相对欠缺，这不仅表现为人才培养方案中的学分低、学时少，还表现为课程教师的实践经验欠缺，尽管学习了知识，但技能和能力得不到培养。因此，一方面小教专业人才培养中，对此类课程应更加重视，可以聘请部分有丰富实践经验的一线教师担任这类课程的兼职教师，解决实践经验欠缺的问题，另一方面，教师继续教育更应突出管理类课程的学习，促进教师管理能力的全面提升，为学科教学、综合育人奠定全面的基础。

校本特色课程是小学教育专业人才培养中需要加以重视的课程，在职教师

---

① 中共中央、国务院：《关于全面深化新时代教师队伍建设改革的意见》，2018 年 1 月 20 日，中华人民共和国中央人民政府：https://www.gov.cn/gongbao/content/2018/content_5266234.htm，访问日期：2024 年 1 月 1 日。

培养中则更应重视地方特色文化之类课程的学习。

（二）山区小学教师一体化专业发展理论课程体系的建设要求

山区小学教师一体化专业发展理论课程体系为教师的终身可持续发展提供理论支撑，为教师专业发展奠定全面的理论基础。理论课程体系的落实最需要的就是理论课程建设。山区小学教师一体化专业发展理论课程建设要求系统性与层次性兼顾、学术性与师范性统一、思想性与科学性结合、基础性与前沿性互补、连续性与阶段性并重。

1. 系统性与层次性兼顾

系统性与层次性兼顾是对小学教师一体化专业发展理论课程体系架构的总体要求，即理论课程体系建设既要有系统性又要分层次。

教师是综合性的专业人才，一般至少包括学科和教育两个系统，这两个系统兼备的人才，才能成为优秀的教师。比如，"语文教师"需要文学和教育两个系统，数学教师需要数学和教育两个系统，其他教师也一样，培养教师既要注重培养教育人才又要注重培养学科人才，而且需要将两个系统很好地融合。这是对教师的共性要求，特别是小学教师是学生成长的启蒙者，更需要掌握系统的教育和所教学科知识，从而更好地给学生以人生和知识的启蒙。但对于不同阶段的教师，这两个系统知识的掌握要求又有不同，如同样是"语文教师"，中学语文教师的文学知识要求比小学教师要高，而小学教师的教育知识要求比中学教师要高，这是由服务对象的身心发展特点所决定的。所以，教师培养的理论课程体系必须处理好系统性与层次性的关系。

2. 学术性与师范性统一

学术性与师范性统一也是对小学教师一体化专业发展理论课程体系架构的总体要求。即理论课程体系中要处理好学科课程与教育课程的关系。

学术性与师范性之争在教育理论界由来已久，在教育实践中，切实落实国家相关政策是前提，作为教师教育从业者既要重视教师的学术水平提升，又要重视教师的教育素养提升，这两者缺一不可。一般而言，侧重"学术性"，则学术水平应该在职前培养阶段奠定扎实的基础，职后培训重在学术前沿的进一步把握，而侧重"师范性"，职前培养更多关注知识的掌握，真正的能力培养大多有赖于职后的实践活动。教师的学科教学能力、综合育人能力，或者说教师的教育教学艺术、岗位胜任力，需要在实践中、通过实践才能真正形成。特别是对于"学术性"要求相对较低的小学教师而言，"师范性"更应成为教师的立足之本。因为，在教师进入专业培养之前，学术性的基础已经具备，而师范性则是从零起步，需要投入更多的时间和精力。

教师专业成长的成功者往往是学术性与师范性统一的践行者。于漪、李吉林等优秀教师的成功,无一不是因为对学科教学和育人的精辟理解。教师培养要重视学术性与师范性的统一,将学科知识学习与学科教育教学知识学习融为一体。善于将学科知识心理学化、教育学化的教师,才是优秀的教师。

3. 思想性与科学性结合

思想性与科学性结合是对理论课程建设的总体要求,每一门课程,特别是理论课程必须处理好思想性与科学性的关系,在保证内容科学性的同时,注重内容的思想价值、育人价值。教师是直接承担社会成员培养职责的专业人员,其政治思想素质和道德水准,将直接影响社会成员的素养,所以,思想性非常重要,教师教育课程体系必须重视思想性与科学性的结合。

《教师教育振兴行动计划(2018—2022 年)》的"目标任务"中明确要求:"落实师德教育新要求,增强师德教育实效性。将学习贯彻习近平总书记对教师的殷切希望和要求作为教师师德教育的首要任务和重点内容。加强师德养成教育,用'四有好老师'标准、'四个引路人'、'四个相统一'和'四个服务'等要求,统领教师成长发展,细化落实到教师教育课程,引导教师以德立身、以德立学、以德施教、以德育德。"[①]《中共中央 国务院关于全面深化新时代教师队伍建设改革的意见》的"基本原则"中也特别强调,突出师德。把提高教师思想政治素质和职业道德水平摆在首要位置,把社会主义核心价值观贯穿教书育人全过程,突出全员全方位全过程师德养成,推动教师成为先进思想文化的传播者、党执政的坚定支持者、学生健康成长的指导者[②]。东北师范大学强调,"将师德养成、家国情怀置于新版师范类专业人才培养方案毕业要求和培养目标之首,发挥学校思想政治教育和教育学科优势,重点建设教师教育共同必修课中师德课程"[③]。

小学教师一体化专业发展理论课程首先要保证思想的先进性,思想政治先进的教师才能担当培养社会主义建设者和接班人的重任。当然,科学内容本身就包含着先进的思想性,思想品德教育课程本身就有科学的规律,只有遵循思想

① "教育部等五部门关于印发《教师教育振兴行动计划(2018—2022 年)》的通知",中华人民共和国中央人民政府网,访问日期:2023 年 12 月 29 日,https://www.gov.cn/xinwen/2018-03/28/content_5278034.htm? tdsourcetag=s_pcqq_aiomsg。
② 中共中央、国务院:《关于全面深化新时代教师队伍建设改革的意见》,2018 年 1 月 20 日,中华人民共和国中央人民政府:https://www.gov.cn/gongbao/content/2018/content_5266234.htm,访问日期:2024 年 1 月 1 日。
③ 刘益春:《促进教育公平,推进中西部欠发达地区教育高质量发展》,2021 年 8 月 4 日,中国教育新闻网:https://baijiahao.baidu.com/s? id=1707126391150640699&wfr=spider&for=pc,访问日期:2024 年 1 月 1 日。

品德和人的身心发展的规律，才能对人产生系统、深刻的影响，才能促进人的发展。因此，内容的科学性是前提，科学性为思想性提供保证。教育者设计课程内容、教师在课程实施时都要注重思想性的挖掘。

4. 基础性与前沿性互补

基础性与前沿性互补是对小学教师一体化专业发展理论课程建设的要求，即小学教师专业发展理论课程要特别注重基础知识的掌握，要重视学科基础知识、基本结构的完整，因为教师不仅是学习者，更是育人者，是学生成长的引导者，学生品德养成、知识掌握、能力培养都需要教师的引导，教师的知识、能力和素养结构与其他专业人员有所区别，需要深刻理解品德、知识等的启蒙，因此，基础性就显得特别重要。当然，强调基础性并不否定前沿性，而是要强调二者的互补，要及时吸收学科前沿研究成果，保证学科知识的科学性与时效性。

基础性为学科学习奠定扎实的基础，前沿性确保学习者迅速进入学科前沿，都是学习的需要，更是引导学生学习的需要。教师教育专业课程体系在突出系统性、思想性的同时，也要突出基础性，为教师的知识结构、全面素养形成奠定良好的基础。

5. 连续性与阶段性并重

连续性与阶段性并重，也是教师教育理论课程建设的重要要求，构成每一门学科的知识单元从其学科逻辑性上讲都是连续的，不能彼此割裂。同时，不同专业学习同一学科知识又应该有所区别，选择哪些知识作为小学教师培养的课程，需要学科专家按照教师生涯发展的阶段确定，比如，职前培养是打基础的阶段，所教学科和教育教学相关基础知识必须扎实、系统；入职培训应侧重知识的应用，帮助新教师尽快将理论知识转化为教育教学技能和能力；职后培育更应根据不同阶段教师的实际需求安排专题内容。

学科知识有自身的逻辑体系，教师成长也有自身的规律，都应充分尊重。只有重视连续性与阶段性，将需要的知识在恰当的时机传给需要的人，才能收获最佳的效果。

三、山区小学教师一体化专业发展实践课程体系

实践课程体系是实践能力培养的重要载体。《教育学类专业教学质量国家标准》要求：在总学分中，实践课程所占比例应不低于 25％。[①]

[①] 教育部高等学校教学指导委员会.普通高等学校本科专业类教学质量国家标准（上）[M].北京：高等教育出版社，2018.

（一）山区小学教师一体化专业发展实践课程体系的构成类别

《教育学类专业教学质量国家标准》要求："实践课程包括教育见习、教育实训、教育实习、教育考察、教育调查等""毕业论文（设计）包括学术论文，调查报告，研究报告，实验报告，教育、教学和管理案例分析报告等""各高校应设置合理的创新创业学分，建立创新创业学分积累与转换制度，探索将学生开展创新实验、发表论文、获得专利和自主创业等情况折算为学分，将学生参与课题研究、项目实验等活动认定为课堂学习""各高校可选择一些反映学科前沿、学校特色和地方特色的知识单元开设选修科目，并推动教师将国际前沿学术发展、最新研究成果和实践经验融入课堂教学"。[①] 根据国家标准，结合小学教师一体化专业发展目标体系、小学教师一体化专业发展内容体系，编制小学教师一体化专业发展实践课程体系，具体如图5-4所示。

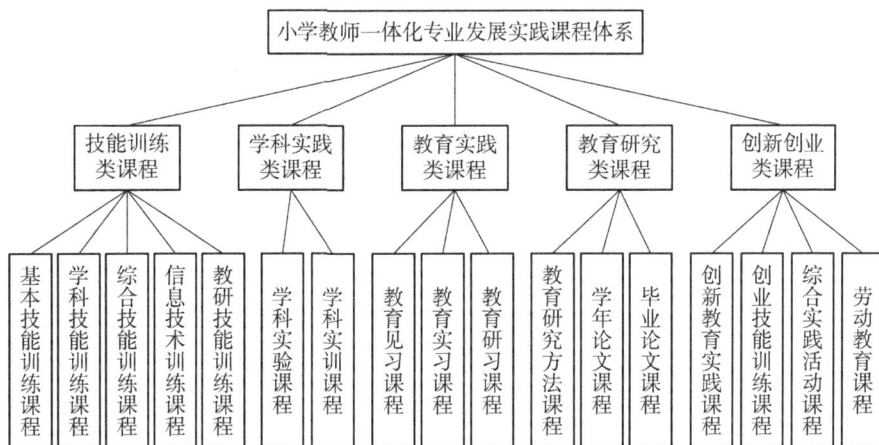

图5-4　小学教师一体化专业发展实践课程体系结构

小学教师一体化专业发展实践课程体系中的技能训练类课程是教育实践的重要组成部分，或者说是教育实践的基础。实践教学的目的是能力培养，而能力与解决问题直接相关，解决问题不仅需要有相关的知识，而且需要有众多的技能。基本技能或通用技能，即一般教师都需要的技能，如传统的"钢笔字、毛笔字、粉笔字和普通话"等教学基本功和教学技能训练；学科技能是指学科学习的特有技能，如语文学科学习的写作技能、数学学科学习的运算技能等；综合技能是指学科学习和教学的技能，如语文（数学）学科教学设计、说课、模拟上课等教

---

① 教育部高等学校教学指导委员会.普通高等学校本科专业类教学质量国家标准（上）[M].北京：高等教育出版社，2018.

学技能和学情了解、主题班会设计、班级管理案例分析、特殊学生教育等班级管理技能；信息技术是新时代教师必备的基本技能，特别强调信息技术与学科的融合、常见信息技术平台使用等；教研技能也是综合技能，是教师专业发展的重要手段，将之作为技能训练，目的是更加突出教研的重要性，使学生养成基本的教研意识、习惯，培养其教研能力，如课堂观察技能、教学视频处理相关技能等都是教研的新技能。技能训练类课程并不局限于教师职前培养阶段，而是贯穿在教师专业发展全过程的学习内容。

　　学科实践类课程包括学科实验课程和学科实训课程，既有单独设置的实验（实训）课程，如现代教育技术课程就专设学科实验（实训）课程，又有融于理论课程中的实验（实训）课程，如学校管理学、小学班队原理与实践、小学生心理辅导、心理与教育统计等实践性很强的课程，都需要有融于学科的实践（实训）课程内容。其他学科教学中的教学观摩、案例分析、小组研讨、写作、解题等也是重要的学科实践活动。真正的学科知识学习离不开实践活动，理论学科知识的掌握有了实践的融入，会促进学习者的知识理解和运用，提高学习水平。

　　教育实践类课程主要包括教育见习、教育实习和教育研习等课程，是教育主管部门和教师培养机构都特别重视的教育实践活动。教育部、各省教育厅等都对教育实践类课程都做了明确的规定，如浙江省教育厅根据《教育部关于加强师范生教育实践的意见》（教师〔2016〕2号）《教师教育振兴行动计划（2018—2022年）》《中共中央　国务院关于全面深化新时代教师队伍建设改革的意见》等文件精神，于2018年5月印发《浙江省高校师范生教育实践规程（试行）》，并制定高校中学教育专业、小学教育专业、学前教育专业、中职教育专业和特殊教育专业教育实践实施指南的试行稿，对教育实践目标、内容和组织形式、考核方式与参考考核标准等做了全面的规定与指导，保障全省师范生教育实践活动的有序实施。

　　教育研究类课程最主要的是教育研究方法课程和毕业论文课程，以及学年论文、小论文课程等。教育研究方法课程应该贯穿教师教育全过程，职前培养掌握研究基础理论和基本方法，着手小论文、学年论文和毕业论文等撰写实践，在实践中培养研究意识、研究习惯和研究能力。

　　创新创业类课程也是实践课程的组成部分，《教育学类专业教学质量国家标准》强调："各高校应高度重视创新创业教育，在实践教学环节纳入创新创业方面的实践训练。"[1]目前，各高校高度重视创新创业，但安排的具体课程各有不同，

――――――

[1] 教育部高等学校教学指导委员会.普通高等学校本科专业类教学质量国家标准（上）[M].北京：高等教育出版社，2018.

创新教育实践课程、创业技能训练课程、综合实践活动课程和劳动课程等是常见的创新创业类课程组成部分。

（二）山区小学教师一体化专业发展实践课程体系的建设要求

实践课程对教师专业发展至关重要，特别是在强调实践导向的背景下，更要加强实践课程建设。结合当前实际，小学教师一体化专业发展实践课程建设应强化相关课程。

1. 强化技能训练课程

技能训练为能力培养提供基础。《中共中央 国务院关于全面深化新时代教师队伍建设改革的意见》要求：根据基础教育改革发展需要，以实践为导向优化教师教育课程体系，强化"钢笔字、毛笔字、粉笔字和普通话"等教学基本功和教学技能训练，师范生教育实践不少于半年。[①] 此外，班级管理技能、教育教学研究技能和信息技术使用等也是新时代教师的必须技能。班级管理是师范生的普遍弱项，甚至许多在职多年的教师也会感到力不从心，特别是当今社会发展迅速，学生的信息来源众多、个性差异更大，再加上留守儿童、特殊家庭儿童等也在增加，班级管理的难度更大。班级管理类课程不能仅作为理论课程，停留在知识、理论学习层面，而应同时强化班级管理技能专项训练，而且这一训练专题应该作为教师素养培养的重要组成部分，贯穿小学教师专业发展全过程。

教育教学研究是教师专业发展的重要途径，研究意识和研究能力也是教师专业发展水平的标志。新时代教师必须重视教育教学研究技能训练，提高通过研究解决教育教学问题的意识和能力。

信息技术水平是新时代教师素养的重要组成部分。新时代教师不仅要掌握常用的信息技术手段，具有及时发现、分析、综合、使用、传播信息的意识和能力，更重要的是要具备所教学科知识与信息技术融合的跨学科素养，要有依托现代信息技术开展教育教学创新改革的意识和能力。信息技术技能训练应成为新时代教师专业发展的重要内容。

2. 强化反思研究课程

小学教师一体化专业发展实践课程中的反思研究课程容易被忽略，在许多教师的意识中研究始终与教育教学工作分离。从教师专业发展角度而言，教育

---

① 中共中央、国务院：《关于全面深化新时代教师队伍建设改革的意见》，2018年1月20日，中华人民共和国中央人民政府：https://www.gov.cn/gongbao/content/2018/content_5266234.htm，访问日期：2024年1月1日。

教学实践反思和研究技能是教师专业发展的重要途径,也是教师专业化水平的重要标志。职前培养阶段需要重点进行的技能训练是教育研究基本方法,如观察法、调查法等,需要掌握观察表格的设计、调查问卷和量表的设计及使用等技能,而实验法则需要更多的基本设计和实施技能。教育教学研究基本方法使用技能的训练过程,也是学生心理学、教育学、学科课程和教学论等原理的具体运用过程,可以加深学生对教育理论的理解,真正提高运用理论知识解决实际教育教学问题的能力,是师范生素养全面提升的重要渠道。在职教师的教育教学研究技能训练更应注重强化教师的反思意识、研究意识,引导教师将反思作为提升自己专业发展水平的重要工具,指导教师运用已有知识经验对教育教学和学生管理等实践中亟须解决、有研究价值的问题进行深入研究,通过研究提升解决问题的能力和水平、养成研究意识和研究习惯,最终走向"研究型""专家型"教师。

实践课程中不仅要有教育研究方法课程,而且要根据教师专业发展阶段,适时增加研究方法分专项训练,如通过观察法、调查法、行动研究法、实验研究法等专题培训,促进教师研究能力提升,在此基础上,指导教师针对自身工作中存在的问题开展课题研究,全面应用所学的研究方法,解决教育教学过程中的实际问题,提高解决问题能力,提升全面素质。

3. 强化创新创业课程

传统教师培养和培训中很少涉及创新创业的内容,许多人觉得教师不需要了解、不需要创业。殊不知教师是培养人的职业,教师的作用是有意识地促进人的发展。教师自身的创新创业意识、能力,特别是创新意识会对学生产生直接的影响。事实上,教育工作本身就是创造性极强的工作,教师每天面对着不同的学生,且尽管内容没变,若学生的状态不同,学习的感受也可能会有巨大的差异,需要教师有极强的洞察学生的能力和应变能力,即创新意识和创新能力。

新时代教师教育实践内容应强化创新创业教育课程,《中共中央 国务院关于全面深化新时代教师队伍建设改革的意见》中"创新"一词共出现 20 次,其"目标任务"中明确提出:"到 2035 年,教师综合素质、专业化水平和创新能力大幅提升,培养造就数以百万计的骨干教师、数以十万计的卓越教师、数以万计的教育家型教师。"①创新创业早已成为时代的主题,为人师表的教师更要有创新创业

---

① 中共中央、国务院:《关于全面深化新时代教师队伍建设改革的意见》,2018 年 1 月 20 日,中华人民共和国中央人民政府:https://www.gov.cn/gongbao/content/2018/content_5266234.htm,访问日期:2024 年 1 月 1 日。

意识和基本能力,小学教师一体化专业发展实践内容强化创新创业课程势在必行。

4. 强化自主发展课程

除了数量上的增加,确保一定比例外,还需要强化课程安排的科学性,小学教师一体化专业发展实践课程应贯穿教师专业发展全过程,而不仅仅存在于职前培养阶段,更不能仅指实习、实训。职前培养过程中的教育实践系统化、序列化,四年贯穿、螺旋式提高,确保教师基本技能和师德践行能力、教学实践能力、综合育人能力和自主发展能力等达到《小学教育专业师范生教师职业能力标准(试行)》中规定的要求。职后专业发展培训则在职前培养的基础上,继续强化以"自主发展能力"培养为重点的教师素养全面提升。

自主发展对每个人的成长都极为重要,对教师更加重要。终身学习、学习型社会建设等已经被大众接受,在这样的社会发展形势下,为人师表的教师更加需要率先成为终身学习者。而只有自主学习、自主发展才能持续终身,确保教师专业水平不断提高。实践课程安排应更加突出培养自主发展能力如学习技能、沟通技能、反思能力、研究能力等的课程。

5. 强化课程全面融入

小学教师一体化专业发展实践课程不能仅止于课程本身,而应落实"实践导向"理念,在强化实践课程的同时,将实践能力、创新意识培养融入教师教育的所有课程和活动中。知识学习、技能训练的目的都是为了提高问题解决的能力,提升全面素养,所以实践应融入人才培养全过程。

教师教育的每一门学科都要重视学科实践,每一门课程都应该有实践能力培养的目标、有实践的要求、有实践的内容,有实践能力提升的评价。"行知合一""教学做合一"才能真正落实实践导向理念、实现实践育人目标。

四、山区小学教师一体化专业发展活动课程体系

"活动课程体系"中的"活动"是指除人才培养方案规定的学生必修或选课课程之外的各种非教学活动之和。活动包括社会活动、学校组织的活动、专业开展的活动、日常生活活动等,是课程教学的重要补充,与师生的学习、生活紧密相关,是促进人的成长的重要因素。

(一) 山区小学教师一体化专业发展活动课程体系的构成类别

小学教育专业的学生和小学教师都有丰富多彩的活动,与小学教师专业发展密切相关的活动大致可以归为专业社团类课程、讲座观摩类课程、自主学习类

课程、反思研究类课程和其他生活类课程等，其构成如图5-5所示。

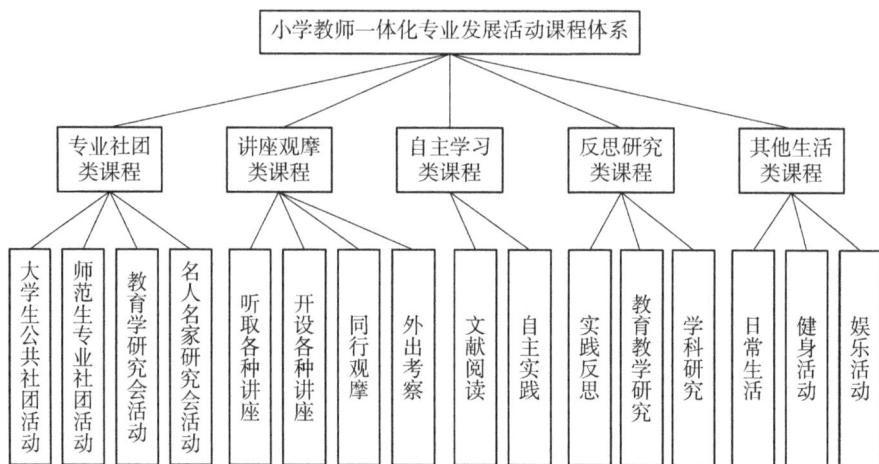

图5-5　小学教师一体化专业发展活动课程体系结构

　　活动课程含有"活动课程化"的意思，与师范生培养、在职教师培训的课程有一定的区别，但也不同于其他随意的活动，是指有意识、有目的地促进专业发展的活动。影响教师专业发展的活动类课程主要包括专业社团类课程、讲座观摩类课程、自主学习类课程、反思研究类课程和其他生活类课程等，有的是教师职前特有的活动，大多数是贯穿教师专业发展各阶段的活动。

　　专业社团类活动既包括职前培养阶段的社团活动和在职教师的专业社团活动。职前培养阶段的社团活动有大学生公共社团活动和师范生专业社团活动等，大学生公共社团活动即面向所有大学生、以提升大学生全面素养为目的的活动，师范生专业社团活动即面向师范专业学生、以提升师范生专业素养为目的的活动。在职教师的专业社团活动有教育学研究会活动和名人名家研究会活动等，教育学研究会包括教育教学研究会、学科教学研究会等协会的活动，名人名家研究会包括学科名家研究会和教育家研究会等专业社团。专业社团类活动由于其内容的专业性、人员的广泛性等特点，对教师（学生）的知识拓展、能力培养等都会起到一定的促进作用。

　　讲座观摩类活动也是小学教师专业发展过程中常见的活动，可以听其他专家学者的讲座，也可以自己开设讲座，不管是哪种方式都有利于教师开阔视野、加深对知识的理解等。特别是自己开设讲座往往比上课更加深入、系统地学习知识，是一种很好的专业发展方式，值得提倡。观摩也是促进教师专业成长的重要活动，包括观摩同行的上课或教研，外出考察等活动。"三人行，必有我师焉，择其善者而从之，其不善者而改之"，这些活动可以让教师找到学习的同伴，可以帮助教师更快发展。

自主学习类活动包括自主阅读、自主实践等。教师应该是终身学习者，而唯有自主学习才足以维持终身。自主阅读包括论文、专著和教材等的阅读，是教师保持观念、知识更新的最重要途径，自主实践是一种有目的、自觉、自动的实践活动，是教师主动运用理论知识和经验解决教育教学实际问题的活动。自主阅读与自主实践密切结合，在理论联系实际中教师的素养等到全面提升。

反思研究类活动是教师解决实际问题、提升工作层次和境界的重要手段，也是教师专业发展必不可少的途径，主要包括实践反思、教育教学研究活动和学科研究活动等。这些活动其实也可以是课程的重要组成部分，或者说本身就是课程，也是教师教育课程的重要组成部分，但大多数教师仍然处于活动层次，特别是许多教师都是为了评职称、拿荣誉等需要而被迫从事这些活动。自觉、主动坚持把反思研究类活动作为专业发展重要途径的教师才能更好地实现专业发展。事实上，教育教学活动本身就是一种探究性的活动，并不是按照一定模式就能做好的，"教学有法，教无定法"，教师在掌握基本的方法手段后，更应注意"教无定法"，不能机械地采用相同的方法教授不同的学生或讲解不同的内容，怎么才能更加有效地促进学生发展，需要教师终身探究，教师教育课程中应更加重视反思研究类活动的课程化。

其他生活类活动，特别是健康和娱乐活动对教师专业发展也是很重要的，每个人的发展都应该是身心统一的，健康的生活是身心健康的基础，也是专业发展的基础。所以，教师专业发展应该重视健康生活类活动。

（二）山区小学教师一体化专业发展活动课程体系的建设要求

活动是能力形成的重要途径，活动的课程化是课程建设的重要组成部分，是课程改革的必然要求，是育人的需要。随着社会的发展，每个人参加的活动也越来越丰富，这些活动或多或少会影响人的发展。山区小学教师一体化专业发展在重视理论课程和实践课程建设的同时，也要重视活动课程建设。活动课程建设要强化相关方面。

1. 强化体系构建

小学教师一体化专业发展的活动很多，特别是在职前培养阶段有各种各样的社团活动、课内外和校内外活动等，许多学生都因为疲于应付各种活动，影响理论课程的学习和正常的实践活动。在职教师正常的工作和生活也同样会因为活动太多而受到影响。

强化体系构建就是要避免活动过多对教师成长的不利影响,围绕教师专业发展目标设计活动,使其成为支撑培养目标实现的重要载体。教师培养部门和教育主管部门在安排教师活动时要充分关注教师专业发展的需要,充分考虑什么活动适合哪个阶段的教师,避免随意安排。活动体系构建的重点是明确的目标意识、时序意识,即目标导向、有序安排,围绕专业发展目标,将主要活动序列化,实现活动育人目的。

2. 强化专业特色

教师是专业工作者,小学教师的活动应该具有一定的专业性,即与教育、教师专业发展的相关性,避免太多无关的活动打扰教师生活。现实生活中,无论是师范生还是在职教师都会受到各种各样无关活动的干扰,许多师范生整天忙于参加各种与专业毫无关系的活动,他们或者是为了获得更好的综合测评成绩,或者是因为担任某个职务,或者是漫无目的跟风。许多教师,特别是有一定影响力的教师,也会经常被迫参加各种与教育教学、专业发展无关的活动,既影响了心情,又耽误了工作。

造成这种现象的原因是多方面的,主要原因则是缺乏"专业"意识。活动设计者没有考虑活动目标、活动意义、活动内容、参加对象等要素;活动参与者缺乏自主性,没有自主目标,不会自主选择、不会时间管理、不会正确拒绝。总之,缺少专业特色明显的活动、缺少专业意识较强的领导和管理人员是最主要的原因。强化活动专业特色需要专业人员的积极参与。

3. 强化实践体验

教师培养中最重要的是要培养师德践行能力、教学实践能力、综合育人能力和自主发展能力,其中师德践行能力是教师专业发展的基础和前提,不具备崇高的师德,就不能成为优秀的教师。自主发展是教师专业发展的根本,缺乏自主发展意识和能力,也不能成为优秀教师。有了崇高的师德和较强的自主发展能力,教学实践和综合育人能力的提高就具备了很好的条件,只要坚持,就能成功。

师德靠的是养成,不是灌输,良好的环境创设,如文化氛围、榜样示范等,适合、丰富的活动体验,能产生润物无声的效果。活动最强的育人效果体现在过程中的体验和感悟。所以,任何教育活动都应有目的、有意识设计,强化参与者在活动过程中的体验、感悟。

4. 强化课程互补

一体化教师专业发展,强调的是课内外、校内外、职前和职后、教学和教研、工作与生活等的一体和互补。尽管有了理论和实践课程体系的设计,但课程始终很难覆盖教师专业生活的全部,需要活动的补充。

活动要尽量弥补课程的不足,活动课程要与理论课程、实践课程形成互补、互相响应的关系,活动应渗透到理论课程和实践课程实施的各个环节,使之变得更生动、更直观、更有效。

5. 强化自主选择

教师培养机构和管理部门一方面要设计系统有序、丰富多彩的活动,提供足够多的参与活动机会,另一方面又要注重培养参与者自主选择的能力,即面对众多的活动,要学会针对自己的专业发展目标、专业发展阶段有选择地参与,如何处理好工作与活动的关系,形成工作与活动的互促、互补关系。

师范生和教师自身也要重视自主选择能力的培养。自主发展是教师专业发展的重点,自主选择能力是自主发展的重要组成部分,学会自主选择需要有自主选择的氛围和机会,还需要经常性训练。在日常的教育教学中就要多给学生提供自主选择的机会,尽量让学生自己选择学习时间、学习内容、学习方式等,让自主选择成为生活常态。

第六章

山区小学教师一体化专业发展实施体系

　　山区小学教师一体化专业发展实施体系是指由运用教育内容体系实现目标的模式、途径、方式方法及其相互关系等构成的系统，是教师一体化专业发展人才培养体系运行过程中各要素及其相互关系的总和。实施体系直接决定内容体系的效用发挥程度，主要包括一体化专业发展人才培养模式和一体化专业发展教学体系、活动体系。

一、山区小学教师一体化专业发展实施体系框架

　　实施体系既包括实施要素及其关系，又包括各个实施要素的实施流程，以及实施过程中的管理举措、管理规范和管理制度等。小学教师一体化专业发展实施体系既是理念体系的落实，又是目标体系的实现（内容体系的转化），对目标体系和内容体系起到直接支撑作用。

（一）梳理山区小学教师一体化专业发展实施体系框架结构

　　山区小学教师一体化专业发展实施体系的结构既包括横向的组成部分，又包括纵向的实施流程。横向组成部分由人才培养模式和教学体系、活动体系构成，纵向实施流程由培养目标、评价指标、实施过程和培养效果等实施要素构成，其总体结构如图6-1所示。

　　山区小学教师一体化专业发展实施体系主要由一体化人才培养模式、一体化教学体系和一体化活动体系构成。一体化人才培养模式是根本，总揽人才培养的实施过程，包括培养理念、培养目标、培养过程、效果评价和管理制度等。先进的人才培养模式对教学体系和活动体系起着方向导引、途径拓展和方法创新等作用，确保人才培养质量提升。而落后的人才培养模式则阻碍教学体系和活动体系的创新，不利于提升人才培养质量。

　　山区小学教师一体化专业发展教学体系包括理论教学体系和实践教学体系，理论教学体系主要由职前培养的课程教学和职后专业发展培训的集中研训

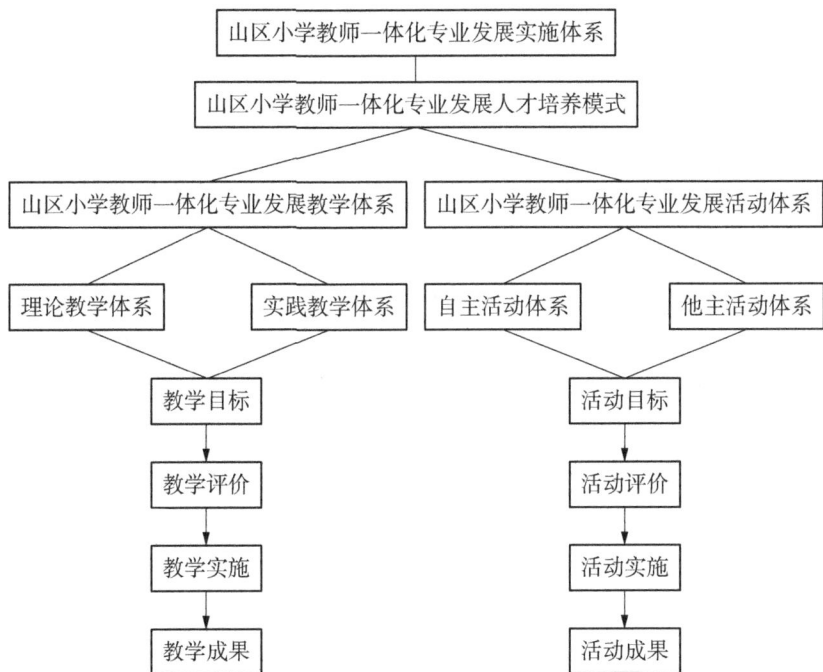

图6-1 山区小学教师一体化专业发展实施体系

等构成,主要包括课堂教学、集中研训等环节;实践教学体系由职前培养的实践教学环节和职后培训的蹲点实践等构成,主要包括技能训练、见习、实习、研习和蹲点实践等环节。理论教学体系和实践教学体系相互支撑、促进,共同构成教学体系。

山区小学教师一体化专业发展活动体系包括自主活动体系和他主活动体系,自主活动是指师范生和在职教师自己从事的活动,如自主学习、自主研究、自主实践等各种活动;他主活动是指由相关部门安排的活动,如师范生所在的学校、学院或专业举办的各种活动和在职教师的专业发展培训活动等。当然,自主与他主也具有一定的相互依存性,比如,师范生在校的许多专业活动既由学校、学院或专业安排,又会提供给学生自主选择的机会,在职教师的专业发展培训既有统一的要求,又有自主选择的机会。自主活动与他主活动对教师的专业发展都是必要的,活动是能力培养的重要途径,也是师德养成的重要过程,只有通过参加活动才能产生体验、感悟,真正提升素养。特别是师范生培养阶段,对专业活动的要求应该是"天天有活动""月月有展示""人人都参与"。理想的情况是注重自主性培养,自主选择贯穿整个成长过程。

山区小学教师一体化专业发展理念体系的落实、目标体系的实现(内容体系的转化)都需要实施体系的强有力支撑。实施体系主要通过理论课程教学、实践教学和各种活动得以实现,而人才培养模式着重体现在人才培养理念、人才培养过程和人才培养管理等总体方面,对具体的实施起着导向作用。

山区小学教师一体化专业发展实施体系的具体运作则遵循目标→评价→实施→成果的流程进行。具体而言,不管是课程教学还是集中研训,甚或是各种活动都应依据"目标导向"的原则,有目的、有意识地进行,这是教育区别于其他影响人的活动的本质特征。有了明确的目标,再将目标转化为具体的行为规范或知识能力标准,制订可测量可操作的评价量规,以全过程诊断、评价,确保实施质量,力求取得良好的实施成果。

（二）落实山区小学教师一体化专业发展实施体系运行要求

山区小学教师一体化专业发展实施体系的运行应体现如下要求:

1. 培养培训连贯

即师范生职前培养和在职教师专业发展培训的连贯。一体化实施体系以"学习者主体"贯穿整个培养培训过程,结合教师专业成长生涯阶段特点,设计不同的实施模式、途径和方法,联结职前培养和职后培训环节,真正实现教师教育人才培养全过程由"课程中心"转向"学习者中心",由学习者适应课程变为课程适应学习者。

2. 教学实践融合

即"行知合一",以能力培养为核心,注重理论教学与实践环节融合、课堂教学与课外活动融合、校内活动与校外活动融合等。一体化实施体系涵盖教师职业生涯的全过程,围绕师德践行能力、教学实践能力、综合育人能力和自主发展能力培养和提升设计相关的理论教学和实践活动,才能真正全面提升教师素养。

3. 育德育能贯穿

即师德养成、能力培养贯穿教师培养培训全过程。教师是以培养人为专门职责的特殊专业人才,师德比知识和能力更为重要,教师教育全过程都应围绕师德养成和提升、能力培养和提高而展开,而崇高师德的养成尤为重要,是教师教育的重点和关键。教师一体化专业发展实施过程就是师德养成、师能提高的过程,不管是职前培养还是职后培训都应以师德和师能为主线开展教师教育活动,促进教师素养提升。

4. 增知练技分段

即知识的丰富和技能的训练要区分不同的阶段,或者说掌握知识和训练技能在不同阶段有不同要求。职前师范生培养阶段应突出知识体系、基本技能训练,在职教师专业发展培训阶段则应侧重学科和教育前沿知识、教育教学研究技能、创新技法等的培养。知识和技能与师德师能有密切关系，同样需要重视，但知识掌握与技能训练都应围绕教师培养目标展开，而且为了提升教师的全面素养，最好要在解决问题中掌握、训练，以真正提升智慧。

5. 外驱内驱兼顾

即一体化教师专业发展实施体系的运行既需要外驱力，又需要内驱力，兼顾二者才能更好地实现培养目标。外驱力是外部要求、诱导，表现为纪律、约束、物质奖励，如规章制度约束、评奖评优激励等。内驱力是自我需要、内在动机、理想、信念和世界观等，如自主学习、自主研究，内驱力往往与目标有关。专业发展实施环节需要持续的动力，需要自主性培养、制度完善兼顾，制度制订和修订又要充分考虑自主性激发。

6. 规范创新并重

即一体化教师专业发展体系既要重视规范，又要力求创新。教师教育要遵循人才成长规律，要善于总结成功经验，要从实际出发，又要及时吸收新理念、运用新技术，在人才培养模式、课堂教学、实践教学和学生活动等各方面力求创新。线上专题讲座、在线教研活动、虚拟教学（管理）实践、创客训练等既适用于师范生培养又适用于在职教师培训，线上线下巧妙结合、虚拟现实有效联动，才能真正实现教育质量的全面提升。

二、山区小学教师一体化专业发展人才培养模式

人才培养模式一般是指在某一教育理论（理念）指导下，为实现人才培养目标而制定、相对稳定的人才培养流程和运行机制等的总和，包括人才培养理念、目标、过程、评价和管理制度等。小学教师一体化专业发展人才培养模式即是指以小学教师一体化专业发展理念为指导，为实现小学教师一体化专业发展目标而形成的相对稳定的人才培养流程和运行机制等的总和。

（一）构建山区小学教师一体化专业发展人才培养模式框架

小学教师一体化专业发展人才培养模式是小学教师一体化专业发展培养理念、目标、内容等体系的具体化、操作化，由人才培养理念、培养目标、培养重点、培养途径、培养方式和保障措施等构成。其要解决的核心问题是如何培养适合现代社会发展、小学教育改革需要的小学卓越教师。卓越教师培养需要创建"能力为本、自主探究"的"自主学习、合作探究、全科培养、分类培养、协同浸润"的小学教师一体化专业发展人才培养模式，具体内容如图6-2所示。

山区小学教师一体化专业发展人才培养模式以培养"山区乡村小学卓越教师"为目标，以"学生主体""目标导向""三全育人""智慧教育""自主发展"人才培

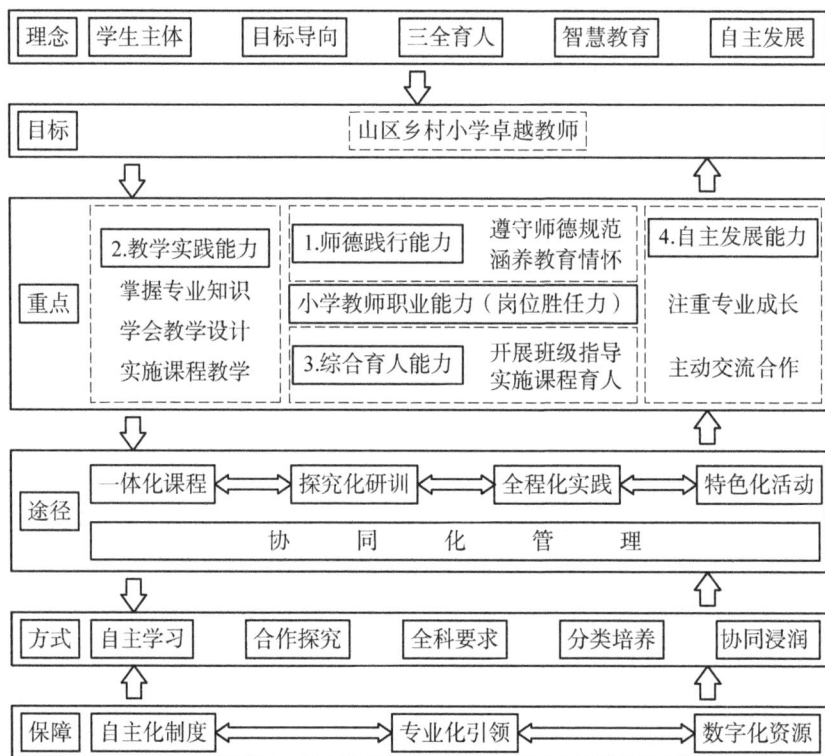

图 6-2　山区小学教师一体化专业发展人才培养模式

养理念和"生活教育理论"为指导，以强化"师德践行能力""教学实践能力""综合育人能力"和"自主发展能力"为重点，通过一体化课程、探究化研训、全程化实践、特色化活动和协同化管理等手段，依托专业化引领、自主化制度和数字化资源等，充分激发师范生和在职教师的专业发展主体意识，促进他们自主、全面、个性发展，持续提升人才培养质量，为实现"山区乡村小学卓越教师"培养目标奠定全面基础，促进更多教师成长为山区乡村小学卓越教师。

"能力为本、自主探究"的小学教师一体化专业发展人才培养模式的特点是能力导向、自主发展。能力导向指以《小学教育专业师范生教师职业能力标准（试行）》《小学教师专业标准（试行）》等为依据，围绕小学教师职业能力（岗位胜任力）：师德践行能力（处理各种教育关系的能力）、教学实践能力（课程开发、学科教学、信息技术与学科融合等能力）、综合育人能力（有效德育能力、课程思政能力、班级管理能力、个别学生教育能力）和自主发展能力（发展规划能力、学生发展诊断与研究能力、教育教学评价与研究能力）等为重点，并以此为依据设置相应的课程体系、实践体系和学生特色活动体系；自主发展指激发学习者（发展主体)自身的主动性、积极性和创造性,充分发挥其自主性,通过培养自我规划、自我诊断、自主学习和合作探究等能力,促进终身自主学习意识和能力养成,实现终身可持续发展。

(二) 选择山区小学教师一体化专业发展人才培养模式

山区小学教师一体化专业发展人才培养的培养模式可以分为自主学习模式、合作探究模式、全科培养模式、分类培养模式和协同浸润模式等。这些模式各有不同的功能和要求,实施时需要根据目标和内容等进行选择或者模式组合。

1. 自主学习模式

自主学习模式是学生主体、目标导向和自主发展等理念的落实,是自主性培养的需要。其目标是养成自主性、自主发展意识、能力和习惯。这一模式的基本流程是:编制生涯发展规划→整合专业发展资源→阅读专业发展文献→参与专业发展活动→开展专业发展研究→评价专业发展成果。

自主学习的前提是有明确的目标定位,这与每个人的生涯发展规划密切相关,只有清楚自己要奔向何方,才有可能更快地到达目的地。因此,认真思考自己的专业发展目标、认真对自己做一个 SWOT 分析①,了解自己的真实需要和现实条件,在此基础上激发自主性、积极性,才能持久开展自主学习。

自主学习需要具备一定条件,比如时间、空间、信息和设施设备等,这些条件或资源的运用也需要很好地进行筹划。特别是处于信息时代的教师,要善于统筹利用网络资源助力学习,比如"中国大学 MOOC""超星学习通"等网络平台拥有海量的学习资源,可以实现全天候推送、伴随式学习。做好时间管理、情绪管理、信息管理,才能避免各种干扰和诱惑,集中精力于专业发展学习。

明确了自己的专业发展目标,具备了一定的专业发展条件,接下来要做的就是认真阅读文献、参与活动和开展研究。阅读、活动和研究往往是分不开的,彼此紧密相连,也难分前后。在不同的教师专业发展阶段,这三者所占的比例也不同。师范生培养阶段,阅读文献和参与活动是最主要的工作,包括阅读各种书籍、参加各种校内外的活动,这是专业发展的基础。而在职教师更应针对自己的优势或问题去阅读,而且是在研究中阅读,为了解决问题或发展特长,把阅读、研究和活动紧密结合起来。当然,师范生培养阶段的理想状态也应该是三者的结合,养成研究意识和能力,行知合一,在解决问题中学习知识、增长才干。

自主学习需要过程和成果的激励,及时的自我评价必不可少。学会正确的

---

① SWOT 分析是一种战略规划工具,用于评估内部优势(Strengths)、劣势(Weakness)、外部机会(Opportunities)和威胁(Threats)。

自我评价、及时的自我激励是现代教师专业发展必不可少的专业技能，是教师自主发展能力的表现。

2. 合作探究模式

合作探究模式是学生主体、智慧教育理念的落实，是能力培养的需要。其目标是研学一体，发展协同、研究能力，切实提高解决问题能力。这一模式的基本流程：分析问题→提出课题→招募团队→设计方案→实践探究→形成成果→展示评价。

问题是思维的开端，也是探究的起点。合作探究应该源于问题，这里的问题可以是学科的本质问题，也可以是教育教学实践或生活中的现实问题，基于学科本质问题出发探讨教育教学或学校创新改革中的现实或前沿问题则更为可取。分析问题包括发现问题或提出问题、分析问题产生的背景和原因、问题的具体表现、影响问题解决的因素等，同时要分析解决问题的相关政策依据、理论依据等，为问题的解决提供基础。

提出课题即将问题转化为课题。根据问题分析的结果，结合自己的兴趣、能力、职责等因素，把问题转化为可研究操作的课题（有明确的研究目标、研究内容等），为合作探究提供主题。

根据课题研究的需要，结合学习者的个人专业特长和兴趣爱好等，招募合适的团队成员。团队的规模可视课题的大小而定，小的课题 3—5 人即可，大的课题可能需要更多的成员，甚至可以分出子课题。

团队组建后即要根据研究目标、研究内容等设计具体的探究活动方案，为合作探究提供指南、路线图和规范等，便于合作探究活动如期开展。探究方案就是解决问题的方案，要坚持"问题导向、任务驱动、小组合作、学科融合"原则，围绕学科本质问题、现实生活中的真实问题提出假设，设计探究过程、方法和预期成果等，便于实践操作。

实践探究是将设计的方案付诸行动的过程，也是切实解决问题的过程，团队成员根据设计的方案有步骤推进问题解决。项目化学习、研究性学习、深度学习或课题研究等是实践探究常用的形式。实践探究需要的是目标的驱动、团队的协同、问题的解决和成果的形成。

实践探究的结果是形成成果，即问题解决及其解决问题的经验总结、提炼等。合作探究的成果既包括直接的实践成果和提炼的理论成果，又包括实践成效。直接的实践成果即实践问题的解决，如解决问题的方案、模式、方法等，提炼的理论成果即是指对解决问题的过程和经验提炼而成的规律性认识成果、理论提升，实践成效是指实践探究对人、事、物等的促进。

实践成果需要经过展示和评价等环节得到认可,并迁移到相关的其他实践领域,以提高学习成效。如学习经验交流、研究成果正式发表、发明专利得到认可和推广应用等。展示评价既是对前一学习过程的诊断、肯定,又是对后续学习的发动和激励。

3. 全科培养模式

全科培养模式是目标导向、三全育人等理念的落实,是小学创新改革与发展,特别是山区乡村小学创新发展的需要。其目标是强化学科融合,掌握跨学科知识技能,提升综合育人能力。这一模式的基本流程:确立全科培养目标→制订全科培养方案→建设全科培养课程→营造全科培养氛围→集聚全科培养资源→激发全科学习热情→开展全科培养评价。

全科培养是小学教育事业发展的需要,小学教育从重学科到重育人,注重与生活的紧密联系,就必须重视学科的融合、学科间的纵横关系。全科教师培养应该成为未来小学教师培养的重点,不仅小学教育专业培养目标要定位于全科培养,而且小学在职教师专业发展培训也应该重视其全科性,应确立全科培养目标。目前,对全科的理解大多仍停留在"多科",将来更重要的是要走向"融合""学科综合"。如丽水学院小学教育专业重点探索山区乡村小学全科教师培养模式,由"多科"逐渐走向"综合",建立"学科综合"建设团队,开展学科融合实践,努力提升学生的综合素养。

确立全科培养目标后,要着手制订全科培养方案,即根据全科教师培养要求,对培养目标定位、毕业五年预期、毕业要求和在职教师专业发展培训等进行系统设计,统筹安排。

根据全科培养方案,建设全科培养课程是人才培养中的关键环节。全科培养课程包括课程体系、学科专业课程和专业特色课程等,要全面支撑全科培养目标、贯穿教师专业发展全过程。

在小学全科教师培养尚未得到社会全面认可的前提下,营造全科培养氛围、集聚全科培养资源、激发全科学习热情显得特别重要。要鼓励在职小学教师朝着全科培养的目标努力,保持学习热情,还要想方设法引起全社会的重视,集聚全科培养资源,为全科教师培养创造良好的氛围和条件。

评价是过程监控、激励,结果诊断等的重要手段,开展全科培养评价也是全科教师培养的重要环节,不仅要重视培养周期结束时的评价、反馈,更要重视培养过程中的过程性评价、反馈和激励。

4. 分类培养模式

分类培养模式是学生主体、目标导向和智慧教育理念的落实,是学生个性发展的需要。其目标是强化因材施教、形成个人特色。这一模式的基本流程：出台晋级晋阶方案→修订相关管理制度→开放实验实训场所→组建科研教研团队→提供专业发展资源→丰富专业系列活动→给予专业发展评价。

晋级晋阶方案是分类培养的基本依据，如师范生人才培养方案，在职教师专业发展全员晋级方案等。师范生人才培养方案中的选修课程、弹性学制、辅修专业等都是分类培养的体现。在职教师培养中的职称晋升方案、荣誉晋级方案等也是促进教师专业发展、分类培养的体现。出台科学合理的晋级晋阶方案是分类培养的前提和基础。

修订相关管理制度既是过程管理的需要，也是对学习者积极性的激励和保护，如师范生综合评价制度、学籍管理制度、本硕一体化课程教学建设和管理制度，小学教师电子档案袋、积分制、学历层次提升激励等管理制度是否具有科学性会直接影响小学教师的成长。

开放实验实训场所不仅是师范生专业成长的需要，而且对小学在职教师而言也极为重要，特别是前沿的信息技术、人工智能类实验实训场所，对在职教师更加重要。

组建科研教研团队，特别是高校学科和教育教学研究人员、小学教育专业学生和小学在职教师联合组建的科研教研和学习共同体，对小学教师的专业成长更为有利。

提供专业发展资源、丰富专业系列活动、给予专业发展评价等是促进教师专业发展的重要举措。丽水学院以培养山区乡村小学卓越教师为目标的"行知班"育人模式就是分类培养的重要体现。"行知班"的学生经过笔试和面试多次选拔，课程体系中更强调实践教学、班级活动更加丰富，同时专业和学院给予相对更丰富的资源、更多展示的机会。

5. 协同浸润模式

协同浸润模式是学生主体、三全育人、智慧教育理念的落实，是教师职业能力发展的需要。其目标是在协同创建的真实教育教学情境中，通过教育教学复杂问题解决增进才干、提升全面素养。这一模式的基本流程：制定素养提升方案→创设素养提升情境→创建素养提升基地→组建素养提升团队→开展问题解决活动→提升教师核心素养。

协同浸润模式以教师核心素养提升为目标，围绕教师岗位胜任力培养这一中心任务，以师德践行能力、教学实践能力、综合育人能力和自主发展能力为重点，通过长时间在协同创建的素养提升基地（教师发展学校）真实解决教育实践中的问题提升全面素养。

这一模式的突出特点是"全面协同、全程浸润"。全面协同体现在高校小学教育专业为主的持续创新专业、政府(教育主管部门)和小学("UGS")"三位一体"协同育人机制,以此为基础吸引教育研究机构、教师培训机构和社会慈善机构等多方加入教师培养,形成"全面协同"的氛围和机制,同时,以优质小学为基地,高校小学教育专业相关教师、小学教育专业师范生、小学教育教学研究人员和小学优秀教师等协同组建团队,设计针对小学教育实践问题的课题,在教育教学现场开展"现场实践、全程浸润"的教学活动,充分发挥各利益相关方和教师发展学校在教师人才培养中的作用,强化师范和教师实践能力培养,不断提高教师核心素养。

制定师德为先、能力为重的素养提升方案,创设学习者主体、职前职后一体培养、理论实践相互融合的教师教育人才培养情境,创建融教育教学示范、教育教学研究、教育教学体验等于一体的素养提升基地,再加上"高校专家＋政府领导(教育主管部门)＋教研部门专家＋小学优秀教师＋慈善部门人员"(UGTSF)多方协同组成的团队,开展针对问题的系统实践和研究活动,形成"全面·全程·协同·融合·浸润"的"教学做研训评"一体化应用型教师教育人才培养模式,促进师范生和教师素养全面提升。

三、山区小学教师一体化专业发展理论教学体系

教学体系是实现教学目标、完成教学任务的操作体系,教学体系需要回答"谁来教""教什么""何时教""怎样教""谁来学""如何学"等关键问题。理论教学体系是指与教师专业理念和师德养成、专业知识掌握、专业能力形成紧密相关的理论知识掌握的教学要素及其相关关系构成的系统,是实施小学教师一体专业发展理论课程体系的支撑体系。广义的理论教学体系既包括教师、学生、教学内容和教学情境等教学基本要素,又包括理论教学目标、理论教学内容、理论教学实施、理论教学评价等要素及其相互关系。狭义的理论教学体系即指理论教学实施,其核心构成要素为课堂教学。课堂教学的要素及其相互关系构成了狭义的理论教学体系。

(一)构建山区小学教师一体化专业发展理论教学体系框架

这里的小学教师一体化专业发展理论教学体系仅指狭义的理论教学体系,是指在一体化理念指导下,为实现小学教师一体化专业发展目标、落实一体化专业发展理论课程体系,对构成理论教学的各种要素,如教师、学生、学习过程和学习情境等,在时间、空间等方面所设计的相对稳定的组合方式及其活动程序的总和,其核心是课堂教学结构和教师专业发展培训结构。

山区小学教师一体化专业发展理论教学体系的基本结构包括师范生课堂教

学和在职教师专业发展培训。具体结构如图 6-3 所示。

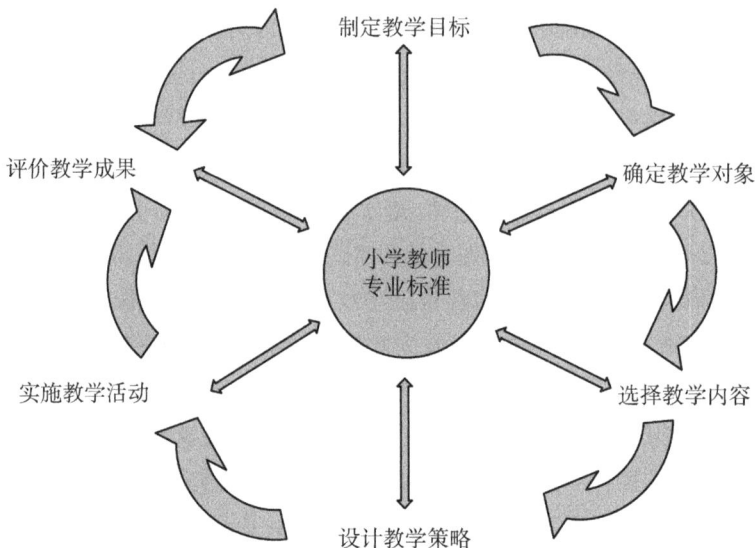

图 6-3　山区小学教师一体化专业发展理论

根据小学教师专业标准，以培养小学教师职业能力（岗位胜任力）为重点，通过课堂教学、课外活动、专题培训、论题答辩、协同研究等各种方式，持续提升小学教师理论水平。

小学教师一体化专业发展理论教学体系的纵向结构可以分为相互依存的六个步骤：

第一步，依据小学教师专业标准制订理论教学目标。依据小学教师专业标准中的"基本要求"分解出小学教师一体化专业发展的理论教学目标，并编制成不同的学科课程、专题讲座等为小学教师一体化专业发展理论教学提供依据。如师范生培养的课程体系、在职教师培训的系列专题等。

第二步，依据理论教学目标确定教学对象。根据教师发展不同阶段的任务、特征等匹配相应的理论教学内容。比如，师范生学习的理论课程、在职教师学习的学科前沿理论知识等。

第三步，依据理论教学目标和教学对象选择教学内容。课程体系或系列专题讲座中的不同内容适合不同的学习对象，不同对象实现同一目标也需要不同的学习内容，所以要根据不同的对象选择不同的教学内容。

第四步，依据理论教学对象和教学内容设计教学策略。不同的对象和教学内容需要不同的教学策略，比如，学习同样的心理学或教育学理论，师范生既没有理论储备又没有实践经验,需要系统的介绍和案例分析等,在职教师既有一定的理论基础,又具有必需的实践经验,需要更多的基于经验的研讨式前沿理论学习。同样的学习者为本、启发式教学,既可以采用讲授策略、讨论策略,又可以采用探究策略等等。

第五步,依据理论教学策略实施教学活动。以学习者为主体,充分发挥学习者的主观能动性,按照预设的策略,通过课堂教学、专题讲座、师生对话、合作探究等各种方式,切实组织学习者学习理论知识。实施教学活动过程中要注意处理好预设与生成的关系,注重因材施教。

第六步,依据理论教学目标评价教学成果。以理论教学目标为依据,对教学过程中的师生表现、教学的直接和间接成果,如学习者的理念变化、师德养成、知识掌握、兴趣发展、能力形成等情况进行全面评价,及时提供反馈,持续改进教学质量。

(二) 落实山区小学教师一体化专业发展理论教学体系要求

理论教学体系是小学教师一体化专业发展实施体系的重要组成部分,是实践教学体系的理论基础,对小学教师一体化专业发展起到理论支撑作用。理论教学体系建设要求育人为先、素养为本、主体融显、学科融合、理实融通、关系融洽、技术融合、启发诱导和创新引领。

1. 育人为先

处理好知识体系与育人价值的关系,落实课程思政。要考虑知识的系统性,更要注重知识的育人价值。重点是突出课程思政,引导教师积极探索课程中的各种真善美思政教育资源,积极推进课程思政建设,注重将思想教育与专业基本原理、学科前沿知识紧密结合、无缝衔接。

2. 素养为本

处理好知识体系与核心素养的关系,落实核心素养。要考虑知识的学理性,更要注重知识的现实价值。重点是突出核心素养,引导教师积极研究学科知识的核心价值,发挥学科知识在培养价值观、必备品格和关键能力方面的作用。

3. 主体融显

处理好学生主体与教师主导的关系,落实学为主体。要考虑教师的主导、设计,更要注重学生的主体、生成。重点是突出学生主体,以"学生的学习成效和发展成效"为导向组织、实施、评价和改革教学,关注每个学生的学习体验和成效,强化人人成才的学生观。

4. 学科融合

跨学科融合是"新文科"建设的重要目标。要引导教师突出问题导向,通过项目化学习、合作探究等方式实现跨界整合、系统思维、深度学习等。

5. 理实融通

处理好理论体系与实践体系的关系,落实知行合一。要考虑理论架构,更要注重理论在指导问题解决中的应用价值。重点是突出理论知识与实践知识的融合通达。引导教师一方面要重视将学科前沿知识及时引进吸收、融入课程教学,学科与课程紧密结合、科研成果及时转化。另一方面,要探索理论知识与实践训练同步、融通的"顺序""契机",使其贯穿学习全过程,注重"理论课程活动化,实践活动课程化",通过基于问题解决的案例教学、合作探究等方式,将理论知识融入实践,通过技能训练、实践教学等的系统、有序设计,形成技能训练、教育观察、专题调研、体验见习、综合实习、教育研习、就业性实习的进阶式实践课程体系,强化实践过程中的感知、理解、反思与研究等。

6. 关系融洽

处理好人—人、人—我、人—物等关系,落实生态发展。既要充分发挥教师主导和学生主体作用,又要重视协同教学。重点是突出教学过程的生命性、生活化。引导教师基于学生需求,实现需求导向(学生个人需求、学生发展需求)和能力导向(现有能力、能力培养要求等),建立和谐的人际关系,充分发挥课程和教学的职业道德养成(榜样示范、潜移默化)和能力培养等效用。

7. 技术融合

处理好学科体系与信息技术的关系,落实精准教学。既要注重学科体系自身特点,又要注重融合信息技术手段。重点是突出信息技术手段使用、学科体系与信息技术的全方位融合,引导教师普遍开展基于现代教育技术和人工智能的课程教学改革和创新。

8. 启发诱导

处理好掌握知识与培养能力的关系,落实智慧教育。既要重视知识体系的掌握,更要把重点放在能力培养上。重点是突出智慧的养成。引导教师落实启发式,注重将知识技能运用于问题解决,通过真实的问题解决提升解决问题的能力,形成教育智慧。

9. 创新引领

处理好规范管理与追求创新的关系,落实持续创新。既要重视教学规范,更要重视教学创新,特别是课堂教学创新。导师制、工作坊、共同体、混合教学、翻转课堂,专题式、讨论式、探究式等都是教师一体化专业发展理论教学体系的重要创新模式。

四、山区小学教师一体化专业发展实践教学体系

山区小学教师一体化专业发展实践教学体系也是实施体系的重要组成部分，是小学教师职业技能训练和职业能力培养的必需。《小学教育专业认证标准（第二级）》中明确要求"实践教学体系完整，专业实践和教育实践有机结合。教育见习、教育实习、教育研习贯通，涵盖师德体验、教学实践、班级管理实践和教研实践等，并与其他教育环节有机衔接。教育实践时间累计不少于一学期。学校集中组织教育实习，保证师范生实习期间的上课时数。"①山区小学教师在职继续教育同样离不开实践教学体系。

（一）构建山区小学教师一体化专业发展实践教学体系框架

山区小学教师一体化专业发展实践教学体系是指在一体化理念指导下，为实现小学教师一体化专业发展目标、落实一体化专业发展实践课程体系，对构成实践教学的各种要素，如教师、学生、学习过程和学习情境等，在时间、空间等方面所设计的相对稳定的组合方式及其活动程序的总和。与理论教学体系类似，实践教学体系也可以区分为广义和狭义。广义的实践教学包括实践教学目标、内容、操评价等各组成部分；狭义的实践教学体系即指小学教师技能训练和能力培养的实践教学环节。

根据教师职业胜任力导向，按照《小学教师专业标准》《小学教育专业师范生教师职业能力标准》等要求，通过教师职业技能训练、观摩性见习（教师职业体验、教育情怀培养）、教育调研、教育案例分析、教学技能训练、体艺技能实训、微格模拟上课、体验性见习、教育实习、教育研习、蹲点实训、教育教学研究等活动，培养胜任小学教育教学工作的教师，促进教师职业能力持续提升。

山区小学教师一体化专业发展实践教学体系的基本结构如图 6-4 所示：

实践教学体系以培养能力为目标，通过教育教学能力培养促进教师教育境界提升。知识、技能是能力的基础，实践教学体系基于教师基本技能和学科技能、教学技能等的技能培养，在此基础上，通过教育教学活动观摩、初步参与、模拟实践、现场实践和研训活动等实现能力培养的目标。

教育教学观察是实践能力培养的真正开始，是"认知—定向""观察—体验"的第一步。通过观察，小学教育专业师范生对担任教师所需的素质形成一个总

---

① "教育部关于印发《普通高等学校师范类专业认证实施办法（暂行）》的通知"，中华人民共和国教育部，访问日期：2024 年 1 月 1 日，http://www.moe.gov.cn/srcsite/A10/s7011/201711/t20171106_318535.html。

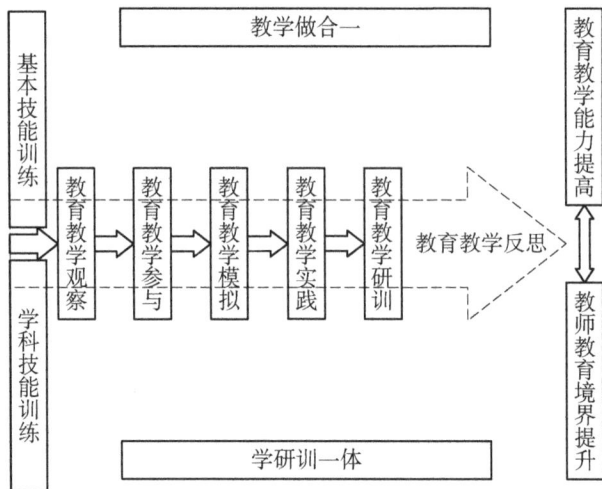

图6-4 山区小学教师一体化专业发展实践教学体系

体的印象,为实践能力的形成提供基础和前提。观察活动主要有校园教师教育文化观察和教学观摩(也叫参观性见习、同行观摩等)。

教育教学参与是指初步直接参加教育教学实践活动,是在观察的基础上为实践能力形成提供"参与—感悟""实践—训练"的一步。参与活动主要通过参与学校教师教育学术活动、教师教育专业学生社团活动、教师职业技能训练活动、专业活动课程和体验性见习等形式进行。

教育教学模拟是指在虚拟或扮演的教育教学情境中直接参与教育教学活动,是在参与的基础上为实践能力形成提供"情境—演习""模拟—训练"的一步。模拟主要通过教学设计、实验实训设计、说课、模拟上课(虚拟教学)、微格训练、创客训练等进行。

教育教学实践是指直接在真实的教育教学情境中全面开展教育教学实践活动的实践教学环节,是在模拟的基础上为实践能力培养提供"行知合一""综合训练"的关键一步。教育教学实践主要通过志愿者活动、暑期社会实践、"双导师制"、教育实习、教育研习和教育教学研究活动等形式进行。这些实践活动贯穿师范生整个大学生涯,也与小学教师专业发展紧密结合。

教育教学研训是指小学教师(包括师范生)通过教育教学研究活动,教师专业发展培训中的新技术培训(如信息技术、教学网络平台等)、课堂观察、名师示范等实践能力培养活动,离岗蹲点实践等途径促进教师职业能力持续提升。

教育教学反思是指以自己的实践活动作为思考对象的实践活动,包括自我认识、自我检查、认真思考、回溯总结、及时反馈等,教育教学反思贯穿整个实践教学过程中的每一环节,虽然本身不是一个独立的实践步骤,但却是各个实践环节的重要组成部分,同时还在各个实践训练步骤间起着承上启下的作用,是确保实践教学效果的重要环节。①

"教学做合一""学研训一体"是山区小学教师一体化专业发展实践体系的重要特征,是指导实践教学体系构建和实施的基本理念。

(二)落实山区小学教师一体化专业发展实践教学体系要求

支撑小学教师一体化专业发展目标体系,结合小学教师一体化专业发展实践教学体系结构,需要构建"要求全面、落实全程、依托全体"的"贯穿式、融入式、浸润式、螺旋式、协同式"(简称"三全五式")山区小学教师一体化专业发展新实践教学体系。其中,"三全"是实践教学体系的基本要求,"五式"是实践教学体系的落实落地举措。其具体要求如下:

1. 全面性

是指应根据小学教师专业发展需要、全面要求进行实践教学。具体而言,实践教学目标应从"应用理论"转向"解决问题"。实践教学不能仅停留于理论知识的应用和理论的验证,而应使学生在解决具体的教育问题过程中学习理论、深化理论知识,学会科学、有效地解决教育实践问题;实践教学内容应从"技能训练、能力培养"转向"育人导向、全面发展"。实践教学内容不能仅满足于技能训练和能力培养,还应根据全面提升小学教师综合素养,促进小学教师全面发展的要求,筛选既能开展技能训练和能力培养,又能促进师德养成、综合素质提高的内容,通过以赛促训、赛训结合等方式,促进教师专业持续成长。

2. 全程性

是指实践教学应渗透教师专业成长全过程。具体而言,实践教学时间应从"分段集中"转向"全程渗透"。不管是师范生的见习、实习,还是在职教师的蹲点实践等,都只是专业发展学习过程中的一个环节、集中于某一阶段,这样的"分段集中"容易导致理论与实践脱节。理想的状态应该是"全程渗透",理论与实践融合,如陶行知先生所倡导和实践的"教学做合一"的理论最初是应用在培养师资上面的。"我们主张培养小学教师要在小学里做,在小学里学,小学里教。这小学是培养小学教师的中心,也就是师范学校的中心,不是他的附属品,故不称他为附属小学而称他为中心小学。"②实践教学方式应从"先知后行、见习实习"转向"理实互嵌、全面融入"。特别是现代教育技术广泛应用的今天,更应注重通过

① 叶晓霓. OPSPR:一种实践教学策略[J]. 生活教育,2021(18):57-60.
② 陶行知. 晓庄三岁敬告同志书[M]//陶行知全集. 成都:四川教育出版社,1991.

信息技术手段实现"理实互嵌、全面融入"。同时，实践教学历程应从"职前培养"转向"终身发展"。实践教学必须渗透到教师专业发展全过程，在职教师同样需要通过"教研并进""蹲点实践"等方式培养能力、提升素养。

3. 全体性

是指各相关方全员参与实践教学。具体而言，实践教学管理应从"指导教师、实践基地"转向"全体师生、多方参与"。实践教学管理不仅是实践指导教师和实践基地的事情，教育主管部门、社会相关组织、学生家长、教师家庭成员等都应相互配合、积极参与；实践教学评价应从"单一结果"转向"过程表现"。实践教学更应偏重实践者平时的表现，参与各方共同参与制订表现评价的评价量规，实践者在实践前就明确知道自己的实践所应取得的成果，开展即时评价和自我评价，并及时反馈实践教学情况，以取得更好的成效。

4. 贯穿式

即实践教学贯穿教师专业发展全过程，是实践教学的纵向序列。实践教学不是某一学习、发展阶段的事，而是贯穿专业发展全过程，要求专业发展全过程"知行合一"，通过解决问题的真实实践培养教师职业能力，提升教师全面素养。

5. 融入式

即实践教学融入课程、融入活动等，要求全面融入。如通过师德课程体验、课程思政、暑期社会实践、志愿者活动、担任特殊学校辅导员、学生活动等社会实践，将责任心、爱心培养融入德育实践、师德养成；通过课程实践、实践教学环节、短学期活动、"行知杯"系列活动等将教育教学、班级管理、教育科研等能力培养融入智育（专业）实践，养成专业理念、培养专业能力；通过体艺课程、实践周活动、社团活动等将兴趣爱好、个性特长培养等融入体美（体艺）实践；通过创新创业教育、劳动周、义务劳动等将创新精神、实践能力培养融入劳动实践，提升全面素养。"融入式"强调的是理论与实践互嵌、行知合一，改变传统师范生培养前三年理论，后一年实践，教师培训只有理论缺乏实践的做法，真正将能力培养放在教师专业发展的核心地位。

6. 浸润式

即要求实践教学虚拟与现实结合，采用现场浸润的方式促进者职业能力提升。特别是在现代教育技术蓬勃发展、广泛应用于教育教学的今天，更应推动信息技术与教师教育的有机融合，推进实践教学的创新改革，实行"线上线下混合、虚拟现实结合"的能力培养模式，充分借助人工智能、未来媒体和现实场景的育人功效，提高育人效果。如，"小学教育本科专业在学生实践教学过程中，积极融入'乡村情怀'元素。利用暑期社会实践项目平台，开展面向乡村建设的系列社会实践活动。借助大学生创新创业平台,开展'乡村情怀'取向的大学生创业项目实践。"①

7. 螺旋式

即指实践教学既要分类安排,又要环环相扣,螺旋上升。教师基本技能训练如"三字一话"、现代教育技术、教育研究等技能,学科基本技能训练如语文的说写、数学的解题、科学的实验等,往往是教育教学能力培养的基础,需要提前、持续、强化训练。教育教学能力培养又需要通过观察、参与、模拟、实践和研究等不断提升,不同的实践教学活动对应不同的能力培养目标,需要有序安排、螺旋上升,既建立在原有基础上,又有新的目标任务,如教学设计、模拟上课、教学研究等既要有教师基本技能和学科基本技能基础,又高于单纯的技能训练,是综合能力的表现,需要在基本技能训练取得一定水平后安排。

8. 协同式

即指实践教学需要多方协同,无论是实践教学的实施、评价,还是管理,都需要各利益相关方的协同,特别是政府主管部门、高校、小学的"三位一体"协同育人,还有其他主体如培训机构、社区等的全程支持与帮助。师范生需要走进小学、走近小学生、走进真实教育情境;小学教师需要走进高校、走近师范生、与师范生组建成长共同体,需要承担指导师范生实践的任务,在实践指导中提高自己的实践能力,提升自己的理论水平;高校和教师培训机构的教师教育课程教师需要深入小学、指导小学教育教学改革、与小学教师组建专业发展共同体;同时,实践教学的实施、评价和管理等还需要得到教育主管部门、小学的帮助、指导和监管等。

五、山区小学教师一体化专业发展活动体系

活动是掌握知识、增进能力、养成品德等的重要手段,教师专业发展目标的实现离不开活动的普遍开展。不管是培养师范生的高校还是教师所在的学校往往都会有较多的活动,但并不是所有的活动都与专业发展目标有关,有些活动甚至与目标相背,影响目标的实现,所以需要系统的设计。山区小学教师因其所处的地域、具有的条件等相对较差,更需要有效地自主活动体系支撑。

(一) 构建山区小学教师一体化专业发展活动体系框架

山区小学教师一体化专业发展活动体系中的活动是指在教学计划或专业发

① 李光,姚炎昕,夏小林.产出导向视域下小学教育本科专业人才培养特色的探索与反思[J].湖北第二师范学院学报,2021(4):8.

展培训计划之外,学生或在职教师所参与的各种活动。这些活动可以是学生管理部门或在职教师所在学校及相关部门等组织的活动,也可以是学生或在职教师自行组织或自主参与的活动。活动体系则是指各种类型活动依据教师专业发展目标、针对教师专业发展的需要有序组织和开展的活动序列。

不同类型的活动因其目的、内容和活动方式等的不同,其对教师专业发展的意义也不同,依据山区小学教师专业发展目标,针对教师不同发展阶段所面临的不同问题和不同需求,有序组织和开展各种类型活动是发挥活动课程功效必须遵循的原则。

山区小学教师一体化专业发展活动体系的运行可以参考图6-5框架:

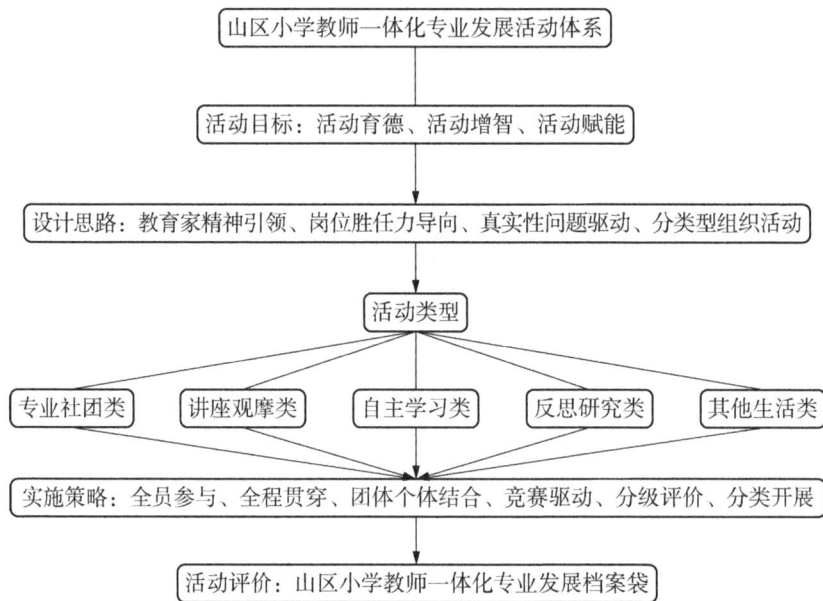

图6-5 山区小学教师一体化专业发展活动体系实施框架

山区小学教师一体化专业发展活动体系实施框架包括活动目标、设计思路、活动类型、实施策略和活动评价等内容。活动目标要根据师范生培养标准、教师专业标准和教师晋升晋级标准等制订,重点考虑教师的教育理念与职业道德、学科知识、教育知识、教育和发展能力等;设计思路要充分考虑教师专业发展的目标、经济社会发展对教师的要求,以岗位胜任力为导向选择合适的活动内容和形式等,以师范生和在职教师面临的具体问题解决为重点,激发他们在解决问题的活动中体验、感悟,不断提高全面素养;要根据不同的活动类型设计不同的活动方案,以提高活动参与度和效率等;具体实施时要根据活动目标、活动类型等确定相应的实施策略,根据不同的活动类型提出不同的要求,采取不同的活动策略;每一项活动都要有活动效果的评价,纳入教师专业发展序列的重要活动成果要用过程性表现或获奖情况等记入个人的成长档案,以更有效地发挥活动的育人价值。

(二)落实山区小学教师一体化专业发展活动体系要求

落实活动体系是实现山区小学教师一体化专业发展目标的重要举措,是提高教师素养必不可少的途径。落实活动体系要符合下列要求:

1. 全面性与针对性

活动要依据小学教师一体化专业发展目的进行全面设计,活动目标全覆盖、活动类型全包含,在此基础上针对教师不同发展阶段、不同教师的不同需求和兴趣等有重点地设计活动目标和内容,实施不同的活动。丽水学院在小学教育专业师范生培养中依据师范生培养目标、结合教师教育"行知文化"设计了"行知杯"系列活动,包括"走在行知路上"新生演讲比赛、"我的教育梦"主题征文比赛、行知书院"行知长廊"黑板报大赛、教室美化大赛、教师口语大赛、教师形象大赛、十佳歌手比赛、行知运动会等,同时还组织了行知书友会、行知合唱团、行知书画社等活动。"行知杯"系列活动旨在促进师范生明确教师定位,提高为师素养,形成健康教育观、教师观,树立理想教师形象。经逐年优化,"行知"系列品牌活动成了学校教师教育的独特风景,众多学生从"行知杯"系列活动的历练中走上了国家级、省级的竞赛场,并取得了优秀成绩;在小学教师专业发展培训活动中,特别是在较长学时培训设计中体现出活动的全面性与针对性,在"绿谷双名工程"名师培养活动中,针对在职教师往往缺乏系统的理论前沿学习机会和规范的教育教学研究意识等问题,设计了"七个一活动":一人一规划(生涯规划)、一周一文献、一月一著作、一人一课题(市级及以上)、一人一论文、一人双导师(理论导师、实践导师)、一人一基地(实践基地)。通过三年的培养,绝大多数教师都体会到这些活动给他们的专业发展带来了极大的助益。

2. 全员性与选择性

教师专业发展的活动既要面向全体,又要具有可选择性,既要有统一要求,又要充分考虑个性差异,避免一刀切和随意性等现象。上述的"行知杯"系列活动就既有面向全体学生的,又有自主报名的,既有团队参与的又有个人参加的。"七个一活动"设计和实施同样也是对每个培养对象提出同样的要求,但因为学科、学段、面临的问题等的差异,阅读的文献、申报的课题等都因人而异,给予充分的选择权。

3. 全程性与有序性

教师专业发展的活动伴随教师生涯发展全过程,在不同的阶段可以有不同的活动,但许多活动会持续出现。无论是师范生还是在职小学教师都会被安排或自主参加各种类型的活动,其中有些活动与专业发展目标毫不相关,甚至会干扰或影响专业发展目标的实现,而且有许多活动会相互冲突,让人难以兼顾。依据教师生涯发展规划、有序安排小学教师一体化专业发展的各项主要活动,才能更有效地促进教师专业发展。

4. 专业性与丰富性

教师是从事教育事业的专业人才,教师专业发展需要专业的活动,培养和培训部门安排的也多以专业活动为主,这是符合教师专业发展规律的。但教师也是普普通通的社会一分子,教师也需要与社会各行业的人接触、交往,特别是教师交流较多的家长更是各行各业的从业者都有可能。山区小学教师培养和培训更应考虑山区小学的现实需求,尽可能多地安排与山区生活相关、促进培养对象了解、热爱山区生活的活动,丽水学院小学教育专业的学生每年暑期社会实践活动都组织学生到山区乡村小学支教、宣传党的农村发展政策、普及科学生活知识等,通过专业的、丰富多彩的活动,培养学生山区教育情怀。

5. 自主性与趣味性

师范生和教师的自主参与是活动育人效用充分发挥的前提。不管是师范生还是教师在选择活动时往往离不开兴趣,教育性与娱乐性完美结合才会真正产生极大的吸引力。丽水学院小学教育专业以目标引导、榜样示范、同伴互促、过程吸引、成果激励等多种手段激发学生参与各项活动的积极性,让学生在活动中获得全面发展。实践证明,活动的趣味性是吸引学生参加活动并取得成就的重要因素。

第七章

山区小学教师一体化专业发展支持服务体系

　　山区小学教师一体化专业发展需要完善的支持服务体系。《教育部　财政部关于改革实施中小学幼儿园教师国家级培训计划的通知》（教师〔2015〕10号）强调："有效利用高等学校优质资源，充分整合县域资源，建立高等学校、县级教师发展中心、片区研修中心、校本研修四位一体的教师专业发展支持服务体系。"①教育部等八部门联合印发的《新时代基础教育强师计划》的目标任务中指出："完善部属师范大学示范、地方师范院校为主体的农村教师培养支持服务体系，为中西部欠发达地区定向培养一批优秀中小学教师。"②这些文件从培养、培训机构方面强调建立教师专业发展支持服务体系。《小学教育专业认证标准（第二级）》强调："建立师范生指导与服务体系，加强思想政治教育，能够适时为师范生提供生活指导、学习指导、职业生涯指导、就业创业指导、心理健康指导等，满足师范生成长需求。"这里的指导与服务体系指的则是高校内的学习、生活、职业生涯等全面的指导与服务。

一、山区小学教师一体化专业发展支持服务体系内涵界定

　　山区小学教师一体化专业发展支持服务体系是指支持、服务山区小学教师终身可持续专业发展的各种设施、资源和条件等的总和。支持服务体系既包括学习、工作、生活和发展等内容要素及其相互关系，又包括人、财、物、时间和空间

---

① "教育部　财政部关于改革实施中小学幼儿园教师国家级培训计划的通知"，中华人民共和国教育部，访问日期：2024年1月1日，http://www.moe.gov.cn/srcsite/A10/s7034/201509/t20150906_205502.html? from=groupmessage&isappinstalled=0。

② "教育部等八部门关于印发《新时代基础教育强师计划》的通知"，中华人民共和国教育部，访问日期：2024年1月1日，http://www.moe.gov.cn/srcsite/A10/s7034/202204/t20220413_616644.html。

等条件要素及其相互关系，同时，还包括组织、制度等管理要素及其相互关系。而且，条件要素、内容要素和管理要素之间又是相互关联、相互作用的，它们共同支持、服务教师专业发展，共同构成小学教师一体化专业发展支持服务体系。

围绕小学教师一体化专业发展目标，充分运用现代教育技术手段和互联环境，结合高校、教育研究和管理部门、教育培训机构和小学，共同构建全程、全方位的专业发展支持服务体系，从内容、条件和管理各方面支持、服务和保障小学教师一体化专业发展。

学习支持服务的概念最早由英国开放大学远程教育学专家大卫·西沃特（David Sewart）提出，认为远程教育系统保证教学质量的关键是持续性的关注，不仅要为学员提供合适的学习资料和资源，还要像在校学生一样给予其归属感和面对面交流的亲切感。① 大卫·西沃特是"持续关注理论"的倡导者和实践家。大卫·西沃特强调对学生的持续关注是保证远程教育系统教学质量的关键，学生并不是天生就具备自主学习的能力，这种能力需要教师和院校的双重配合关注才能逐步培养起来。因此，学习支持服务的提供要保证能够让学习者充分感受到被关注和受重视，避免因遇到一些困难导致学习效果减弱现象的出现。② 西沃特强调学习支持服务重在对学习者的关注、学习资料和资源的提供，其目的在通过长时间的关注促进学习者形成自主学习能力。这一理论同样适用于小学教师专业学生的支持服务。对小学教师专业学生的关注，根据小学教师发展阶段为其有针对性地提供学习资料和资源，促进教师不断形成自主学习愿望和能力，是小学教师一体化专业发展支持服务体系的基本组成部分，为小学教师一体化专业发展奠定基础。

工作支持服务是指为教师顺利开展教育教学工作提供的各类支持与服务活动，包括明晰工作目标，熟悉工作对象、内容和基本环节，明确工作效果及其评价等。教师的专业成长与工作紧密联系，通常在工作中进行。钟启泉老师就明确指出"教师的专业发展如果不同课堂改革的实践紧紧挂起钩来，其所谓的专业发展是不靠谱的"。③ 对教师工作的支持就是对其专业发展的支持，反之亦然。

生活支持服务是指为保障教师日常正常生活需求提供的各类支持与服务活动，包括文体、医疗、旅游娱乐、子女教育和其他日常生活服务等。教师专业发展是教师生活的重要组成部分，为教师生活提供支持服务才能真正促进教师专业

① 洪亚楠，陈艳.区域教师远程继续教育学习支持服务体系的构建[J].广州广播电视大学学报，2018,18(6)：25.
② 杨改学，俞树煜.远程教育[M].北京：高等教育出版社，2012.
③ 钟启泉.教师研修：新格局与新挑战[J].教育发展研究，2013(12)：20-25.

发展。"教师的学习与他们的日常工作无法分开,他们平时的问题解决过程就是专业学习的一部分。教育行政部门应该更多地鼓励并投资教师的校本专业学习。"①

小学教师一体化专业发展的内容要落实落地,有赖于条件要素与管理要素建设,学习支持服务、工作支持服务和生活支持服务等都离不开师资队伍(包括培训师资、管理干部等)、设施设备(特别是信息化设施设备)和环境条件等的创设和改善。

二、山区小学教师一体化专业发展师资队伍建设

师资队伍是山区小学教师一体化专业发展支持服务体系条件要素中"人"的要素,是唯一具有能动性的要素,因此,师资队伍建设是支持服务体系建设中的最根本环节。

(一) 师资队伍的理想结构

山区小学教师一体化专业发展师资队伍的理想结构是能够根据山区小学教师一体化专业发展的需要全面提供理论研究、实践探索与专业发展等的全程支持,师资的人员结构、智能结构和职责结构等都能符合山区小学教师专业发展的需要。

1. 人员结构

山区小学教师一体化专业发展师资队伍至少包括教育教学研究人员、高校教师教育学科教师和学科前沿研究专家、教育行政管理人员、教育培训机构管理和教学专家、小学优秀教师等。由这些人员协同构成的师资队伍才能满足教师专业发展的需要。

2. 智能结构

山区小学教师一体化专业发展师资队伍的智能结构应该是师德与情怀崇高、理论与实践融合、知识与能力并重、教学与管理并行。既具有为党育人、为国育才的初心,热爱教育事业、关心教师专业发展的崇高师德,又具备丰富的学科知识和较强的学习、研究意识和能力,坚持终身发展、自主发展。

3. 职责结构

山区小学教师一体化专业发展师资队伍需要承担育人、研究、管理等多种职责。师资队伍中应该既有管理人员,又有教学和研究人员,而最大量的师资应该是集教学、研究和管理于一身的人员,他们与其他教师的区别在于他们是教师的

① 陈向明. 优秀教师在教学中的思维和行动特征探究[J]. 教育研究,2014(5):128-138.

教师,他们的育人责任更重,所以更需要有正确的教育理念和崇高的师德修养,更需要终身学习、可持续发展。

把区域基础教育学校教师(干部)培训中心设立在有教师培养和培训能力的高校,由教育行政部门和高校协同开展教师教育工作,是实施教师一体化培养的成功经验。这样的机构设置便于职前培养和职后继续教育一体化、外引和内培相结合,组织更多教师教育课程专业教师、一线小学优秀教师等参与小学教育专业人才培养和小学教师继续教育工作;便于依托高校学科平台,协同地方教育行政主管部门、中小学校和教科研机构,立足区域教师专业发展需要建立基础教育学校教师教育师资协作平台、协同建立教师发展学校平台,全面支持、服务小学教师一体化专业发展。

(二)师资队伍的基本特征

根据山区小学教师一体化专业发展师资队伍理想结构,这支队伍的基本特征应该是"情怀为重、教研一体"的"师德高尚、学术渊博、业务精湛、潜心育人、重视钻研"的一流师资队伍。

1. 师德高尚

坚持把师德师风作为教师评价第一标准,要求每一位教师都应具备崇高的师德,即践行师德规范、具有教育情怀。每位教师都应自觉践行高校教师职业道德,以"爱国守法、敬业爱生、教书育人、严谨治学、服务社会、为人师表"为己任,关注基础教育创新改革、关心小学教师专业发展。

2. 学术渊博

教师应该是德才兼备的人,知识、学术水平往往是教师德才的认知基础,缺乏知识和学术水平低就难以判断是非,更无法引领教师专业发展。培养教师的教师更应该有渊博的知识、良好的知识结构,对学术前沿、学术研究等感兴趣,始终不落后于学科发展水平。

3. 业务精湛

业务能力是教师的立身之本,教师的教师更应有精湛的业务能力。践行师德能力、教学实践能力、综合育人能力和自主发展能力是每位教师都必备的能力。教师的教师不仅要精通学科教学和组织管理业务,更应具有教师专业发展规划设计、研究和引领能力。

4. 潜心育人

教育的本质特征是育人、促进人的发展。教师专业发展支持与帮助的重点依然是育人和育人能力培养。小学教师专业一体化发展的师资更应看淡功利、潜心育人,享受育人的幸福。

5. 重视钻研

师德修养水平提升、学术渊博、业务精湛等都离不开创新实践和深入研究。钻研精神、研究能力既是对现代教师的普遍要求，更是对教师的必然要求。作为培养教师的教师，必须把学科和教育教学研究作为自己生活的常态，持之以恒地开展探索工作。

（三）师资队伍的建设重点

山区小学教师一体化专业发展师资队伍建设应突出六个重点。

1. 不断优化队伍结构

教师培养和培训机构都要用好用足国家有关教师队伍建设的各种政策，内部培养与外部引进并重、刚性引进与柔性引进结合，持续培养、引进高水平教师队伍，包括理论教学和研究师资、实践教学和研究师资、优秀兼职教师队伍、精干教学管理队伍、专业学生工作队伍等，不断优化师资队伍人员和智能结构。

2. 不断提升师德境界

教师的师德修养、教育理念等直接影响学生的成长，师德境界提升是教师素养提升的根本。随着师德境界的提升，教师对教育事业、教育对象、教育问题等的认识和情感水平都将全面提升。特别是对教育事业和教育对象的热爱会激发教师专业发展的热情，同时也会影响、带动周围其他教师的发展。"创新师德教育方式，通过榜样引领、情景体验、实践教育、师生互动等形式，激发教师涵养师德的内生动力。将师德师风建设贯穿教师管理全过程，在资格认定、教师招聘、职称评审、岗位聘用、年度考核、推优评先、表彰奖励等工作中严格落实师德师风第一标准。"[①]支持教师专业发展的教师更要重视师德建设，提高师德境界。

3. 不断提高执教水平

执教水平是教师基本素养，是教师最基本的业务能力。小学教师一体化专业发展师资队伍建设要通过制度修订、协同管理等完善教师业务能力提升管理机制，着重培养教师立德树人能力，引导教师根据小学教师专业发展阶段目标设计课程教学，注重课程思政，立足课堂教学，努力吸收学科和教育前沿知识，不断提高教育教学艺术水平和管理能力，实现课程育人、教育教学一体化，为教育对象树立从教示范。

---

① "教育部等八部门关于印发《新时代基础教育强师计划》的通知"，中华人民共和国教育部，访问日期：2024 年 1 月 1 日，http://www.moe.gov.cn/srcsite/A10/s7034/202204/t20220413_616644.html。

4. 不断增强研究能力

研究能力也是教师必备的能力，"教研一体"是对现代教师的基本要求。小学教师一体化专业发展师资必须借助学科研究平台、专业建设平台和教师发展学校平台等，着力开展"问题导向"的基础教育、乡村教育、师范生品质及其培养、小学教师专业成长等研究，通过研究解决实际教育教学问题，同时提升科研能力和科研成果转化能力，提高对小学教师专业发展的指导和引领能力。

5. 不断完善团队建设

小学教师专业发展需要协同，支持与服务小学教师专业发展的师资队伍建设同样需要协同。团队建设不仅是教师专业发展的需要，也是解决实际教育问题的需要。教学团队、科研团队，甚至是兴趣活动小组等的建设都会促进教师专业发展。如名师（教授、博士）工作室、基层教学组织等的常态化、规范化、深度化教育教学观摩与研究活动等是促进教师团队协同的常用方法。完善团队建设需要管理制度的优化，如评价、激励等制度的制订与完善；需要"项目组织"活动的引导，如通过基础教育服务项目、基础教育和教师专业发展等教科研项目，提高研究能力，推进团队建设。

6. 不断强化实践能力

教师是应用型人才，教育教学和实践研究等能力是教师的基本能力。支持与服务小学教师专业发展的师资不仅需要高超的组织管理能力，而且更加需要教育教学实践能力。教师需要有突出的教学实践能力，能在学校、区域常态化开展"示范课""公开课""研究课"等实践活动，能够深入开展"听课—评课—研课"一体化活动，能够带动全员参与打造"金课"活动等。拥有强劲的实践能力的教师才能更好地激发学习者的活力，提升学习者的实践能力。承担课程教学、专题讲座任务，主持和参与教科研项目，经常性深入小学挂职实践锻炼、与小学教师合作研究等是强化教师实践能力的常用方法。

三、山区小学教师一体化专业发展的设施设备支持

设施设备是山区小学教师一体化专业发展的重要条件，特别是能现代化设施设备的支持将为教师专业发展奠定良好的物质基础。如智慧校园建设、数字教室（实验室）建设、网络教学平台引进、数字化管理与服务平台建设等都将极大地促进教师专业发展。《中国教育现代化 2035》中明确要求："建设智能化校园，统筹建设一体化智能化教学、管理与服务平台。利用现代技术加快推动人才培

养模式改革,实现规模化教育与个性化培养的有机结合。"①设施设备支持中,智能化(数字化)设施设备应该成为支持的重点。

(一) 正确认识设施设备支持

山区小学教师一体化专业发展支持体系中的设施设备支持是指为小学教师一体化专业发展提供充足、先进的设施设备,同时要强化设施设备管理、维护与开放共享,为教师专业发展提供针对性服务。

首先,要有相对充足、先进的设施设备。比如小学教育专业的实验实训设施设备应能满足小学教育专业师范生教师职业技能训练和能力培养的需要,特别是能帮助师范生掌握现代教育技术的信息化设施设备,至少不能落后于小学。承担小学教师在职继续教育任务的培训机构,如县级教师进修学校等也应该配备基本的设施设备,以满足教师继续教育的需要。

其次,要有专人负责设施设备的管理与维护。有了设施设备、高级的实验室、实训室后,若设施设备经常出现问题,没有专业人员管理与维护,设备就很难真正发挥其作用。

再次,要有面向师范生和在职教师开放共享的制度。许多高校拥有先进的实验室、实训中心等,但经常不开放,学生使用极为不便,无法发挥先进设施设备的作用,也就无法支持专业发展。

(二) 努力达成设施设备基本要求

针对山区小学教师一体化专业发展和教育现代化的需要,设施设备支持应该达到"协同共建、开放共享"的"数字设施、开放共享、智慧管理、学研一体、校地协同"的一流支持条件。

1. 优化信息化设施

小学教师一体化专业发展设施设备支持除了传统的"三字一话"等教师基本技能训练、教学设计实训和微格训练设施设备外,更应重点增加、优化信息化和教育教学问题解决、研究等的设施设备。如数字化的科学探究实验室、安全教育实验室、创客教育实验室、教育教学研究实验室,线上线下混合式课程开发实训室、STEAM课程开发实训室、PBL实训室、人工智能与未来教育实训室、网络教学平台实训室等,为小学教师专业发展提供信息化支持,促进小学教师熟练掌握信息技术与课程融合的本领。

---

① "中共中央、国务院印发《中国教育现代化 2035》",中华人民共和国教育部,访问日期:2024 年 1 月 1 日,http://www.moe.gov.cn/jyb_xwfb/s6052/moe_838/201902/t20190223_370857.html。

2. 强化开放化共享

设施设备的关键在于使用，无论是高校还是小学的实验室、实训中心等，其设施设备功效的发挥都需要开放共享，只有形成师范生可以使用小学设施设备、小学教师可以使用高校教师教育设施设备的开放共享局面，一体化专业发展的支持体系才能完善。如省级教师教育创新实验区、省示范性教师发展学校、特级教师流动工作站、智慧教室、未来智慧教育示范实训中心等，都应通过完善制度强化校内外开放共享，优化小学教师一体化专业发展的条件。

3. 实施智慧化管理

设施设备开放共享的实现离不开智慧化管理。智慧化管理即充分运用管理智慧和数字化手段，对管理对象进行科学管理，是科学化管理、标准化管理、协同化管理、智能化管理等的统称。设施设备的智慧化管理至少包括科学标记（什么名称、什么功能、怎么操作、容易出现什么问题）、明确职责（谁来管、怎么管、管到什么程度）和智能操作（借助人工智能、互联网等手段对管理对象、管理制度等进行整合、统筹和数据处理，以提高管理效能）等内容。

4. 着力学研训一体

小学教师一体化专业发展设施设备支持要着眼于职前职后一体化或者说"学研训一体化"，学即指师范生的知识学习、技能训练、能力培养和品德形成，研即指高校教师、师范生和小学教师的教育教学科研，训即指小学一线教师的专业发展培训。设施设备购置与更新不仅要满足师范生培养，而且要着眼小学教师专业发展，注重实践教学课程的连续化、融合化，凸显五育并举、学科课程纵横连贯、学科课程与生活的联系等；注重学生发展预期化，即在校学习和毕业后学生的职业发展规划。

5. 实现校地校协同

设施设备的开放共享、学研训一体等都有赖于协同，重点是校地校协同，协同建设、协同管理、协同使用。校地校协同即高校、地方政府管理部门和小学的协同。比如，省教育厅可以将部分经费投入示范性教师发展学校，改善教师发展学校的办学设施设备，既有利于小学教师的教学和教研，又有利于师范生实践教学和高校教师教科研。市（县）教育局可以把部分经费投入高校，改善教师教育设施设备，为职前职后一体化培养提供更好的设施设备支持。

四、山区小学教师一体化专业发展的环境条件创设

山区小学教师一体化专业发展环境条件是指除师资条件、设施设备以外，影响、支持和服务小学教师专业发展的主客观条件。

（一）正确理解环境条件及其价值

环境是指存在于人的周围、直接或间接影响人的身心发展的各种内外因素的总和，一般分为自然环境和社会环境。自然环境是指客观存在的各种自然因素的影响。社会环境是指人所创造的物质的和非物质的成果。

对人的身心发展起主要影响的是社会环境，包括人际关系、社会风俗、文化艺术、语言文字、教育法律等。社会环境在学校中主要表现为同学关系、同事关系、师生关系、学风、校风等。在家庭中则主要表现为亲子关系、学习氛围、教育理念等。

山区小学教师一体化专业发展环境条件既包括自然环境也包括社会环境，而起决定作用的则是社会环境，主要是学习环境、研究环境和培训环境等，既指小学教育专业师范生的环境条件，又指山区小学在职教师的环境条件。学习环境指影响小学教师学习的各种因素，包括学习的氛围、学习的条件（物质条件如学习空间、学习工具，学习资源如图书资料、网络资源等）、学习的组织、学习的管理、学习的评价与激励等；研究环境是指为开展教育教学研究创设的各种条件，包括研究氛围、研究平台、研究团队、研究项目、研究引领、研究管理制度等；培训环境是指促进教师继续教育的各种因素，包括培训组织、培训管理制度、培训运行机制、工学关系等。

重视环境条件才能真正促进教师专业发展，确保教师潜心育人。山区小学教师一体化专业发展环境条件的优化需要政府、社会、学校和教师自身的共同努力。

（二）全面优化山区小学教师一体化专业发展环境条件

山区小学教师一体化专业发展环境条件优化，包括物质条件改善和社会环境优化。物质条件改善和优化特别需要政府和社会的重视，现在国家对教师的专业发展和工作环境条件的改善已经高度重视，如教育部等八部门联合印发的《新时代基础教育强师计划》就强调："加强乡村教师周转宿舍建设，支持地方完善住房保障体系，加大保障性住房供应力度，解决教师队伍住房困难问题。"[1]物质条件近几年得到很大改善，因此，现在的山区小学教师一体化专业发展环境条件优化要更加重视社会环境的优化。

1. 全面优化学习环境

教师必须是终身学习者，家庭、学校和社会的学习环境必然影响教师的学

---

[1] "教育部等八部门关于印发《新时代基础教育强师计划》的通知"，中华人民共和国教育部，访问日期：2024 年 1 月 1 日，http://www.moe.gov.cn/srcsite/A10/s7034/202204/t20220413_616644.html。

习。建设学习型社会，营造浓厚的学习氛围，有助于教师的学习。当然，教师本人就应该是学习型社会创建的积极的组织者、引领者和直接参与者。学习环境优化一方面需要激发学习者自身的主观能动性，通过学习意义的理解、学习榜样的树立、学习兴趣的培养、学习方法的掌握和学习成功的激励等，明晰学习与发展目标，培养学习者自主学习的意识和能力；另一方面需要创造学习空间，提供学习时间和学习资源等，通过学校、社会和家庭的共同努力，为师范生和在职教师提供更多、更好的学习引导，如提供图书文献目录、开展学习交流、适当减轻工作负荷等，给学习者提供持续学习的机会，学习者才有可能学；此外，还应建立学习评价和奖励等制度，如阅读制度、交流制度、竞赛制度等，引导、促使学习者必须学。小学教师专业发展的关键是教师自身的努力与方法，小学教师一体化专业发展学习环境优化的主体也在教师本人，每位小学教育专业师范生和小学在职教师是否形成终身学习意识，把学习作为自己生活的重要组成部分，是否掌握学习方法，形成学习能力，是否愿意把部分精力投入学习，都是学习环境优化的关键。缺乏主体的积极参与，再好的环境条件也于事无补。

2. 着力营造教研环境

教研是教师专业发展的重要途径，教研环境是教师专业成长社会环境的重要组成部分。成长比较快、成绩比较明显的教师一般都既注重教育教学能力的提升，又注重教育教学研究能力的提升，而且这二者又是紧密相连、相互促进的。营造教研环境最需要的是教研平台、教研团队，而这又需要教研项目，教研项目，特别是教育教学现实问题导向、高级别的如省级、国家级各类教育教学研究项目，不仅可以为师范生和老师搭建教研平台，而且能聚集团队，形成浓厚的研究氛围。小学教师培养、培训机构和小学等都要有各级教研项目，特别是小学，不仅要有高级别的研究项目，而且要有惠及全校教师的基础级别的项目，如县级研究项目，规模稍大的学校应设计针对学校教育教学问题的校级项目，鼓励更多教师投入精力做好问题导向的研究工作，通过研究解决现实问题，同时提升教育教学能力和境界。研究团队在研究的设计与实践中才能真正形成，项目推进是团队建设的重要举措。教科研管理制度也只有在研究中才能不断完善。如一般学校都有的教研室这一研究性组织，只有开展项目研究，明确主题和研究目标、有切实的研究问题，并注重过程管理和评价，才能在教育教学研究中发挥作用。教研环境只有通过教研实践活动才能营造。

3. 持续改善培训环境

随着国家和省级教育主管部门对教师培养和培训工作的日益重视，教师培训环境越来越好。但基层教师培训机会不均等、培训缺乏针对性、教师培训积极性不高等现象还比较普遍,教师的培训效果有待进一步提高、培训环境有待持续改善。特别是山区小学教师往往培训机会不多、层次不高、效果不好。持续改善培训环境最需要的是科学、艺术的教师培训顶层设计,要把教师培训设计与教师的晋级晋升渠道紧密结合,让教师清晰地看到"要取得什么样的成果需要参加什么样的培训""什么阶段的教师需要参加什么样的培训""什么样的培训能取得什么样的成果""什么样的人能主持什么样的培训项目"等,同时,要适当增加小学教师编制数,帮助教师能解决工学矛盾问题,真正有外出参加培训学习的时间,真正能安心学习,努力提升。

第八章

山区小学教师一体化专业发展质量保障体系

专业发展质量是专业发展的生命线。山区小学教师一体化专业发展质量需要利益相关方的协同保障,更需要山区小学教师自身的积极参与。2018 年 1 月,《中共中央　国务院关于全面深化新时代教师队伍建设改革的意见》中要求:"明确教师的特别重要地位。突显教师职业的公共属性,强化教师承担的国家使命和公共教育服务的职责,确立公办中小学教师作为国家公职人员特殊的法律地位,明确中小学教师的权利和义务,强化保障和管理。各级党委和政府要切实负起中小学教师保障责任,提升教师的政治地位、社会地位、职业地位,吸引和稳定优秀人才从教。"[①]

2018 年 3 月,教育部等五部门印发《教师教育振兴行动计划(2018—2022 年)》,明确"主要举措"之一是"教师教育质量保障体系构建行动"。要求"建设全国教师教育基本状态数据库,建立教师培养培训质量监测机制,发布《中国教师教育质量年度报告》。出台《普通高等学校师范类专业认证标准》,启动开展师范类专业认证,将认证结果作为师范类专业准入、质量评价和教师资格认定的重要依据,并向社会公布。建立高校教师教育质量自我评估制度。建立健全教育专业学位认证评估制度和动态调整机制,推动完善教育硕士培养方案,聚焦中小学教师培养,逐步实现教育硕士培养与教师资格认定相衔接。建立健全教师培训质量评估制度。高校教学、学科评估要考虑教师教育院校的实际,将教师培养培训工作纳入评估体系,体现激励导向"。[②]

[①] 中共中央、国务院:《关于全面深化新时代教师队伍建设改革的意见》,2018 年 1 月 20 日,中华人民共和国中央人民政府:https://www. gov. cn/gongbao/content/2018/content_5266234. htm,访问日期:2024 年 1 月 1 日。

[②] "教育部等五部门关于印发《教师教育振兴行动计划(2018—2022 年)》的通知",中华人民共和国中央人民政府网,访问日期:2023 年 12 月 29 日,https://www. gov. cn/xinwen/2018-03/28/content_5278034. htm? tdsourcetag＝s_pcqq_aiomsg。

2022 年 4 月,教育部等八部门联合印发《新时代基础教育强师计划》,在"基本原则"中再次强调:"坚持强化保障。中央带动、分级实施,鼓励支持各地创新教师编制、职称、考核评价、待遇保障等方面举措,深化中小学教师队伍建设综合改革,提高教师教育基础能力建设水平,统筹规划、以点带面、辐射引领、整体发展,形成综合保障体系。"①

国家(教育部等部门)层面已经高度重视对教师工作和专业发展的保障,出台了许多相关的政策,教师的福利待遇、政治地位等也在逐步提高,专业发展的物质保障、地位保障等已经具备。这里重点要论述的是教师专业发展质量提升的保障,即提升教师一体化专业发展质量的内部保障。

一、山区小学教师一体化专业发展质量保障体系的内涵解读

小学教师一体化专业发展需要更加重视质量保障。质量保障体系既是保障教师教育质量的需要,又是衡量教师教育人才培养水平、质量的重要标志。

(一)山区小学教师一体化专业发展质量保障体系的概念理解

山区小学教师一体化专业发展质量保障体系是指构成山区小学教师一体化专业发展质量保障的各种要素及其相互作用的系统,既包括人、财、物、时间、空间和信息等管理要素,又包括培养目标、评价标准、培养内容、实施过程和结果评价等人才培养过程要素。它们相互作用共同保障山区小学教师一体化专业发展的质量。

《小学教育专业认证标准(第二级)》的"保障体系"指标内容中明确指出:"建立教学质量保障体系,各主要教学环节有明确的质量要求。质量保障目标清晰,任务明确,机构健全,责任到人,能够有效支持毕业要求达成。"②

可见,山区小学教师一体化专业发展目标(质量目标)是质量保障体系的出发点,也是质量保障体系的归宿。质量保障体系始终围绕发展目标构建,促进人才培养全过程为实现培养目标而持续改进、不断努力。专业发展目标体系的科学制定与不断完善对教师专业发展而言尤为重要。当然,目标来源于社会发展需要、教育改革与发展要求,是基于现实、面向未来发展的预期。质量标准(评价

---

① "教育部等八部门关于印发《新时代基础教育强师计划》的通知",中华人民共和国教育部,访问日期:2024 年 1 月 1 日,http://www.moe.gov.cn/srcsite/A10/s7034/202204/t20220413_616644.html。

② "教育部关于印发《普通高等学校师范类专业认证实施办法(暂行)》的通知",中华人民共和国教育部,访问日期:2023 年 12 月 31 日,http://www.moe.gov.cn/srcsite/A10/s7011/201711/t20171106_318535.html。

标准、质量要求)则是质量目标的具体化、操作化。质量保障目标即保障质量目标的实现,质量保障任务即实现质量保障目标所要完成的工作,重点是保障人才培养过程的顺利实施。

(二) 山区小学教师一体化专业发展质量保障体系的结构梳理

根据山区小学教师一体化专业发展质量保障体系的内涵,围绕山区小学教师一体化专业发展目标,山区小学教师一体化专业发展质量保障体系可以从横向和纵向两个角度架构。横向可根据影响教师专业发展的外部条件和内在要素分为外部质量保障体系和内部质量保障体系两个部分,其基本结构如图8-1所示。

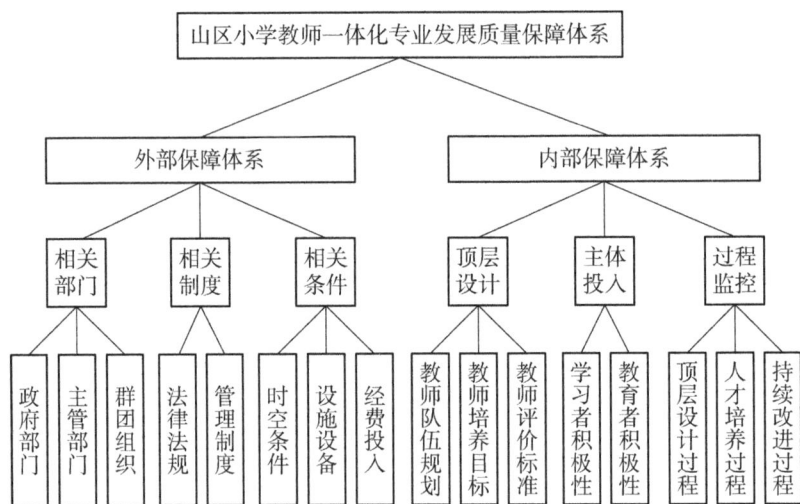

图8-1 山区小学教师一体化专业发展质量保障体系横向结构

外部保障体系是指影响山区小学教师一体化专业发展的环境因素构成的系统,是山区小学教师一体化专业发展的客观条件,主要包括领导和相关部门重视、支持,教师专业发展制度健全、优化,教师专业发展设施先进、经费充足等。这些保障随着党和国家对教育事业、教师队伍建设的重视程度不断提高,一体化专业发展条件必然日益得到改善,保障山区小学教师一体化专业发展。

内部保障体系是指促进山区小学教师一体化专业发展的内部因素构成的系统,是山区小学教师一体化专业发展的内在要素、能动要素,既决定客观条件的发挥程度和效益等,又引领教师专业发展的方向、激发教师发展的动力、保障教师专业发展的质量。内部保障体系主要包括教师队伍建设顶层设计的科学性、超前性,教师专业发展参与者的主体性、责任心,教师专业发展过程的规范性、创造性等。

纵向可根据教师专业发展的阶段分为师范生培养过程质量保障、教师培训过程质量保障和教师队伍建设过程质量保障三个相互联系的系统,其具体架构如图8-2所示。

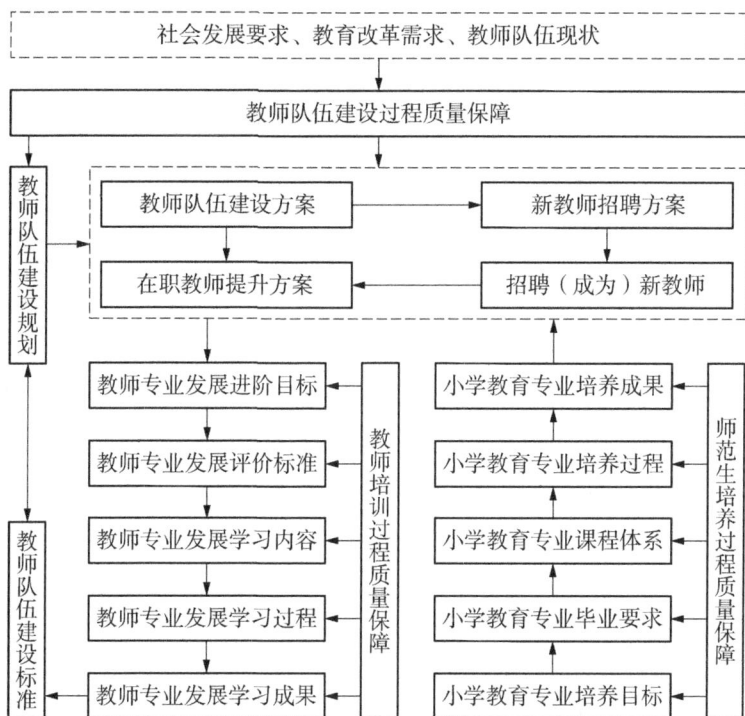

图8-2 山区小学教师一体化专业发展质量保障体系纵向架构

师范生培养过程质量保障贯穿师范生培养全过程,是对教师职前培养质量的保障,当然成为山区小学教师的不仅是小学教育专业师范生,还有来自其他师范专业和非师范专业的毕业生。但质量保障是必须的,其根本就是要使学生达到新教师招聘的要求,成为合格的新教师。

教师培训过程质量保障是对在职教师继续教育质量的保障,包括省教育行政部门建立的教师专业发展培训质量专门监控机构的专项指导与督查、市(县)教育行政部门的监管、高校和教师培训机构的自我督导等。其根本就是要达到教育事业发展要求的教师队伍建设标准。

教师队伍建设过程质量保障是确保教师队伍建设质量持续提高的各种举措的总和,既包括师范生培养过程质量保障和教师培训过程质量保障,又有自身独特的任务,如教师队伍建设规划编制、标准制订、方案设计等。其根本是要回应社会发展和人民群众对教育事业创新改革的要求。可以由国家到地方逐级设置教师队伍建设过程质量保障机构,如教育督导机构就是教师队伍建设质量的重要保障机构。

山区小学教师一体化专业发展质量保障体系就其结构而言,已经越来越完善,重要的是要投入内涵建设,关键是要突出激励体系、评价体系和督导体系建设。

(三) 山区小学教师一体化专业发展质量保障体系的特点分析

为确保山区小学教师一体化专业发展质量,需要创建"紧扣目标、持续改进"的质量保障体系。其核心是坚持"目标导向"("问题导向")和"持续改进"理念,通过完善贯穿教师专业发展全流程闭环的教育质量保障机制,规范教师队伍建设规划、教师队伍建设标准(晋级晋升标准)、师范生人才培养方案、课程教学大纲等顶层设计,创新课程和培训专题设计、课堂教学、合作实践等教师培养和培训等实施过程,优化教师专业发展设施设备、学习资源、经费投入和管理制度等育人条件,强化师范生和新教师专业发展指导与服务等举措,保证小学教师一体化专业发展质量。同时,常态化开展教师专业发展情况周期性诊断、评估。如基于"产出导向""持续改进"理念,定期与不定期结合对毕业生、用人单位和教育主管部门等进行毕业生发展状况跟踪调查,并及时研究,将调查结果用于人才培养改进,形成小学教育专业持续提升师范生培养目标达成度和学生及利益相关各方满意度的机制,切实促进教师专业发展。

山区小学教师一体化专业发展质量保障体系应具有"标准为基""多方参与""自成体系""自主改进""引领发展"等特点。

1. 标准为基

标准为基即山区小学教师一体化专业发展质量保障体系建设要以国家、省、市和学校等各级管理部门和培养培训部门的相关制度、标准等为依据,特别是要根据国家关于教师队伍建设、师范生培养等的制度、标准,建立"学生中心""产出导向"和"持续改进"的质量保障闭环机制。首先,要根据社会发展要求、教育事业发展需要和教师队伍现状等制订各层面教师队伍建设规划和教师队伍建设标准,做好教师队伍建设方案、师范生人才培养方案,人才培养和培训体系,完善课程体系、师德养成教育体系、学生自主成长体系、课程教学大纲和人才培养各主要环节的质量标准等顶层设计;然后,健全质量保障组织机构,根据督导条例、顶层设计要求等切实落实各级督导制度,实现对教师专业发展各主要培养、培训环节质量的全程监控与常态化诊断评价和反馈指导,形成具有区域和专业特色的教师专业发展质量"标准为基—全程督导—及时反馈—持续改进"的质量保障

"闭环"机制。

教育部编制的如《中小学和幼儿园教师资格考试标准（试行）》《小学教师专业标准（试行）》《教师教育课程标准（试行）》《小学教育专业师范生教师职业能力标准（试行）》，各省教育行政部门出台的如特级教师评选标准（规定），各市（县）教育行政部门印发的如小学教师职称评聘标准等，既有师范生培养标准，又有新任教师、合格教师和优秀教师、专家型教师等不同发展阶段的教师职业素养标准，为教师专业发展质量保障机制完善提供了全面的依据。

2. 多方参与

多方参与即要创建山区小学教师专业一体化专业发展利益相关各方协同参与质量保障的机制。具体做法可以是依据信息化手段，搭建线上线下结合、利益相关多方参与的人才培养质量督导与评价、反馈平台，激发利益相关各方参与教师人才培养质量评价和效益评估等的积极性，形成协同合力，构建协同保障体系，共同推进教师专业发展。

教育者自身的目标意识、质量意识和评价极为重要，如课程目标达成度评价、学生学习过程表现性评价等都需要教育者实施；学习者自身的质量意识和评价能力更加重要，对教育者的育人投入情况、教育过程的合理性和有效性评价等关键在学习者自身的切身体会、理解和正确评价；其他利益各方，如小学校长、教师同行、家长和教育主管部门人员等的质量意识和评价意识同样不能缺席。

3. 自成体系

山区小学教师一体化专业发展质量保障体系建设，不仅需要建立"闭环"机制，而且需要独立设置的机构和融师范生培养质量保障和教师专业发展培训质量保障于一体的体系。这一体系既与教学体系培训体系紧密相关，又独立于教学和培训，既有担任教学和培训任务的教师参与，又有专职的督导人员负责，是遵循人才成长规律，以调研、座谈、激励、督导、评价、反馈、奖励等为质量调节基本手段，促进人才培养质量持续改进的体系。这一体系既是评估体系，包括专业评估与社会评估、定期评估与随机评估、全面评估与专项评估等，又是激励体系，包括获取各种荣誉、获得晋级晋升、物质和精神奖励等。既包括领导、同行的听课看课、学习者评教，也包括教学档案查阅、考试现场监控和培养质量分析研究等，既有培养过程表现性评价，又有培养结果终结性评价等等。自成体系的质量保障体系才能确保教师专业一体化发展有效开展并不断提高质量。

4. 自主改进

持续改进是质量保障，特别是培养过程表现性质量评价的根本追求。山区小学教师一体化专业发展质量保障既要建立人才培养"持续改进"的闭环机制，更要通过激励机制建设促进学习者自主改进。树立育人为本、学生中心等人才培养观念，从"强化监控"转向"注重激励"，构建"产出导向—标准先行—问题查找—主体激活—自主改进—目标实现"的以人为本、良性循环的质量保障体系，着力激发教师的专业发展积极性、主动性和创造性，培养教师的自主发展意识和能力。

5. 引领发展

山区小学教师一体化专业发展质量保障体系建设的最终目的是引领教师和学生发展。不仅要促进教师终身可持续发展，同时要通过教师的示范、引领作用，促进学生终身发展意识和能力的形成和发展。保障体系也不仅只是保障教师专业发展的质量，而且会提供教师专业持续发展的不竭动力，并且这二者又是紧密相连、相互促进的。

二、山区小学教师一体化专业发展激励体系的完善

质量提升的关键是主体能力的充分发挥。学生的学习投入、教师的教学投入等直接影响教师专业发展的质量。完善激励体系，激发学生的学习积极性、主动性和创造性，鼓励高校和培训机构教师积极参与课程建设、教学改革和教学研究，努力创新课堂教学模式和教育教学方法，克服重科研轻教学、重报酬轻付出、重荣誉轻实绩等现象。教育部等八部门《关于进一步激发中小学办学活力的若干意见（教基〔2020〕7 号）》中将"强化评价导向作用""强化校内激励作用""强化学校文化引领作用""强化优质学校带动作用"作为增强学校办学内生动力的重大举措。在"强化校内激励作用"中要求"学校要构建完善的教师激励体系，充分激发广大教师的教育情怀和工作热情。注重精神荣誉激励，积极开展优秀教师、教学能手、师德标兵和优秀教学团队等评选活动，充分展示教师的突出表现；强化专业发展激励，鼓励和保障教师参加培训、教研、学术研究等活动，及时帮助教师诊断改进教育教学问题，提高教育教学能力，促进教师专业成长；完善岗位晋升激励，切实落实教师岗位职责，把师德表现和教育教学实绩作为岗位晋升的重要依据；健全绩效工资激励，完善学校绩效工资分配办法，向教育教学成绩突出的一线教师和班主任倾斜；突出关心爱护激励，坚持把解决思想问题与实际问题相结合，加强思想政治工作和人文关怀，增强教师职业荣誉感和幸福感"。[①] 这

---

① "教育部等八部门关于进一步激发中小学办学活力的若干意见"，中华人民共和国中央人民政府，访问日期：2024 年 1 月 1 日，http://www.gov.cn/zhengce/zhengceku/2020-09/24/content_5546939.htm。

里明确指出学校激励的具体要求：一是构建完善的教师激励体系；二是强化专业发展激励；三是完善岗位晋升激励；四是健全绩效工资激励；五是突出关心爱护激励。

（一）认识山区小学教师一体化专业发展激励体系的价值

激励即激发鼓励，激发人的发展潜力，促进人朝着期望的目标持续奋进的言行或方法、举措等。激励体系是指构成激励或影响激励效果的各种要素及其相互关系所构成的系统。建设激励体系就是组织者采取系统而有计划的激励措施，激发组织成员积极向上的心理状态，促进和引导组织成员产生积极行为，以更好地实现组织目标的活动过程。完善的激励体系可以产生导向、促进等多种激发人发展的作用。小学教师一体化专业发展激励体系，是指激发、影响小学教师一体化专业发展的各种要素及其相互关系的总和。小学教师一体化专业发展激励体系具有如下具体意义。

1. 引导教师专业发展方向

教师的职责决定了多数教师都期望自己的专业水平持续发展，但往哪个方向发展、怎么发展等问题又可能经常让教师纠结。激励体系的完善可以为教师专业发展导向，特别是对师范生和新任教师而言，尤为重要。激励即导向，有目标激励、约束激励等，如各地教育主管部门出台的教师进阶目标、教师专业发展评估体系等，能引领教师专业发展，给教师专业发展导向，让教师始终朝着正确的方向前进。

2. 激发教师专业发展动力

激励体系中的各种激励要素，不管是物质激励还是精神激励都能不同程度地满足教师的需求，从而激发其内在动力。可以说，激励体系是教师专业发展的动力源泉，比如，诱导激励、考核激励等，通过物质、精神和环境等的诱导，通过知识、能力、服务和专业发展考核等极大地激发教师向前、向上的动机，促进教师专业发展。适当给年轻教师压担子也是一种激励，能使其最大程度地发挥内在的潜能。

3. 满足教师专业发展需要

激励体系中的大多数激励举措都能不同程度地满足教师的需要，因为激励对应着人们期望实现目标、达到预期或取得成果时能得到某种认可或适当的奖励而产生，任何的激励都应该能满足人的某些需要，从而激发人的行为动机，否则就难以激发人的工作热情和动力。处在不同发展阶段和不同环境下的教师，其需要是有差异的，但每个教师都有自身的需要则是共同的。激励举措的出台或激励体系的建设，就要建立在充分了解和研究教师专业发展需要的基础之上。

只有充分尊重和满足教师专业发展的需要,才能激发其工作积极性,发挥更稳定、更持久的动机力量。

(二)优化山区小学教师一体化专业发展激励体系的结构

山区小学教师一体化专业发展激励体系大致由激励主体、激励内容和激励方式等构成,如图8-3所示。

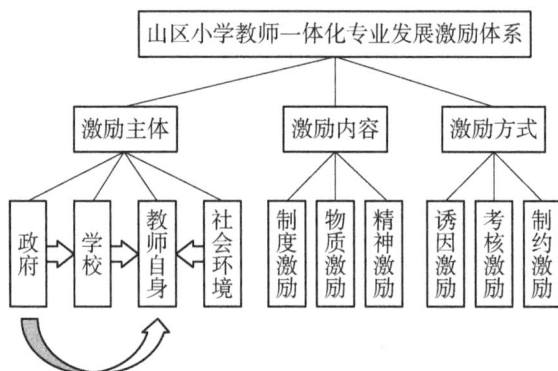

图 8-3　山区小学教师一体化专业发展激励体系结构

图 8-3 是最简单的激励体系结构,事实上,激励主体与激励内容、激励方式又有密切的关系,不同的激励主体所能采用的激励内容与激励方式都是有限制的,如激励主体中的政府主体和学校主体主要采用制度激励、物质激励和诱因激励、考核激励,社会环境主体则主要是通过营造良好的尊师重教氛围激发教师专业发展。教师自身在激励中起着关键作用,所有的激励只有得到教师自身的认可才能真正发挥作用。因此,了解和研究教师的需求是建设激励体系的基础和前提。

激励内容中的制度激励主要是指激发教师专业发展的各种制度,包括国家和省市县等各级政府和教育主管部门颁发的促进教师队伍建设、促进教师晋级晋升、评奖评优的各种制度,也包括学校的教师管理,特别是教师业绩考核、评价等制度,对教师的专业发展积极性会产生极大的影响。当然,制度激励与物质激励和精神激励往往又是联系在一起的,物质和精神激励的方式方法等基本都由相应的制度规定。因此,激励内容中的制度是关键所在,只有严格执行制度,特别是国家和省级层面的制度,教师的专业发展才能得到真正的保证和激励。如今国家对教师队伍建设、教师专业发展已经高度重视,学校贯彻落实好政策才是重点。

激励方式中的诱因激励是指为教师专业发展提供诱导的因素,这种诱导可以是物质的如奖励、福利待遇,也可以是精神的如荣誉、奖状之类的,不同发展阶段、不同个体的教师往往需要不同的诱因,但对大多数教师而言,精神与物质并重是可行的,一味地用物质激励不一定有持久的效果。而且,诱因激励与考核激励、制约激励也是相互联系的,如果没有科学、合理的考核,缺乏必需的制约,诱因可能走向反面或造成混乱。

(三)突出山区小学教师一体化专业发展激励体系的重点

国家对教育的投入逐年增加,教师的福利待遇不断得到改善,教师专业发展的基本权益保障问题已经基本得到解决,在此情况下,激励体系的完善在确保物质激励的情况下,更应注重精神激励,注重从教师自身的潜力发挥、自主性发展上多做文章。

1. 做好协同文章

完善的激励体系需要政府、学校、教师个人的共同努力,需要政府、教育主管部门和学校的无缝对接和紧密配合,学校要全面领会政府的意图和教育主管部门的指令,严格执行各项规章制度,真正将教师视为学校发展的支柱,将教师专业发展视为学校发展的根本。不仅要鼓励教师专业发展,给教师专业发展提供全方位的帮助与支持,而且要通过高水平的校本研修、高水平教师引领、学科内和跨学科团队组建等多种方式促进教师专业成长,引领教师专业发展,目标激励、民主激励、荣誉激励等都能满足教师的精神需要,从而激励教师专业发展。

2. 优化社会环境

创建尊师重教、服务与合作的社会氛围是对教师专业发展最好的环境激励。教师是社会上文化层次较高的群体之一,而且担负着培养社会接班人的重任,其精神需求往往大于物质需求,社会环境的优化对教师而言尤为重要。国家层面已经越来越重视提升教师的社会地位,社会许多行业、组织也都推出了面向教师的优惠政策,这些都会成为教师专业发展的激励因素,为教师专业发展提供持久的精神信念支持。

3. 激发主体意识

激励体系能否发挥作用,能发挥多大作用,怎样发挥作用等大多决定于教师本人。教师专业发展主体意识的唤醒、专业自主发展能力的培养才是关键。学校可以通过指导教师开展切实、认真的职业生涯规划,给教师提供更多外出交流学习的机会,给予教师更多成就自我的机会,多组织教师开展针对现实问题的教育教学研究,为教师专业发展创造良好校园氛围等渠道,促进教师明晰专业发展目标、寻找专业发展差距,激发专业发展潜能,加快专业发展进程。同时,还要强化教师专业发展理论学习,强化教师专业个性化发展研究,为教师提供充满个性的激励，激发教师个人自主发展的欲求，促进教师终身可持续发展。

三、山区小学教师一体化专业发展评价体系的优化

教育部等八部门联合印发的《关于进一步激发中小学办学活力的若干意见（教基〔2020〕7号）》中，对"强化评价导向作用"提出要求"建立健全以发展素质教育为导向的学校办学质量评价体系，强化过程性和发展性评价，更加注重评价学校提高办学质量的实际成效，并作为对学校核定绩效工资总量、对校长教师实施考核表彰的重要依据，引导和促进学校持续改进提高办学水平。各地要树立正确的政绩观和科学的教育质量观，不得以中高考成绩或升学率片面评价学校、校长和教师，坚决克服'唯升学''唯分数'的倾向"。[1] 中共中央、国务院印发的《深化新时代教育评价改革总体方案》中强调"加强专业化建设。构建政府、学校、社会等多元参与的评价体系，建立健全教育督导部门统一负责的教育评估监测机制，发挥专业机构和社会组织作用。严格控制教育评价活动数量和频次，减少多头评价、重复评价，切实减轻基层和学校负担"。[2]

评价体系的建设和完善已经引起了高度重视，而且已经有据可依，不管是中小学教育质量评价，还是新时代教育评价改革都离不开教师专业发展的评价。

（一）认识山区小学教师一体化专业发展评价体系的意义

山区小学教师一体化专业发展评价体系是指构成山区小学教师专业发展评价的各种要素及其相互关系构成的系统，包括评价主体、评价目标、评价原则、评价内容（指标维度）、评价方式、评价结果使用等及它们之间的关系。山区小学教师一体化专业发展评价体系对山区小学教师专业发展的需求、方向和动力等起到直接的影响作用。

1. 直接影响教师专业发展的需求

专业发展应该说是每个老师的需求，因为人一般都有向前向上的需要，承担培养人职责的教师更容易产生自我实现的需要。但评价、考核等直接影响教师利益和荣誉的举措是否科学合理会直接影响教师的发展需求，完善的评价体系能让人产生美好期待，往往会激发教师强烈的专业发展需要，而不合理的评价体

---

① "教育部等八部门关于进一步激发中小学办学活力的若干意见"，中华人民共和国中央人民政府，访问日期：2024年1月1日，http://www.gov.cn/zhengce/zhengceku/2020-09/24/content_5546939.htm。

② "中共中央 国务院印发《深化新时代教育评价改革总体方案》"，中华人民共和国教育部，访问日期：2024年1月1日，http://www.moe.gov.cn/jyb_xxgk/moe_1777/moe_1778/202010/t20201013_494381.html。

系则会挫伤教师的工作和发展积极性,影响教师的专业发展需求。

2. 直接影响教师专业发展的方向

评价对多数人来说都是指挥棒,完善的评价体系不仅能对教师的工作和专业发展状况进行鉴定、诊断,而且能发挥导向、调控等作用,引导着教师明晰发展目标、找准发展差距、确定发展重点等,一旦教师的努力方向或工作成果偏离了评价体系的要求,评价主体就会帮助教师及时回归。因此,评价体系应该判断与诊断并行,主要目标不是瞄准过去,判断教师以往的水平、成绩等,而是面向未来,促进教师更好、更快地专业发展。

3. 直接影响教师专业发展的动力

需要是动力的源泉,能让教师从评价体系中看到满足自己需要的东西,就能激发其工作和专业发展的强劲动力。教师评价体系要努力从封闭、单一走向开放、多元,以更好地适应教师修改化发展的需要,从而激发出教师潜心教学、终身发展的动力。教师从事的教育事业是育人为本的工作,育人成效关键在于人的品质、自主性等的培养,有了良好的品性和自主发展意识和能力,才能持续学习、不断成长。这一工作性质就决定了教师的工作和专业发展必须"用心",而非"用力"。评价体系的完善可以让教师将"心"真正回归育人、回归专业发展。

(二)优化山区小学教师一体化专业发展评价体系的结构

山区小学教师一体化专业发展评价体系是一个极为复杂的系统,中共中央、国务院印发的《深化新时代教育评价改革总体方案》中,明确"重点任务"之一是"改革教师评价,推进践行教书育人使命",并提出了"坚持把师德师风作为第一标准""突出教育教学实绩""强化一线学生工作""改进高校教师科研评价""推进人才称号回归学术性、荣誉性"[①]等五个方面具体要求,其中四个方面与小学教师评价直接相关,内容涉及了教师专业化评价体系的构成。

综合其他相关研究和实践成果,山区小学教师一体化专业发展评价体系主要由评价主体、评价目标、评价原则、评价内容和评价方式等评价要素构成,其体系结构如图8-4所示。

这一评价体系具有评价主体多元化、评价目标一体化、评价原则育人化、评价内容全面化和评价方式开放化等特点。有研究者认为,发展性教师继续

---

① "中共中央　国务院印发《深化新时代教育评价改革总体方案》",中华人民共和国教育部,访问日期:2024 年 1 月 1 日,http://www.moe.gov.cn/jyb_xxgk/moe_1777/moe_1778/202010/t20201013_494381.html。

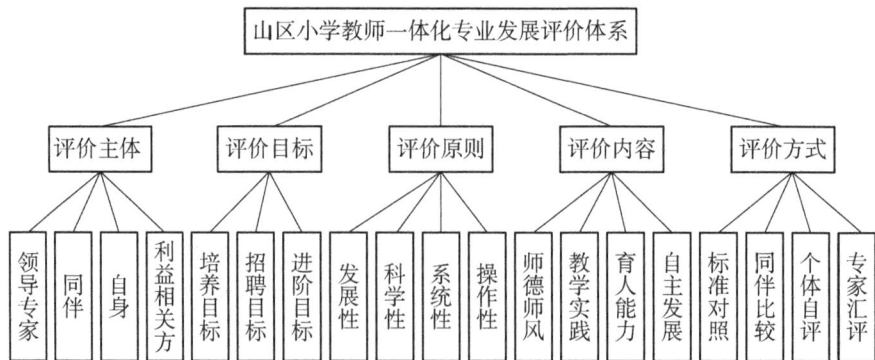

图 8-4　山区小学教师一体化专业发展评价体系结构

教育评价具有如下特征：①以被评价者素质全面发展为目标；②以被评价者的后继发展为目的；③注重过程评价；④关注个体差异；⑤强调评价主体多元化。[①] 小学教师一体化专业发展评价体系，不仅要适用于小学教师继续教育，而且要适用于小学教师职前培养，它除了具备"一体化""发展性"特征外，还强调"开放性"，要建设的是满足小学教师一体化专业发展需要的"开放性""发展性"评价体系。

评价主体中特别强调教师或师范生个体自身的自主评价，只有具有自主评价能力，随时能把控住自己的发展状况，才能促进专业持续发展，这在师范生培养阶段就应高度重视。同时，强调利益相关方的评价，包括政府教育主管部门、用人单位领导和同事、学生和学生家长等等，他们的参与不仅会促进教师教育专业持续改革，而且能给教师提供更客观、更全面的专业发展信息，更能让教师发现自己工作和学习的优势、不足等，有利于促进发展。特别是随着网络技术的日益完善，在线评价完全有可能全覆盖利益相关各方。

评价目标的一体化不仅体现为职前职后一体，更重要的是要体现在不同发展阶段学习和工作任务的一体，如师范生的师德规范和教育情怀养成与教学实践、综合育人、自主发展等能力培养的一体，小学教师的"教学研训一体"等。培养目标中包含了德智体美劳全面发展的教育目的要求，又体现"一践行三学会"的师范专业毕业要求，与教师岗位紧密衔接。招聘目标是成为新教师，即按照教师岗位的要求通过笔试、面试等环节进入教师队伍，这是教师生涯的真正开始，在培养阶段，特别是培养阶段初期，很多学生还没有意识到教师岗位的要求，直

---

① 郭玲. 建立发展性教师继续教育评价体系——对当前教师继续教育评价方式的反思[J]. 成人教育，2005(3)；32.

到临近毕业,有的或许会在大三时,才开始考虑招聘的事情,不断对照自身条件,思考是否达到就业目的地的招聘要求,欠缺的部分如何补救等,各地教师招聘条件自然而然成为激发师范生努力学习的具体目标。进阶目标即在职教师职业生涯发展的前进目标,一般以省级为主,也有市县级的进阶目标。职称晋升、荣誉晋级等体现教师的工作成就。因此,这一目标对教师而言极为重要,其合理性直接影响教师的进阶积极性和专业发展动力。

评价原则是指教师评价的基本要求,我们提出"发展性""科学性""系统性"和"操作性"四条原则。发展性原则强调的是育人性,即评价重点要落实在教师育人能力或者说促进学生发展能力的发展水平和发展趋势等,这不仅能够确保教师坚持正确的育人观,而且能帮助教师不断改进教育教学方式方法,既有利于促进学生全面发展,又有利于促进教师自身的专业沿着正确的渠道发展;科学性原则既指评价工作要遵循人才成长规律,要避免拔苗助长,又要避免放任自流。同时,又指评价的指标体系设计、评价的时间空间和信息等选择要科学、合理、有效;系统性原则即指评价指标体系、评价流程设计、评价工作具体操作等要根据教师工作的性质、学校的特点等系统设计,避免多头评价、无效评价等影响教师和学校正常工作或不能反映教师专业发展真实情况等现象;操作性原则是指评价的全部环节都要便于操作,既方便评价对象又方便评价方自身,比如指标设计能线上的就不线下,能不填写表格的就不要填写,能数量化的就一定数量化,做到客观、简便、公开、透明、有效。

评价内容是评价体系的重要组成部分,一般表现为评价指标体系,这里指的是评价的维度,或者说是教师评价的一级指标。根据师范生"一践行三学会"毕业要求,《小学教育专业师范生教师职业能力标准(试行)》《小学教师专业标准(试行)》等文件,结合《深化新时代教育评价改革总体方案》"重点任务"中"改革教师评价,推进践行教书育人使命"的具体内容,将评价内容设定为"师德师风""教学实践""育人能力"和"自主发展"四个维度。师德师风是对教师最根本的要求,教师评价中要求"师德师风一票否决"是非常需要的,只要师德师风出问题,即使能力再强也难以做好育人工作,即所谓"上梁不正下梁歪"。师德师风培养是教师终身的事情,在师范生阶段就需要特别强调通过课程、实践、榜样示范和支教等各种活动强化"师德规范""教育情怀"的养成。教学实践维度评价的内容包括教学理念、学科核心素养、教师基本技能、教学实践能力和教学实践成效等,对不同发展阶段的教师应该选择不同的具体内容,比如对师范生而言,以教学理念、学科核心素养、教师基本技能等为重点,教学实践能力中应突出学情分析、教案设计、课堂教学实践等能力的评价，特别强化运用信息技术的技能和信息技术与学科融合能力等。针对不同发展阶段和年龄阶段的在职教师，在具体指标中也应该有所区别，以便更好地激发教师的专业发展积极性和创造性。育人能力维度包括学科育人（课程思政）、个别学生教育、学生班级管理、家校协同、课内外活动组织等方面的基本理念、相关理论和将理论运用于解决实际问题的能力及其取得的成效等内容。教学本身就是育人的手段，育人是教育的本质。育人能力评价的具体指标也应充分考虑教师专业发展的阶段特征。自主发展维度重在发展意识和发展能力培养及发展状况，包括生涯发展规划能力、反思和研究能力、沟通和合作能力等等，不同发展阶段的教师也应该有不同的具体内容。评价内容于评价而言，无疑极为关键，选择时既要依据各种制度、标准，又要考虑评价对象的特点等，只有全面思考、统筹兼顾，才能收到良好的评价效果。

　　评价方式往往是指评价时运用的方法和手段等。评价方式可以从多个角度阐述，如绝对性评价、相对性评价和个体内差评价，量化评价、质性评价等。这里列举的是"标准对照""同伴比较""个体自评"和"专家汇评"四种评价方式，可以同时采用，也可以选择其中的几种，一般很少采用单一的评价方式，多种方式结合更为准确、全面，更有利于把评价功能转变为促进教师专业发展。

　　建设山区小学教师一体化专业发展评价体系还应该研究评价体系的运行结构，或者说运行流程，以便正常实施。其基本运行流程如图 8-5 所示。

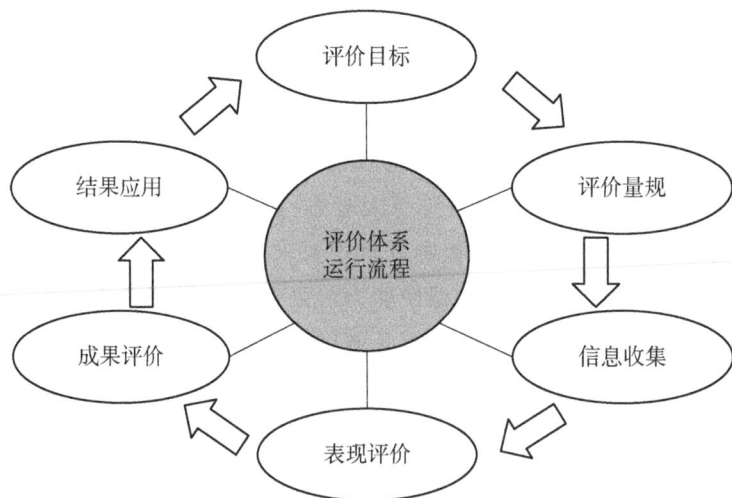

图 8-5　山区小学教师一体化专业发展评价体系运行流程

教师评价是教育活动的环节之一，具有明确的目的性。小学教师一体化专业发展评价体系的运行起点和终点都在"评价目标"，全部评价过程都要围绕评价目标展开，否则就是无效的劳动。在重视目标的同时，要根据目标，结合评价对象的实际情况细化评价标准，即确定"评价量规"，如"师德规范"如何评价，什么样的表现为优秀，怎样为良好、合格，哪些是不允许触碰的底线等，有了明确的量规，教师就会更加明白自己应该怎么做。另外，还要特别注意，教师评价中既要有成果（结果）评价，更要注重过程表现评价，只关注成果的评价容易导致教师违背自己的育人理念，而采用不符合学生身心发展规律的做法。只有把育人放在首位，把促进学生发展作为自己的事业追求，才能真正产生专业发展的持续内驱力，才能有助于教师养成深厚的教育情怀。当然，信息收集和结果应用也很重要。信息收集情况直接影响评价的全面性、客观性和合理性等，结果应用会直接影响教师的后续行为，都需要认真对待。这些环节环环相扣，确保通过评价促进教师专业持续发展。

（三）明确山区小学教师一体化专业发展评价体系的导向

教育质量评价体系、教师评价体系等建设已经越来越得到教育界内外的高度重视，如何建设教师评价体系众说纷纭，每所学校都会有教师评价，就都会涉及评价体系。评价体系的完善应着重体现以下特点：

1. 坚持育人方向

教师的工作职责是育人，评价教师也应围绕育人重点展开，育人理念与意识、育人能力要成为评价的重点。也就是说，对教师的评价首要的是看教师是否真的在做育人的工作，育人的成效如何，而不能光凭教师所教学生的考试成绩来评定教师的优劣。作为教师，自身更应该明白，学生考试成绩的提高是需要的，但更期望看到的应该是学生品德的成长。并且考试成绩的取得要靠学生学习主动性、积极性的激发和学习方法的优化、学习习惯的形成等而不是靠教师的加班加点、强行灌输，拼体力的进步毕竟极为有限。

2. 坚持师德为先

师德是教师的立身之本，也是教师的立教之本。教师对学生影响最大的方面是其人格特质，特别是年幼的孩子，更需要的是对其生命的关爱、人格的尊重、健康的关注和成长的促进等。因此，小学教师一体化评价体系建设必须坚持师德为先，师德评价如何强调、如何重视都不为过，不管其是什么学科的教师，也不管承担着什么职务，而且师德评价不应设加分项，而是设减分项，因为"崇高师德"是对新时代教师的必然要求。教育部等八部门印发的《新时代基础教育强师计划》中的"基本原则"第一条就明确提出："坚持师德为先。把教师思想政治和师德师风建设放在首要位置，围绕落实立德树人根本任务，全面加强中小学教师思想政治建设，提高教师的政治意识、政治能力，严格落实师德师风第一标准，突出全方位全过程师德养成，推动教师以德施教、以德立身。"①教师评价体系坚持师德为先正是这一基本原则的落实。

3. 坚持能力为本

教师应是有德之士，也应该是有能之士。面对人格尚未形成、身心快速发展，特别是信息时代的儿童，要把他们培养成为"有理想、有本领、有担当"的新时代少年，教师自己没有较强的能力是不可能做到的。小学教师一体化专业发展评价体系在强化师德为先的同时还要强化能力为本，德才兼备才是教师的本色。小学教师的能力培养要从职前培养阶段就高度重视，特别是师德践行能力、教学实践能力、综合育人能力和自主发展能力等要作为评价教师的重要指标，确保教师的育人能力终身可持续发展。

4. 坚持创新导向

即良好的评价制度设计要能引导教师不断改革创新。育人是创造性极强的艺术，不能仅凭一腔热血，既需要教师的全身心投入，又需要教师的潜心反思与研究。孩子不仅每天都在成长、变化，而且其情绪每时每刻都可能发生变化，所以"教学有法，教无定法"。正因为教育工作充满创造性和挑战性，小学教师一体化评价体系的完善更需要坚持创新导向，引导小学教师开展针对现实问题的研究，通过研究实现持续创新。

5. 坚持制度先行

评价制度是开展评价工作的主要依据，要在评价之前先行出台，并广泛告知评价对象，真正实现评价导向作用。理想的评价制度不仅要符合各种法律法规和管理制度，而且在推行前应广泛征求评价对象、同行专家、主管部门等的意见，至少要能获得多数教师的认可，还要保持制度的相对稳定性，避免朝令夕改现象。稳定的评价制度才能让教师专业发展有据可依，才能真正发挥评价的作用。

6. 坚持发展导向

评价是为了促进发展而不是为了把教师分成三六九等，按百分比划分等次

---

① "教育部等八部门关于印发《新时代基础教育强师计划》的通知"，中华人民共和国教育部，访问日期：2024 年 1 月 1 日，http://www. moe. gov. cn/srcsite/A10/s7034/202204/t20220413_616644. html。

的评价方法不利于促进教师专业发展,如果评价标准本身又不是很科学,反而会影响教师学习和工作积极性、阻碍教师专业发展。教师评价应该采用标准参照评价,即事先制定优秀、达标等等级标准或晋级晋升要求等,只要达到标准就是优秀,不管指标是否足够,我们应该鼓励教师人人优秀,而不是只要百分之三十的优秀。

第九章

山区小学教师一体化专业发展文化体系

山区小学教师一体化专业发展不仅需要强有力的质量保障体系支撑,而且需要特色鲜明的教师教育文化体系支撑。《教育部关于实施卓越教师培养计划2.0的意见》就明确要求:"大力支持高校开展教师教育管理体制改革,构建教师培养校内协同机制和协同文化,鼓励有条件的高校依托现有资源组建实体化的教师教育学院,加强办公空间与场所、设施与设备、人员与信息等资源的优化与整合,聚力教师教育资源,彰显教师教育文化,促进教师培养、培训、研究和服务一体化。"

一、山区小学教师一体化专业发展文化体系概念辨析

教育本身就是文化领域中的事,是文化传承与创新的重要手段,教育文化是文化的重要组成部分。教师是教育事业的承担者,也必然与文化密不可分,故教师文化也是教育文化的重要组成部分,教师教育文化又是教师文化的组成部分,更是教育文化的组成部分。山区小学教师一体化专业发展文化体系建设离不开相关概念内涵的界定。文化概念的内涵复杂、外延广泛,不多讨论,就从教育和教师文化开始论述教师专业发展文化和山区小学教师一体化专业发展文化及其体系等内容。

(一)教育文化和教师文化

教育文化是社会行业文化的重要组成部分,是一个社会、民族或者群体在较长时间的教育实践活动中逐渐形成、积淀的教育理念、教育道德、教育哲学、教育精神、教育环境、教育风尚和教育管理、教育制度、教育行为等的总和。教育文化是教育现象所表现出来的文化特征,"教育性"是其最明显的特性。教育性即"育人性",育人是教育的本质特性。因此,教育文化也就是育人文化,包括家庭教育、学校教育和社会教育等,只要是有意识地培养人的活动都是教育活动,其文化特征就是教育文化。教育文化的根本特征是对年轻一代的关怀和爱,或者说,

"教育爱"是教育文化的本质。"教育爱"即理智的爱,是将年轻一代视为社会发展的接班人,对他们充满尊重、关爱和积极的期待,是对年轻一代自主发展的唤醒,对他们既严格要求又充分爱护。

教育文化最普遍表现是家庭教育文化,家长对孩子的态度、家长的教育理念、教育方式方法,家庭成员的相处方式等等都是教育文化的体现。如"棍棒底下出孝子""孩子不打不成器""三天不打,上房揭瓦"等,就是长期封建社会的人际关系在家庭中的反映,是传统家庭教育文化的真实写照。教育文化最集中的表现则是学校的教育文化,即学校文化。学校是专门的培养人的场所,其对学生的影响最正规、最系统,因而也应该效果最好。现在多数学校都已经开始重视文化建设,期望通过完善学校文化提升学校办学层次,但也有不少学校的文化建设只是为了图好看、赶热闹,难以产生真正的育人效果。当然,社会教育文化也是很重要的教育文化表现,除了家庭教育、学校教育之外,专门对人的身心施加影响的社会因素都可以说是社会教育因素,它们所表现出来的文化特征也就构成了社会教育文化。社会教育文化重点是通过为教育工作营造良好的社会氛围,为社会成员终身学习提供支持与便利等而展开,对其他教育文化也会产生广泛、深刻的影响。如社会教育氛围直接影响尊师重教社会风尚的形成与浓厚程序,对孩子们的成长方向、对教师的工作自豪感等都会产生极大的影响。

从教育的构成要素看,其基本要素可以分为教育者、学习者和教育影响。因此,从这一角度看,教育文化也可以划分为教育者文化、学习者文化和教育影响文化。其实,在学习型社会建设和兴起的今天,教育者与学习者已经难以截然分开,许多学习者同时又担任着教育者的角色,而许多教育者在某一时间阶段却又成为学习者等。这样的社会与教育发展状况自然也为现在"师生平等"的文化奠定了客观基础。学习者文化中特别需要关注的是要重点加强儿童文化的建设,尤其是在师范生培养中必须强化"儿童主体",即儿童身心发展主要靠儿童自己的观念,鼓励师范生走进儿童、永葆童心,了解儿童,研究儿童,把儿童的童趣、童乐作为重要的教育资源。

教师文化是教育文化的重要组成部分,是指教师群体(教育者)在较长时间的教育实践活动中逐步形成、积淀的价值观念、职业道德、教育理想、教育知识、教育思维、教育能力和外显的教育行为等的总和。

教师文化为教师注入了显著的文化特征,给教师的工作和生活方式、专业发展等打上文化的烙印。如"为人师表""德高为师""身正为范"等都在有意无意地约束着教师的言行,促进着教师不断提升自己的身心素养。许多教师因为认识到自己是教师,所以不管在什么场所,都特别注意自己的言行,处处"为人师表"。

教师是承担着为社会培养人的职责的专业人员，其理念必须先进、其思想必须跟上社会发展的要求，因此，教师文化随着经济社会发展势必也会快速发展、不断完善，既保持历史继承性，又保持社会引领性。

教师自身是教师文化产生、发展和完善的主体，但教师的经济、社会地位，教师的生活、工作方式，社会的整体尊师重教氛围等会直接影响教师文化。教师文化建设的重点要从促进教师提高全面素养开始，为教师提供相对优越的工作和生活环境，为教师专业发展提供丰富的资源和充足的时空条件等，因此，政府和教育主管部门在建设、完善教师文化中起着关键性作用，教师自身的作为当然是核心要素，外在条件只有通过教师本人才能真正发挥作用。而且，文化的形成也不可能是一蹴而就的，是长时间积累、积淀的结果。有积淀往往才有文化的厚重，才能产生文化化人的力量。

（二）教师教育文化与小学教师一体化专业发展文化

教师教育文化是教师文化的组成部分，是指向教师专业终身可持续发展的教师文化，是关于教师培养、培训，教师素养提升、教师队伍建设的文化。具体而言，教师教育文化是指教师职前培养（师范生培养）和教师专业发展培训等的指导思想、教育理念、教育目标、教育内容、管理举措和管理制度，以及创设的资源和环境条件等共同构成的教育文化。

教师教育文化围绕着教师的终身可持续发展而建设、发展和完善，与教师队伍建设、教师个体素养提升息息相关。随着教育部和各省教育厅教师教育相关文件的相继出台，教师教育文化氛围也越来越浓厚，势必对教师队伍建设、教师终身发展起越来越大的促进作用。

小学教师一体化专业发展文化是教师教育文化的一种特殊表现方式，或者说是教师教育文化在小学教师专业发展中的具体表现。小学教师一体化专业发展理念体系、人才培养体系、目标体系、内容体系、实施体系和质量保障体系等都是构成小学教师一体化专业发展文化的重要因素，但其本身还不是文化。文化，其核心是精神，是认识，是无形之中就会对人产生影响的类似于风俗、习惯之类的意识，文化一经产生，就会自然而然地对人产生影响。因此，行为本身不是文化，或者说是文化的外在表现，而其背后所凝结的思想、认识，特别是精神，才是真正的文化。

小学教师一体化专业发展文化是指在小学教师一体化专业发展实践过程中逐渐形成和积淀，对小学教师一体化专业发展产生影响的理想、信念、价值、理念、态度，世界观，教育目标、教育内容、教育手段、教育评价、教育管理等的总和。理想、信念和世界观等是小学教师一体化专业发展的动力文化，起着方向引领和动力激发作用,对小学教师一体化专业发展而言尤为重要,是更需要政府和社会强力建设的内容。

(三) 山区小学教师一体化专业发展文化体系

文化体系已经是一个非常常见的概念,比如在企业中,文化体系的建设越来越得到认可。当然,作为文化传承和创新专门场所的学校,也越来越重视其自身文化体系的建设。山区小学教师一体化专业发展文化体系就是指构成山区小学教师一体化专业发展文化的各种要素及其相互关系的系统。从教育要素看,其体系包括教育者文化、学习者文化和教育影响文化及其相互关系;从其表现形式看,其体系又可以包括理念文化、情意文化、激励文化、服务文化、协同文化、团队文化、效能文化、质量文化和特色文化等;从其形成的过程看,包括文化产生、文化认同、文化自觉、文化自信和文化创新等。

山区小学教师一体化专业发展文化体系中最需要重视的是理念文化、情意文化、服务文化、协同文化和质量文化的建设。理念文化是先导,情意文化是动力,服务文化是环境,协同文化是举措,质量文化是目的。山区小学教师一体化专业发展理念的深得人心,将为卓越小学教师培养奠定坚实的文化基础,会让全社会都认识到职前职后一体、教学做合一、学研训一体等是无须争议的常态,为小学教师的专业发展积蓄力量;山区小学教师专业发展情意的养成,即教育情意、学生情意、教师专业理想、专业情操、专业意志等的养成,将为其专业发展提供强烈、持续的动力,是促进小学教师终身发展的必备条件;服务文化,即为教师专业发展所提供的各种服务氛围所形成的文化,如学习资源、学习机会,专家引领、团队协同等形成的培训文化,过程诊断、表现评价、正面激励等形成的管理文化,都能为小学教师一体化专业发展提供良好的条件;质量文化则是直接指向教师专业发展质量的文化特征,是以提升教师全面素养为目标的质量观。

二、山区小学教师一体化专业发展文化体系特点分析

山区小学教师一体专业发展文化体系除具有系统性与层次性、共同性与独特性、历史性与现实性、稳定性与开放性、区域性与共享性、价值性与情感性等文化体系的共同特点外,还具有自身的独特性。

(一) 山区小学教师一体化专业发展文化体系的基本特点

山区小学教师一体化专业发展文化体系的基本特点可概括为"多维一体""多方协同"。多维一体即"一体化文化""职前职后一体发展""教学做合一""教研训一体"等,强调的是教师教育文化建设要围绕山区小学教师终身发展的各个阶段展开,针对山区小学教师发展不同阶段的需要,提供有针对性又相互联系、

相辅相成的理念指导、价值认同、目标引领、团队辅助等，为教师的专业发展营造良好的氛围、创造良好的条件。职前培养阶段，以学习为主要任务，围绕《小学教育专业师范生教师职业能力标准（试行）》要求，形成能力导向，理论学习、技能训练、实践锻炼齐头并进，课堂教学、课外活动、校外锻炼密切配合的浓厚的学习文化；新任教师适应阶段，以教育教学任务为导向，围绕《小学教师专业标准（试行）》要求，形成岗位胜任力导向，形成促进理论与实践相互融合，培养基于真实教育教学问题解决能力的良好氛围，促进新教师快速知识、全面成长；"一体化文化"更有利于促进小学教师终身学习、持续发展。

"多方协同"即"协同文化"。教师专业发展需要包括教师自身在内的利益相关多方的共同努力。教师教育文化体系，特别是山区小学教师一体化专业发展文化体系的建设离不开政府、教育主管部门、高校教师教育专业和山区小学等利益相关各方的共同努力，特别是政府在其中应该发挥关键性作用。"从教师教育文化形成的难题看，政府应该是教师教育文化建设的关键。首先，要纠正教师教育文化外延认识的偏差，需要社会（主要是政府）创建终身学习氛围，终身学习可以是教师教育相关人员的主动追求，也可以是基于评价要求被动地接受，而这个评价在我国主要来自于政府，因此纠正教师教育文化外延的认识，政府是关键。其次，教师教育意识自觉性差方面，教师要想与基础教育机构建立长期合作机制需要政府协调、制度和经费保障，基础教育机构教师要能够意识到自己是教师教育的一部分需要政府在这方面提出长期要求，当然政府管理部门能意识到自身在教师教育中地位的重要性是解决这一问题的根本。最后，社会环境对教师教育文化形成的不利影响，最终解决也需要政府的宣传与引导。因此，教师教育文化建设的关键应该是政府。"①此外，山区小学的作用也不可忽视。山区小学不仅是小学教师生活和工作的场所，更是小学教师一体化专业发展文化创生、发展和完善的场所。山区小学的学校文化中理应包含小学教师一体化专业发展文化，小学也必然要承担着小学教师职前培养的任务，小学中的部分优秀教师应该是教师的教师，与高校的理论教学教师协同承担着培养教师的职责。

"多维一体""多方协同"的小学教师一体化专业发展文化体系建设是小学教师专业发展的需要，也是小学自身持续创新发展的需要。《浙江省教师发展学校建设实施方案（试行）》中明确提出"在全省中小学校（含幼儿园、职业学校，以下简称中小学）建设一批数量充足、结构合理、由教育行政部门统筹协调，高等院校与中小学协同培养培训的教师发展学校，为师范生教育实践、中小学教师专业发

---

① 封喜桃. 从文化本质看教师教育文化建设. 教育导刊，2014 年第 10 期.

展培训教育实践和高校教师挂职锻炼等提供场所,为师范生教师教育课程提供应用型师资,为高校教师指导参与基础教育改革提供平台,进而有效促进教师专业发展,提高教师教育教学水平。""建设目标"就是"多维一体""多方协同"文化体系的体现,为浙江省乃至全国教师专业一体化发展、中小学与高校协同发展等提供了很好的借鉴。

（二）山区小学教师一体化专业发展文化体系的具体特征

山区小学教师一体化专业发展文化体系基本特征指的是这一文化体系的总体特征,此外该体系还具有一些具体的特征,如"师德为先""主体凸显""精神引领""终身学习""特色发展"等。

1. 师德为先

强化师德,这是教师教育文化体系的重点,特别是面向儿童的小学教师和幼儿园教师更应该强化师德为先。要在全社会形成"不了解孩子需要的教育就是无效的教育,不尊重孩子人格的教育就是违背师德""孩子的身心健康比分数更重要,孩子的快乐生活比考试成绩更重要"等氛围,既促进教师树立正确的教育理念,也促进全社会形成良好的教育风尚。

师德为先教师教育文化的形成会无形中鞭策着一代又一代教师沿着"德高为师""身正为范"的专业发展道路上阔步前进,会促进着教师及早摆脱"考试""排名"等的束缚,尽快摒弃追求"分数第一",违反学生身心发展规律、违背教师本心的做法,告诫教师不忘育人初心,回归课程育人、活动育人、人格育人,实现真正的情感互动、生命互动。

2. 主体凸显

强化主体,强化教师自身的自觉自省,是教师教育文化体系的重要特色。教师不仅是社会一分子,更是承担着培养社会接班人使命的专业人才。小学教师不仅是文化体系的影响者,更是文化体系的创造者和完善者。丽水学院小学教育专业以浙江省"十三五"师范教育创新工程项目《信息化·自主性:新型乡村教师培养创新行动》为研究和实践平台,注重积淀"信息化·自主性"为核心的"产出导向"专业质量文化。通过实施教学全过程、全方位督导制度,学生教学信息员制度,学生评教制度,毕业生专业发展追踪调查制度,用人单位参与培养方案编制（修订）、走访、反馈,同行专业评议等途径,逐步完善以"学生发展成效"为中心,自觉自省、自律自查、自纠自建为主要手段的教育教学质量保障体系,坚持内涵发展、特色发展,形成持续改进的教育教学质量文化,培养德智体美劳全面发展的社会主义建设者和接班人。自主发展文化的形成,不仅提升了师范生的素养,也为教师专业的持续发展奠定了良好的基础,自主性培养始终是人的培养的重点，育人就是要激发人的发展的自主性，要培养人的自主发展意识和能力，否则人的潜力无法发挥，人的能力无法培养。主体凸显就是要形成重视自主发展的文化，教师专业发展依靠自主，学生全面发展也依靠自主。自主性是人最根本的特性，是人的素质的基本内核，人的积极性、主动性、独创性，人的责任心、上进心、自信心，人的情感力、意志力、判断力等等都是自主性的表现。自主性发展才是发展的根本，培养人的自主性才是抓住了教育的根本。小学教师一体化专业发展文化体系凸显主体，就是要凸显人的自主性，要形成全社会重视培养自主性的良好风气。

3. 精神引领

文化的真正意义就在于价值引领。强化精神引领既是教师教育文化建设的需要，也是教师专业发展的需要。从总体看，教师是社会上文化层次较高的群体，对社会风尚的形成起着直接的影响作用，更需要精神的引领和充实。丽水学院小学教育专业重视在人才培养全过程中落实社会主义核心价值观，同时注重发挥以"忠诚使命、求是挺进、植根人民"为内涵的浙西南革命精神和以"博爱、奉献、求真、创新、实践"为核心的"行知精神"等对师范生职业精神的引领作用，通过宣传、演讲、参观、讲故事、听报告、做研究等多种方式形成浓厚的专业精神文化，在立德树人方面收到了良好效果。

在职教师专业发展同样需要精神引领。我国优秀传统文化、革命文化和社会主义先进文化为教师教育文化体系提供了强有力的精神保障。爱国主义精神、无私奉献精神、助人为乐精神等更应成为引领教师专业发展的精神食粮，为教师专业发展提供强劲的精神动力。

4. 终身学习

终身学习应该首先成为教师生活的常态。强化终身学习就是强化教师专业发展，小学教师一体化专业发展需要小学教师持续不断的学习，并且注意"学教研训一体"。终身学习文化对小学教师专业发展而言尤为必要，特别是将教师的自主学习、专业发展培训、针对教育教学问题的课题研究等融为一体的学习对教师专业发展更加有利。

首先，重视学生的生涯规划指导，通过优秀教师成长故事阅读、教育相关政策解读、基础教育学校考察等多种途径，帮助师范新生深入认识教育事业、全面理解教师地位和作用，明白现代教师所需要的素养，从而结合自己的实际，编制出切实可行、持续一生（将大学新生适应作为近期目标，将大学毕业作为中期目标）的学习发展规划，引导学习和专业发展；其次，注重将终身教育理念落实到小学教育专业师生的学习活动中，强化师生的终身学习意识和终身学习能力培养，以学习需要和动机激发为前提,通过讲座、研讨等让师生明确学习的意义、方法,通过技能训练、实践活动等增强解决现实问题的能力,养成良好的实践中学习、理论与实践结合等习惯;此外,还可以通过组建"师生学习共同体",开展"师生共读一本书""师生共研一课题""师生同上一堂课"等活动,促进师范专业学生与一线优秀教师互动,共同学习先进的教育理论,了解国内外教育改革与发展的动态和经验,养成终身学习、自主探究、主动实践、持续发展的意识和能力,不断优化知识结构,提高文化素养,奠定终身可持续发展的坚实基础。

5. 特色发展

强化特色发展也就是强化个性发展。每个老师都有自己的独特个性,都应该有各自不同的发展愿望和发展举措等,发展的水平、境界等也会有诸多的差异。只有形成在小学教师专业标准的统一要求下,鼓励教师个性发展,形成特色鲜明的小学教师队伍,才能促进小学生的生动、活泼、和谐、全面发展。

特色发展文化也应该从师范专业开始,比如,丽水学院小学教育专业坚定"山区乡村"特色定位,培养具有"山区情怀""行知精神""体艺特长"的山区小学卓越教师;坚守"学生为本""师德为先""能力为重""终身学习"理念,培养"德高""知博""体健""艺特"的山区小学卓越教师;坚持开发山区特色课程、开展"行知杯"系列活动,不断强化学生的"山区情怀""行知精神",实现差异发展、特色发展。特色发展还应该渗透到教师专业发展的全过程,延伸到每一个老师,只有每个教师都深刻认识到自己的独特价值、自己的特殊才能,拥有独立的发展机会,才能真正促进教师的自主发展。当然,特色发展不仅是个性发展,而且是个性的高质量发展。

三、山区小学教师一体化专业发展文化体系建设

山区小学教师一体化专业发展文化体系不是自然形成的,需要有意识地创建与不断地完善。

(一) 山区小学教师一体化专业发展文化体系建设原则

山区小学教师一体化专业发展文化体系是教师教育文化体系的特殊形式,是针对小学教师一体化专业发展需要而建设、完善的文化体系。其建设需要符合育人性、发展性、专业性、系统性和实践性等基本要求。

1. 育人性原则

即人本性、自主性。育人是教师教育文化的根本,教师教育文化不仅要充满着社会正能量,促发教师持续努力,而且要通过教师影响学生和其他社会成员的精神、心态,给社会成员广泛提供正能量。要始终坚持尊重人、信任人、激发人、

依靠人，始终相信人才是发展的根本，每个人都是有潜力的。教师的作用就是激发人的潜力，促进人的发展。而要促进人的发展，教师自身必须首先发展，教师的发展、教师素养的提升是全社会的事，需要全社会的重视，更需要教师自身的持续努力。

2. 发展性原则

即前瞻性、超前性。小学教师担负着为未来社会培养人的重任，小学教师专业发展需要走在社会发展的前列，信息技术、人工智能等应成为小学教师必备的基本素养。特别是"师德践行能力""自主发展能力"是小学教师更为重要的能力。教育理念的先进比知识的渊博和能力的增强更为重要。

3. 专业性原则

即针对性、独特性。这里的专业性指的是其文化专业要根据小学教师一体化发展的需要而专门开展。要针对小学教师专业发展不同阶段的需要，形成既具有独立性，又相互联系的独特文化，以促进小学教师的持续发展。比如，形成以《小学教育专业师范生教师职业能力标准（试行）》为主要依据的小学教育专业学生培养文化，师德践行能力、教学实践能力、综合育人能力和自主发展能力培养成为小学教育专业师生的共识，其他的新任教师适应期培训，成熟教师的专业发展培训等也应围绕小学教师专业标准形成，并促进着教师专业发展。

4. 系统性原则

即体系性、全面性。小学教师一体化专业发展文化应该自成体系，既充分体现文化体系的系统内容，又充满小学教师的独特气息。教师地位和作用、教师专业发展理念、教师专业发展目标、教师专业发展举措等深入人心，社会大众对小学教师的专业发展高度认可，并愿意为小学教师地位的提升、专业发展水平的提高尽自己的职责和义务。这种氛围的形成需要全面落实政府出台的关于教师队伍建设的相关文件精神，需要教育主管部门和学校的大力宣传，也需要广大小学教师自身的不懈努力。

5. 实践性原则

即操作性、可行性。文化的作用大多是潜移默化地"化人"，让人在不知不觉中深受影响。文化的建设可以在对长期实践经验全面总结、梳理的基础上进行，也可以通过恰当的顶层设计开展。小学教师一体化专业发展尽管不是新生事物，但实践、积淀的时间毕竟还不长，需要将经验总结与顶层设计相结合，在全面梳理相关政策的基础上，结合小学教育专业建设和小学教师队伍的现状，切实设计既全面、系统，又具有可操作性，能够在小学教师专业发展的行动中真正发挥"化人"作用的文化体系。

（二）山区小学教师一体化专业发展文化体系建设重点

根据山区小学教师一体化专业发展需要，山区小学教师一体化专业发展文化体系建设应着重在理念文化、目标文化、评价文化、质量文化、制度文化等方面下功夫。

1. 理念文化建设

我国素有尊师重教的优良传统，小学教师在老百姓的心目中依然有着良好的形象，再加上现在国家对教师队伍建设的重视趋势，小学教师的地位也在不断提高，这些都为教师教育文化理念的形成奠定了良好的基础。特别是"以人为本"的理念已经越来越深入人心。坚持以人为本，最根本的就是坚持"以学生发展为本""以教师发展为本"。以学生发展为本，要求要把学生健康成长、快乐成才作为学校最根本的任务，作为学校和教师一切工作的出发点和落脚点，学生品行的养成、知识的收获和能力的提高，才是学校和教师工作取得成效最过硬的依据，学生对教师、学校和课堂的满意度是检验学校办学水平高低最重要的指标。以教师发展为本，就是学校的一切工作都要依靠教师，要高度重视教师队伍建设，促进每一个教师专业发展，教师队伍的数量、结构是否合理，教师队伍素质和工作积极性的高低，是社会发展水平的重要标志。为此，全社会都要努力创造一个尊重知识、尊重人才的良好氛围，为教师的专业发展建设良好的文化。

理念文化既可以来自社会长期的积累、教师专业发展的积淀，来自传统文化的凝练，也可以来自专家的研究、设计，更重要的是对国家相关政策的研究，对经济社会发展未来的预期等，只有前瞻的理念体系，才能引领教师专业更好发展。

2. 目标文化建设

目标文化既是导航系统，又是动力系统。目标文化建设中既要重视小学教育专业的特色培养目标和毕业要求体系，又要重视在职教师的晋升晋级目标体系。目标文化是师范生培养目标和在职教师晋升晋级目标得以普遍认可、成为激发力量的体现。丽水学院小学教育专业就以长期积累的"行知文化"为师范生营造特色的山区小学卓越教师这一特殊努力目标。"行知文化"是丽水学院教师教育的金名片，有多年的积累和丰硕的成果，"陶行知教育思想概论""陶行知与大学生成长"等师德必修课程，学生陶行知研究会、读陶著、看陶行知影剧、听陶行知讲座和故事、写"学陶"心得，"行知杯"系列活动等丰富多彩的校园活动，行知书院、行知园、行知路等生活环境，充满着浓郁的"行知"氛围，时刻影响着每一个学生，激励着每一个学生成长成为山区小学卓越教师。丽水市教育局面向全社会公开印发的"绿谷双名（名教师、名校长）"全员进阶系列指标体系，同样为全市教师的晋升晋级指明了方向、激励着全体教师努力发展。

3. 评价文化建设

评价文化是与目标文化紧密相连的文化体系，缺乏具体的评价指标，目标就会变成空洞，失去吸引力和动力作用。只有将目标细化成具体的评价指标，让教师清楚地知道达成某一目标的具体要求是什么，自己的差距在哪里，做哪些事情可以接近或达成目标等，才能吸引教师努力。评价文化是评价体系深入人心的表现，需要科学、持续实施的评价体系作为前提。评价体系一般应包括评价主体、评价量规、评价时间、评价流程等等，通过评价体系的全社会公开，不仅全体教师，而且众多社会人员都认可对教师的激励性评价，就会自然而然成为激发教师专业发展的文化现象，会随时激发教师发展，也会吸引全社会关注教师专业发展。

4. 质量文化建设

无论是教育事业发展还是教师专业发展，最终都在于质量的全面提高。质量文化、质量体系的建设也就成为重中之重的事情。广义的质量，除了产品和服务质量外，还包括组织质量、过程质量、管理质量等等与产品和服务直接相关的工作质量。质量既跟事物本身的特性有关，又与是否满足人的需要有关，因此，只有相对的标准。比如人才培养质量，是指是否实现了人才培养的预定目标，较好地实现了人才培养目标就认定为取得了人才培养的高质量。"质量是文化的产物，质量是文化的结晶，从文化内涵上来看，质量本身就是一种文化，是一种人为的心理建构，而不是自然的生成物。换句话说，文化是质量的'本体'，质量在我们的心中。"[①]

教师的质量如何评价，教师队伍的质量高低以何为标准等问题的社会俗成意见直接构成社会的教师教育文化氛围，影响教师的专业发展。小学教育专业建设、教师专业发展培训机构等都要重视质量文化建设，并通过专业质量文化和继续教育文化影响社会教师教育文化，从而为教师的专业发展创造更加优美的外部环境。

质量文化建设重点在于形成正确的教师教育质量观，形成对教师质量、教育质量的正确认识。比如人才培养质量，除了达到国家规定的基本要求外，还需要强化人才培养特色。"人才培养特色指高校在教育教学实践与人才培养过程中，长期积淀形成的，符合办学定位和社会需求的一种特质，具有独特性、优质性、发展性和社会认同性。"[②]学校自身的办学积淀、地方经济社会发展需求、人才培养

① 谷陟云，李森.教师教育教学质量：文化内涵与层次结构[J].教师教育研究，2020，32(4)：26.
② 尹云彦.兰州大学艺术人才培养特色研究，兰州大学，2020，第11页。

的独特定位取向等,是人才培养特色的重要渊源。"地方高校教师教育专业人才培养特色创新需要把握适用性、实践性、生态性、开放性四个原则,即人才培养要适应地方基础教育发展实际需求,要坚持理论知识和实践运用相结合,要实施整体性、生态化的人才培养策略,要建立开放而有活力的'人才培养共同体'。"①教师个人专业发展也同样需要在统一标准,如"四有好教师"的基本要求基础上,有个性地发展。教育主管部门、承担教师教育任务的高校、基础教育学校要协同通过特色课程开发、常态化的教研活动、基本技能竞赛活动、教师榜样人物宣传等各种活动,形成浓郁的促进教师质量提升文化氛围。

"教师教育教学质量可以表达为教学决策文化、教学实施过程文化和教学结果文化与利益相关者文化互动耦合的产物。这样的定义传达的意蕴是教师教育教学质量作为教师教育所有利益相关者的共同价值观和集体的责任。作为质量内容的'教师教育教学文化质量'与作为质量治理工具的'教师教育教学质量文化'是统一的:一方面,教师教育教学质量文化应以教师教育教学文化质量为目标;另一方面,教师教育教学文化质量应以教师教育教学质量文化为基础。"②

质量文化建设,就是质量观的建设,不仅为小学教师一体化专业发展提供保障机制,而且能为小学教育事业的健康发展提供强有力的保障机制。"三全"质量体系建设极为重要。一是全面质量体系。即形成全面的质量观、全面的质量文化,具体而言是要对质量有一个全面的、综合的理解,教师教育质量或者说教师发展质量,不光是指教师自身的身心发展水平,更重要的是培养人的水平,即促进学生发展的责任、态度和能力等。自身品德、学识和能力等的增长是教育质量提升的基础,育人理念的先进、育人本领的增强才是根本,学生的发展水平全面提高了,学生在老师的指导下满怀信心和兴趣地学习,快乐、幸福地成长,才是真正的教师教育质量的提高。二是全程质量体系。指重视教师教育过程的质量,包括教师培养和培训的每一个参与者、每一个环节、每一个细节的质量,也就是要重视对教师成长全过程的质量管理,还包括教师人才培养设施设备、环境条件等的质量(优劣)。三是全员质量体系。即全员的质量观,不仅是每个教师自身,每个社会成员的教育质量观、教师质量观都随时影响着教师教育的整体质量,要不断强化全面质量意识,避免社会单纯用"考试分数""考上重点大学人数"等指标来评价教师,特别是对小学教师的评价更应避免考试排名的做法,让教师

① 陈慕杰.地方高师教师教育专业人才培养特色化创新的路径探析——以桂林师范高等专科学校为例[J].高教探索,2019(4):97-98.
② 谷陟云,李森.教师教育教学质量:文化内涵与层次结构[J].教师教育研究,2020,32(4):26.

从分数、考试中解脱出来,真正做好育人的工作,承担起促进下一代健康成长的重任。

5. 制度文化建设

制度是文化的组成部分,又是文化形成和发展、完善所必需的。只有通过完善的制度建设,教师教育实践经验才能上升到理性认识,才能发挥长效作用。通过各种规章制度的出台和完善,形成教师一体化专业发展机制,职前职后互通,教学、研究和培训一体等就成为常态。如今,教师队伍建设的相关制度越来越完善,一体化专业发展也越来越得到重视,因此,缺的不是制度本身,而是制度间的关系梳理和制度的落实。比如,小学教育专业认证制度,从制度的设计来看,已经从工程专业认证等制度中学到许多经验,也结合教师教育实际进行了研究,有了许多的试点认证实践经验,对专业建设起到一定的促进作用,但制度执行也有赖于专业建设者对认证制度的认识程度和对"以认促建""以认促改""以认促强"认证理念的理解程度和执行程度,只有将认证作为促进专业建设的强有力抓手,以认证指标体系指导专业建设,才能真正对专业建设起到促进作用,如果只是为了通过认证,作用还是很有限。

制度文化建设与制度本身有关,更与制度执行关系密切。教育、科技、人才的战略性、基础性地位已经确认,相关制度也已经制定。通过广泛的宣传和培训工作,提高管理层对各项决策和制度的理解水平,是提高制度执行力的关键。制度文化建设不仅是教师队伍建设和管理制度本身的完善,制度的宣传也同样重要,文化体系的完善需要持续的宣传,需要广泛的传播和深度的培训。

第十章
山区小学教师一体化专业发展研究体系

　　理论是实践的先导，任何一项教育改革都离不开教育理论研究及其成果的支撑与引领。教师教育理论研究已经得到了学术界的重视，小学教师一体化专业发展的理论研究也有了一定的成果，但其研究体系的建设还需要得到进一步重视。

一、明晰山区小学教师一体化专业发展研究体系的意义

　　山区小学教师一体化专业发展研究体系建设不仅能够为具体的教师教育改革实践提供科学的指导，而且能够促进山区小学教师一体化专业发展。

（一）山区小学教师一体化专业发展研究体系的理论意义

　　山区小学教师一体化专业发展研究体系是教师教育研究体系的重要组成部分，其研究对象是山区小学教师一体化专业发展中的问题，并通过问题研究探索山区小学教师一体化专业发展基本规律，为山区小学教师一体化专业发展提供坚实的理论支撑。

1. 丰富研究成果

　　具有鲜明山区小学教师一体化专业发展特色的教师教育研究理论成果还相当缺乏，山区小学教师一体化专业成长尚在实践探索中，需要更丰富的研究成果支撑与指导。特别是对实践在山区小学教育一线的在职教师专业发展有系统性、指导性作用的研究还不多，需要研究者进一步研究与总结提炼。

　　山区小学教师一体化专业发展研究体系的建立有助于针对山区小学教师一体化专业发展中遇到的常见问题，开展问题导向的研究，并指导实践工作。如山区小学教师专业发展各阶段衔接机制研究，不同分管部门和机构负责的职前培养与职后培训的紧密对接机制如何建立，需要理论的探索。更具体的如山区小学教师一体化专业发展目标的横向维度和纵向序列（阶段）确定，与发展目标匹配的专业发展内容的选择与组合原则，内容的广度和深度确定，不同发展阶段的

知识、能力和素质如何协同发展等，实践探索已经走在了理论研究的前面，需要理论的重大突破，亟须丰富的理论研究成果。

研究是学习、成长、反思等的同义词，不仅是理论工作者的任务，也是山区小学教师自身专业发展的基本途径。只有每个山区小学教师都积极参与针对问题的研究工作，研究体系才能真正创建与完善，研究成果才能真正丰富与有效。建设研究体系还要形成浓厚的广大教师参与自身专业发展研究的氛围，树立研究促成长、研究促发展的理念。

2. 创立研究体系

在研究中创立、完善研究体系，是提高研究水平、保障实践成效的重大举措。建设山区小学教师一体化专业发展特色鲜明，融揭示山区小学教师一体化专业发展基本规律的理论研究，指导小学教育专业建设、指导不同发展阶段的山区小学教师在职专业发展的实践研究于一体的研究体系，持续取得理论研究成果是直接目标，指导山区小学教师科学编制生涯发展规划、确立专业发展系列目标、选择专业发展内容，促进山区小学教师专业一体化发展、终身可持续发展则是最终目标。

山区小学教师一体化专业发展研究属于应用性为主的研究，其研究体系的创立，应该引导教育研究者们重视教师教育研究，并使研究工作回归学校、回归教师、回归教学生活和教师成长。

（二）山区小学教师一体化专业发展研究体系的实践意义

建设山区小学教师一体化专业发展研究体系本身不是目的，其真正目的是能使之正常运行，对山区小学教师专业发展起到直接的促进作用。因此，山区小学教师一体化专业发展研究体系建设不能停留于理论研究成果的取得，而是要及时转化研究成果，特别是要针对山区小学教师专业发展中的问题开展行动研究，在研究中指导山区小学教师有序开展专业自主、个性化发展。

1. 总结实践成果

山区小学教师一体化专业发展研究体系首先要做的事，就是对山区小学教师一体化专业发展的实践工作进行全面的总结、提炼，形成指导专业发展的行动理论，切实促进教师队伍建设。各级教育主管部门和教育研究部门应以专题项目的形式，面向全体教师开展教师一体化专业发展课题研究，通过系统的研究一方面总结长期积累的实践经验，另一方面直接指导教师专业发展，激励教师通过研究解决专业发展中的问题，促进专业发展。

2. 指导教师实践

开展行动研究的同时，要及时做好相关政策和理论研究成果转化工作，将其转化成指导教师专业发展的具体行动方案文本，如小学教育专业师范生自主成长指导手册、小学教育专业师范生职业能力培养指导手册、小学教师一体化专业发展指导手册、小学教师一体化专业发展自助读本等，将政策解读、理论指导、实操训练等融为一体，切实指导小学教师一体化专业发展。研究是提高专业建设水平、支撑专业创新改革的重要手段。比如，丽水学院小学教育专业依托"乡村教育研究院""丽水学院基础教育研究院"重点开展了教师教育、基础教育、课程、教学和学生发展等方面的研究，取得了一定成效，既锻炼了专业师资队伍，又为专业建设提供了理论支撑。

二、理解山区小学教师一体化专业发展研究体系的特点

山区小学教师一体化专业发展研究体系既是理论研究的体系，又是实践指导的体系，应该兼具理论与实践两重性，是"行知合一"的研究体系。这一体系建设要突出"问题导向"，探寻当前小学教师一体化专业发展中最核心问题的解决依据、解决方案、评价指标等，建设面向未来、具有新时代智慧教育特征、能切实指导山区小学教师专业发展的研究体系。

（一）山区小学教师一体化专业发展研究体系的基本特点

山区小学教师一体化专业发展研究体系的基本特点是：问题导向、面向未来。问题导向即研究体系建设要针对山区小学教师一体化专业发展中的问题，目标瞄向问题解决，过程融入解决问题的过程中，成果为解决问题的方案、经验和规律性认识等。山区小学教师一体化专业发展研究体系既要针对问题又要面向未来，特别是要有对经济社会发展趋势的预测，要有对现代信息技术手段、人工智能与未来教育发展的预期，否则培养的教师难以满足社会发展的需要，研究体系也就没有现实意义。以问题为起点，以未来社会发展需要为追求，是山区小学教师一体化专业发展研究体系的基本特点。

问题导向就是直接瞄准问题，包括山区小学教师一体化专业发展的学科定位、国际比较、社会功能、目标体系、知识结构、素养特质等理论问题；新文科建设要求在小学教育专业建设中的落实，基于"学生中心""产出导向""持续改进"理念的专业综合改革方案及其实施，基于《小学教育专业师范生教师职业能力标准（试行）》的师范生从教能力培养策略，"师德规范""教育情怀"等的养成和专业特色的内涵及其培育，师范生自主性发展方案及其实施，师范生信息技术能力、研究能力、反思能力培养策略，山区乡村小学创新改革及其对未来教师的特殊要求，基础教育改革与发展对小学教师的新要求及其等小学教育专业建设问题；教师专业发展培训课程体系建设，教师专业发展培训实践模式创建，教师专业发展

特色文化建设等教师专业发展实践问题等等。解决这些问题才能真正提高小学教师一体化专业发展的理论研究和实践指导水平。

面向未来就是在解决实际问题的同时，要将目标指向山区小学教师的未来发展。面向未来与问题导向并不矛盾，面向未来就是要着眼解决将来发生的未确定问题，包括面向信息技术的快速发展、人工智能的广泛应用、在线教育的蓬勃兴起、经济社会发展的不确定性等。

（二）山区小学教师一体化专业发展研究体系的具体要求

山区小学教师一体化专业发展研究体系的具体要求是：对标卓越、突出智能、强化主体、注重关联和落实操作。

1. 对标卓越

对照国家卓越教师培养标准建设研究体系，系统开展小学卓越教师培养的研究工作。《教育部关于实施卓越教师培养计划 2.0 的意见》的总体思路：围绕全面推进教育现代化的时代新要求，立足全面落实立德树人根本任务的时代新使命，坚定办学方向，坚持服务需求，创新机制模式，深化协同育人，贯通职前职后，建设一流师范院校和一流师范专业，全面引领教师教育改革发展；目标要求：到 2035 年，师范生的综合素质、专业化水平和创新能力显著提升，为培养造就数以百万计的骨干教师、数以十万计的卓越教师、数以万计的教育家型教师奠定坚实基础。① 山区小学教师一体化专业发展体系既要研究协同育人机制，也要研究骨干教师、卓越教师和教育家型教师的培养。

2. 突出智能

教师培养工作离不开现代信息技术的支持，山区小学教师一体化专业发展研究体系更应突出人工智能在教师教育研究与实践中的应用。要注重采用智能手段开展山区小学教师培养的研究工作，更要注重提高山区小学教师的智能化水平，提高教师运用智慧教育手段、智慧地解决教育教学问题的能力。突出智能就是要研究如何运用智能化手段提高教师的智慧教育能力、更好更快地培养智慧型教师，要研究如何给教师提供更多更好更快了解学生、因材施教的策略，研究智能化教学平台如何更好地帮助教师实施精准教学、提升教学效率等。

3. 强化主体

强化教师自身在研究中的主体作用。教师本人既是研究者又是实践者，既

---

① 教育部：《教育部关于实施卓越教师培养计划 2.0 的意见》，2018 年 9 月 17 日，中华人民共和国中央人民政府：https://www.gov.cn/zhengce/zhengceku/2018-12/31/content_5443523.htm，访问日期：2024 年 1 月 1 日。

要研究教育教学途径、策略和方法等,又要研究自身的专业发展,二者紧密联系,教育教学水平的提升本身就是专业发展的重点。激励小学教师在专业发展中,通过专业发展的研究促进专业发展,是小学教师一体化专业发展研究体系应该要发挥的效用。比如,小学教育一流本科专业建设需要有一批教师去主动研究培养问题,因为只有本专业的教师,才最了解本专业的优势、特点和存在的问题,他们对本专业的学生如何发展、如何成长最有发言权。并且,研究本科专业的教学问题,不能仅仅是教育研究工作者的分内之事,更应该成为一流专业建设点所有专业教师的重要职责。只有基于专业的教学学术研究,才是最有特色的本科人才培养研究。

4. 注重关联

山区小学教师一体化专业发展研究体系不能仅停留于研究本身,取得研究的理论成果只是体系发挥作用的一方面,更重要的是要注重研究体系的关联性,即理论架构的完整、系统,理论研究与实践指导的联系,理论成果对实践操作的指导作用等,这一体系最重要的作用是通过研究促进教师专业发展,必须注重研究与发展的关联,研究要基于发展、基于专业发展中存在的问题,研究要服务发展,解决教师专业发展中的具体问题。

5. 落实操作

研究要形成理论成果,而山区小学教师一体化专业发展研究体系的理论研究成果最终要及时转化成操作方案,指导山区小学教师专业发展。理论研究成果的及时转化是应用研究的直接目的。山区小学教师一体化专业发展需要系统的指导方案,专业发展序列目标、系列内容、实施步骤等都需要研究成果做支撑。只有在研究成果指导下的实践,其科学性才能得到保证。而理论研究成果也只有转化成可操作、能落地的实施方案、行为标准、评价指标体系等,才能发挥其效用。

比如,丽水学院小学教育专业以乡村教育研究院专项研究课题和专项经费资助的形式,引导教师重点围绕乡村教育、教师教育、基础教育、课程教学和儿童发展等开展研究工作,将科学研究与人才培养紧密结合,通过基于问题、基于人才培养需要的研究,为小学教育专业建设搭好平台。专业的"研究体系"及其研究工作是学科建设与专业建设的联结纽带,其目标整体指向专业体系架构和人才培养质量提升,重点体现为引领专业建设方向、更新专业建设(人才培养)理念和为专业建设理论奠基,专业建设的所有内容都要建立在相关研究的基础上,专业建设的所有成效都有赖于研究的突破和研究成果的科学运用,具体如图 10 - 1 所示。

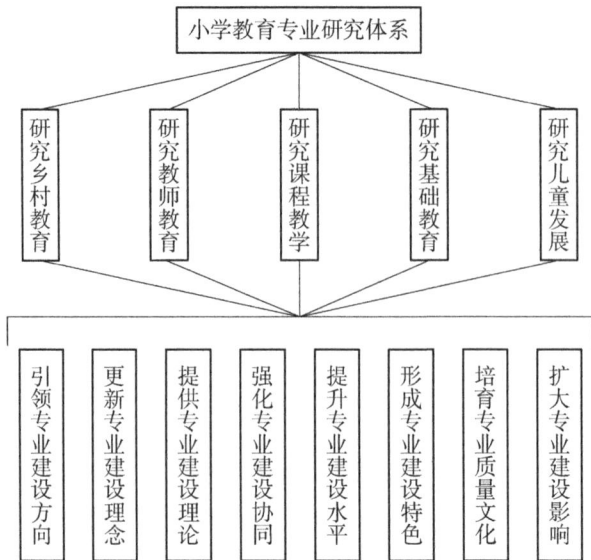

图 10-1　丽水学院小学教育专业研究体系

目前,丽水学院小学教育专业教师在山区乡村小学教师特质研究、山区乡村小学卓越教师培养目标及其支撑体系研究、山区乡村特色课程开发、基于学生中心的课堂教学模式改革、山区乡村特殊儿童研究和定位山区乡村的教育实践体系研究等方面设立了专项课题,取得了初步成效,并正在继续寻求新的突破。

三、运行山区小学教师一体化专业发展研究体系

山区小学教师一体化专业发展研究体系是建立在小学教师一体化专业发展需要的基础上的,其运行有赖于研究机构创立与研究项目的推进。

(一)山区小学教师一体化专业发展研究体系运行的一般流程

山区小学教师一体化专业发展研究体系的运行要基于经济社会发展要求、学校教育发展需求,要以人才培养理念和教师专业发展理念为引领,其具体流程如图 10-2 所示。

山区小学教师一体化专业发展研究体系最好通过专业的研究机构或研究团队运行。这一研究机构可以是专门设置的"研究中心""研究院"等,如"小学教师专业发展研究中心""教师教育研究中心"等,也可以是附设在其他教育教学研究机构中,如市县教育教学研究院中有附带这一功能。研究机构或研究团队的作用是组织和协调小学教师一体化专业发展研究工作。

山区小学教师一体化专业发展研究工作应始于小学教师专业发展的现状调

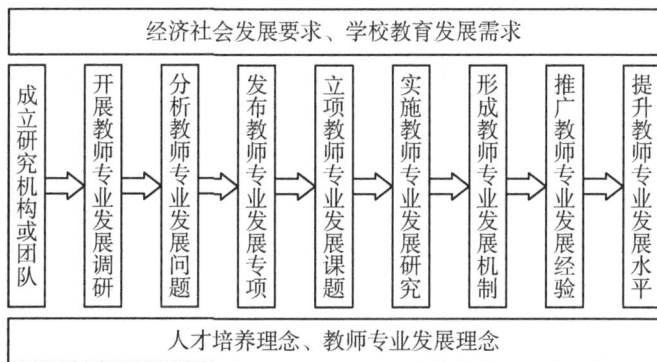

图 10-2 山区小学教师一体化专业发展研究体系运行流程

查,即基于小学教师专业发展的实际需要,不是为了制造理论,而是为了解决问题。通过现状调查,全面梳理小学教师一体化专业发展中的问题,并根据这些问题的重要性、急迫性和可解决性等设计出教师专业发展研究系列项目和课题申报指南等,并通过各级专题项目立项的方式搭建研究平台,发动广大教师和研究人员对相关项目开展研究,争取获得系列研究成果。在此基础上,研究机构、研究团队或教师教育和管理部门要对研究成果进行整理,将其转化成教师专业发展的可操作方案、制度等,形成教师一体化专业发展的长效机制和可推广的经验,从而促进小学教师一体化专业发展。

(二)山区小学教师一体化专业发展研究体系运行的注意事项

山区小学教师一体化专业发展研究体系的运行过程与其他研究过程类似,特别需要注意的是其应用取向,即其体系运行不能停留于研究成果的取得,而是要形成促进小学教师一体化专业发展的长效机制和可操作经验,只有真正促进了山区小学教师专业发展,研究体系的运行才有效。

1. 项目推进

山区小学教师一体化专业发展研究体系运行结果不能满足于理论成果的发表,要大量开展基于问题的课题研究,特别是鼓励教师主体以行动研究的方式,积极参与小学教师专业发展的研究,通过项目研究促进专业发展。项目推进的优势在于,一是项目一般针对具体问题、经过相对系统的设计,有一定的理论依据、有解决问题的基本思路、具体方法等,这些设计未必都很完善,但能在一定程度上解决问题,特别是通过全面调查与行动改进的项目研究,更能总结出切实可行的方法供参考;二是项目一般有团队成员的协同,研究过程中至少主要参与者会得到一定程度的理论熏陶和实践改进,特别是项目结题阶段的总结提炼能集中团队成员的智慧,总结出可行的途径和方法,甚至能得出一些规律性的认识,有助于促进教师专业发展；三是项目的形式容易调动更多教师参与的积极性，特别是一些意义重大的课题，具有较大吸引力，容易吸引研究者参与。

丽水学院小学教育专业师范类二级认证的整改根据专家提出的问题，推出"乡村教育研究院小学教育专业认证整改专项课题"，系统设计了基于山区乡村教师培养目标的毕业要求指标点科学划分及其课程体系、实践教学体系和活动体系等合理支撑研究；基于山区乡村小学教师专业发展需要的研究与反思能力培养研究；基于山区乡村小学教师培养的毕业要求达成度评价研究；基于"未来智慧教育仿真实训中心平台"的课程与教学建设研究；"学生中心"的教学改革模式研究；小教专业"评价—反馈—改进"质量保障体系研究；基于信息技术的专业质量保障对策研究等专题项目 20 项，面向小学教育专业全体教师公开认领研究项目，通过问题导向的研究，确保整改工作落到实处；小学教育省级一流专业建设项目，同样依托"乡村教育研究院""基础教育研究院"，瞄准基础教育、乡村教育改革与发展，开展"以研促学、以研促教、教学研一体"的行动，通过问题导向的项目研究，以项目推进的形式促进专业建设水平不断提升；学校的浙江省教师教育创新实验区建设项目《浙西南山区乡村小学教师培养创新实验区建设探索与实践》同样根据项目建设任务，围绕项目建设的内容和预期成果，分两批推出实验区项目建设校级教改专题招标专项，2021 年 7—9 月推出第一批项目，重点包括一流专业建设和教师教育专业实践教学体系，课程体系和特色课程建设乡村教师和儿童教育、山区乡村小学卓越教师培养研究，乡村名师名校长工作室、人工智能＋教师教育等，内容涵盖《浙江省教师教育创新实验区建设项目指南》中的建设内容，首批立项建设校级教改专题招标项目 29 项，项目的推进确保了研究的落实落地，取得了良好的成效。

2. 机制创新

山区小学教师一体化专业发展研究体系的运行结果是山区小学教师专业发展机制的创新。专业建设中"学生中心""产出导向""持续改革"等理念的落实，专业建设理论提升、制度完善、体系创建等都需要建立长效机制。特别是质量保障体系、学生自主成长体系、教师专业发展体系等长效机制都需要通过系统的研究进一步完善。

机制创新需要研究，更需要研究机构或团队、教师专业发展管理部门对研究成果及时进行整理和归纳，最重要的是及时转化理论研究成果，将研究成果转化成教师专业发展的课程、讲座专题，转化成管理制度、行动方案，转化成指导手册等，只有这样，教师专业发展的长效机制才能形成，研究体系的效用才能真正发挥。

3. 试点先行

山区小学教师一体化专业发展研究体系运行的结果是产出研究成果,包括理论成果和实践成果。这些成果本身对促进教师专业发展就具有重要意义,但最根本的还在于其推广价值,能广泛推广的成果其价值才更高。成果、经验推广是小学教师一体化专业发展研究体系运行的最重要目的。

当然,教育人的工作必须要严谨,各项研究成果和经验不管是在专业建设还是在教师专业发展培训中推广,事先都要在可控制的小范围内先行试点,只有经过科学的论证、实践的检验,真正取得成效并被证明是可行的经验与成果才能进行全面推广。

参考文献

［1］保罗·朗格朗. 终身教育引论［M］. 周南照，陈树清，译. 北京：中国对外翻译公司，1985.

［2］北京师范大学. 北京师范大学构建面向未来的卓越教师培养体系　大力培养新时代"四有"好老师［EB/OL］. （2019 - 03 - 07）［2023 - 12 - 28］. http://www. moe. gov. cn/jyb_xwfb/s6192/s133/s139/201903/t20190307_372524. html.

［3］陈春勇. 构建新时代教师教育一体化体系：困境与出路［J］. 大连教育学院学报，2020（3）：4.

［4］陈春勇. 构建新时代教师教育一体化体系：困境与出路［J］. 大连教育学院学报，2020（3）：5 - 6.

［5］陈春勇. 构建新时代教师教育一体化体系：困境与出路［J］. 大连教育学院学报，2020（3）：6.

［6］陈慕杰. 地方高师教师教育专业人才培养特色化创新的路径探析——以桂林师范高等专科学校为例［J］. 高教探索，2019（4）：97 - 98.

［7］陈威. 走向卓越："实践取向"小学教师教育课程设置研究［M］. 北京：高等教育出版社，2016.

［8］陈向明. 优秀教师在教学中的思维和行动特征探究［J］. 教育研究，2014（5）：128 - 138.

［9］窦中达，龚建光，邹燕红. 发展论略——环境发展和生态发展［EB/OL］. （2021 - 07 - 05）［2023 - 12 - 29］. https://baijiahao. baidu. com/s? id＝1704452665394271532 6&wfr＝spider&for＝pc.

［10］封喜桃. 从文化本质看教师教育文化建设［J］. 教育导刊，2014（19）：56.

［11］谷陟云，李森. 教师教育教学质量：文化内涵与层次结构［J］. 教师教育研究，2020，32（4）：26.

［12］郭玲. 建立发展性教师继续教育评价体系——对当前教师继续教育评价方式的反思［J］. 成人教育，2005（3）：32.

［13］国家中长期教育改革和发展规划纲要工作小组办公室. 国家中长期教育改革和发展规划纲要（2010—2020 年）［EB/OL］. （2010 - 07 - 19）［2023 - 12 - 28］. http://www. moe. gov. cn/srcsite/A01/s7048/201007/t20100729_171904. html.

［14］洪亚楠，陈艳. 区域教师远程继续教育学习支持服务体系的构建［J］. 广州广播电视大学学报，2018，18（6）：25.

[15] 教育部,中央组织部,中央宣传部,中央编办,国家发展改革委,公安部,财政部,人力资源社会保障部.教育部等八部门关于进一步激发中小学办学活力的若干意见[EB/OL].(2018-09-17)[2024-01-01].http://www.gov.cn/zhengce/zhengceku/2020-09/24/content_5546939.htm.

[16] 教育部高等学校教学指导委员会.普通高等学校本科专业类教学质量国家标准(上)[M].北京:高等教育出版社,2018.

[17] 教育部、国家发展改革委、财政部.关于深化教师教育改革的意见[EB/OL].(2012-09-06)[2023-12-29].https://www.gov.cn/zwgk/2012-12/13/content_2289684.htm.

[18] 李光,姚炎昕,夏小林.产出导向视域下小学教育本科专业人才培养特色的探索与反思[J].湖北第二师范学院学报,2021(4):8.

[19] 李国强.保罗·朗格朗与终身教育理论——兼论西方终身教育理论对我国教育现代化的启示[J].教育研究,2017(6):149.

[20] 李晶.《中小学教师继续教育工程》与我国教师专业化建设[J].中国教育学刊,2003(9):41.

[21] 李世民.帝范//景印文渊阁四库全书.台北:台湾商务印书馆,2008.

[22] 联合国教科文组织国际教育发展委员会.学会生存——教育世界的今天和明天[M].华东师范大学比较教育研究所,译.北京:科学教育出版社,1996.

[23] 梁丹.弦歌不辍照芳华——师范教育的百年实践[N/OL].中国教育报,2021-06-10[2024-01-02].http://www.moe.gov.cn/jyb_xwfb/xw_zt/moe_357/2021/2021_zt15/fjl/fjl_zongshu/202106/t20210610_537184.html.

[24] 刘益春.促进教育公平,推进中西部欠发达地区教育高质量发展[EB/OL].(2021-08-04)[2024-01-01].https://baijiahao.baidu.com/s?id=1707126391150640699&wfr=spider&for=pc.

[25] 南京师范大学.南京师范大学教师教育学院简介[EB/OL].[2023-12-28].http://jsjyxy.njnu.edu.cn/xygk/xyjj.htm.

[26] 潘健.小学教师培养模式:问题与抉择[M].南京:南京师范大学出版社,2011.

[27] 青岛市教育局.青岛大学探索构建"五育+双创"协同育人机制 着力构建高水平人才培养体系[EB/OL].(2021-11-30)[2023-12-29].http://www.moe.gov.cn/jyb_xwfb/s6192/s222/moe_1769/202112/t20211202_584002.html.

[28] 师范教育一体化课题组.上海市教师教育一体化的战略思考[J].高等师范教育研究,1998(5):3.

[29] 施良方.课程理论——课程的基础、原理与问题[M].北京:教育科学出版社,1996.

[30] 苏州市吴江区教师发展中心."长三角示范区教师一体化培养方案"发布仪式暨培训者培训力提升高级研修班开班典礼在吴江举行[EB/OL].(2021-10-14)[2023-12-28].https://wjjspx.wjjyxxw.com/2021_10/14_16/content-64620.html.

[31] 眭依凡.素质教育:高校人才培养体系的重构[J].中国高等教育,2010(9):10.

[32] 陶行知:晓庄三岁敬告同志书:陶行知全集[M].成都:四川教育出版社,1991.

[33] 王莉.本科层次全科型小学教育专业人才培养模式的建构[J].教育实践与研究,2017(9):9.

[34] 王治卿.集约型一体化管理体系创建与实践[M].北京:中国石化出版社,2010.

[35] 武贵龙.奏响"三全育人"最强音[EB/OL].(2019-02-26)[2023-12-28].http://theory. people. com. cn/n1/2019/0226/c40531-30901931. html.

[36] 项璐,眭依凡.培养目标：人才培养模式改革的价值引领——基于斯坦福大学"开环大学"计划的启示[J].现代大学教育,2018(4):104-110.

[37] 新华社.中共中央 国务院关于全面深化新时代教师队伍建设改革的意见[EB/OL].(2018-01-31)[2023-12-29]. http://www. gov. cn/zhengce/2018-01/31/content_5262659. htm.

[38] 熊孝梅.高师院校教师教育职前职后"一体化"改革路径研究[J].黑龙江高教研究,2015(2):12.

[39] 薛玉香,王占仁.地方高校应用型人才培养特色研究[J].高等工程教育研究,2016(1):149.

[40] 杨改学,俞树煜.远程教育[M].北京：高等教育出版社.2012.

[41] 杨荣昌.教师继续教育课程体系创新构想[J].南阳师范学院学报(社会科学版),2007(7):71.

[42] 叶晓霓.OPSPR：一种实践教学策略[J].生活教育,2021(18):57-60.

[43] 尹云彦.兰州大学艺术人才培养特色研究[D/OL].兰州：兰州大学,2020:11[2024-01-01]. https://d. wanfangdata. com. cn/thesis/ChJUaGVzaXNOZXdTMjAyMzEyMjISCUQwMjA3NTE4MBoIamZucnU0eXg%3D.

[44] 俞婷婕,眭依凡.大学课程与人才培养——基于大学教学理性的思考[J].清华大学教育研究,2013(6):32.

[45] 张春铭,吕同舟,程墨,等.奠基乡村振兴之路——湖北省加强乡村教师队伍建设纪实[N/OL].中国教育报,2021-08-23[2023-12-28]. http://www. moe. gov. cn/jyb.

[46] 浙江省教育厅.浙江打破传统模式创新中小学教师专业发展培训制度[EB/OL].(2011-02-15)[2023-12-31]. http://www. moe. gov. cn/jyb_xwfb/s6192/s222/moe_1742/201102/t20110215_114984. html.

[47] 浙江省教育厅.浙江省教师发展学校建设实施方案(试行)[EB/OL].[2024-01-01]. https://wenku. baidu. com/view/079832cc588102d276a20029bd64783e08127dac. html?_wkts_=1671948147217&bdQuery=浙江省教师发展学校建设实施方案.

[48] 浙江省教育厅.浙江省中小学教师专业发展培训学分制管理办法(试行)[EB/OL].(2021-12-31)[2023-12-31]. http://jyt. zj. gov. cn/art/2021/12/31/art_1602160_58918570. html.

[49] 中共中央、国务院.深化新时代教育评价改单总体方案[EB/OL].(2020-10-13)[2024-01-01]. http://www. moe. gov. cn/jyb_xxgk/moe_1777/moe_1778/202010/t20201013_494381. html.

[50] 中共中央、国务院.中国教育现代化2035[R/OL].(2019-02-23)[2023-12-17]. https://www. gov. cn/zhengce/2019-02/23/content_5367987. htm.

[51] 中国教育年鉴编辑部.中国教育年鉴(2003)[M].北京：人民教育出版社,2003.

[52] 中国空间技术研究院.打造创新人才培养体系[J].企业管理,2020(9):60.

[53] 中国新闻网.如何组织实施好卓越教师培养计划2.0? 教育部回应[EB/OL].(2018-10-11)[2023-12-29]. https://www. workercn. cn/32842/201810/11/

181011141536167. shtml.

［54］中华人民共和国教育部. 教育部办公厅关于印发《中学教育专业师范生教师职业能
力标准（试行）》等五个文件的通知［EB/OL］.（2021 - 04 - 06）［2023 - 12 - 31］.
http：//www. moe. gov. cn/srcsite/A10/s6991/202104/t20210412_525943. html.

［55］中华人民共和国教育部. 教育部 财政部关于改革实施中小学幼儿园教师国家级培
训计划的通知［EB/OL］.（2015 - 09 - 01）［2024 - 01 - 01］. http：//www. moe. gov.
cn/srcsite/A10/s7034/201509/t20150906_205502. html? from＝groupmessage&isap
pinstalled＝0.

［56］中华人民共和国教育部. 教育部等八部门联合印发的《新时代基础教育强师计划》
［EB/OL］.（2022 - 04 - 11）［2024 - 01 - 01］. http：//www. moe. gov. cn/srcsite/
A10/s7034/202204/t20220413_616644. html.

［57］中华人民共和国教育部. 教育部等五部门关于印发《教师教育振兴行动计划（2018—
2022 年）》的通知［EB/OL］.（2018 - 03 - 28）［2023 - 12 - 29］. http：//www. moe.
gov. cn/srcsite/A10/s7034/201803/t20180323_331063. html。

［58］中华人民共和国教育部. 教育部关于大力推进教师教育课程改革的意见［EB/OL］.
（2011 - 10 - 08）［2023 - 12 - 31］. https：//baike. baidu. com/item/教育部关于大力
推进教师教育课程改革的意见/3887213? fr＝ge_ala.

［59］中华人民共和国教育部. 教育部关于加快建设高水平本科教育全面提高人才培养能
力的意见［EB/OL］.（2018 - 10 - 08）［2023 - 12 - 29］. http：//www. moe. gov. cn/
srcsite/A08/s7056/201810/t20181017_351887. html.

［60］中华人民共和国教育部. 教育部关于实施卓越教师培养计划 2.0 的意见［EB/OL］.
（2018 - 09 - 30）［2023 - 12 - 29］. http：//www. moe. gov. cn/srcsite/A10/s7011/
201810/t20181010_350998. html.

［61］中华人民共和国教育部. 教育部关于印发《普通高等学校师范类专业认证实施办法
（暂行）》的通知［EB/OL］.（2017 - 10 - 26）［2023 - 12 - 29］. http：//www. moe. gov.
cn/srcsite/A10/s7011/201711/t20171106_318535. html.

［62］中华人民共和国教育部. 教育部关于印发《幼儿园教师专业标准（试行）》《小学教师
专业标准（试行）》和《中学教师专业标准（试行）》的通知［EB/OL］.（2012 - 09 - 13）
［2023 - 12 - 29］. http：//www. moe. gov. cn/srcsite/A10/s6991/201209/t20120913_
145603. html.

［63］中华人民共和国教育部. 中小学教师继续教育规定［EB/OL］.（1999 - 09 - 13）
［2023 - 12 - 29］. http：//www. moe. gov. cn/srcsite/A02/s5911/moe_621/199909/
t19990913_180474. html? ivk_sa＝1024320u.

［64］钟秉林. 教师教育的发展与师范院校的转型［J］. 教育研究,2003(6):24.

［65］钟启泉. 教师研修:新格局与新挑战［J］. 教育发展研究,2013(12):20 - 25.

［66］周彬. 教师教育变革 40 年:历程、经验与挑战［J］. 教师教育研究,2019,31(2):3.

［67］朱熹.《朱子语类》卷十四·大学一［EB/OL］.［2023 - 12 - 31］. https：//zhidao.
baidu. com/question/2143403767461756828. html.

［68］庄妍. 地方高校小学教育专业"实践导向"人才培养模式的构建［J］. 教书育人,2016
(6):15.

索　引

后 记

  培养山区小学教师是丽水学院教师教育的重中之重。丽水学院源于师范，一直把教师教育作为学校的重点工作，特别重视运用陶行知精神及其生活教育理论培养愿意扎根山区的小学教师。作为丽水学院教师教育体制改革的直接参与者，我们既参与了教师教育一体化体制改革的设计，又直接参与了小学教育专业改革的实施，积攒了较多感受和体验，一直希望将自己的实践经验总结、提炼，以供更多的同行和山区小学教师们参考。

  感谢丽水市"绿谷双名工程"项目的支持，让我们下定了进行全面总结和梳理的决心。通过一年的时间，对十多年来积累的山区小学教师一体化专业发展实践经验进行了比较全面的初步总结。从 2009 年建设"浙江省教师教育基地"开始，我们就努力实施"职前职后一体化"，尽量多地在职前小学教师培养中引进一线优秀教师，同时注重开展山区小学教师继续教育，组建职前后教师共同体，让师范生与在职教师紧密协同、取长补短……我们培养的小学教育专业师范生在技能竞赛和各地招聘考试中都取得了不俗的成绩，小学教育专业成为学校最受学生和学生家长青睐的专业之一。多年来，尽管山区小学教师一体化专业发展的实践经验始终在不断持续积累，但理论研究仍较多停留于零散层面的探索，未能形成系统的山区小学教师一体化专业发展研究成果。本书是基于实践经验形成的行动理论，目的在于对实践进行比较全面的总结和提炼，尽管内容还比较粗浅，但希望能给读者带来一些启示。

  感谢丽水学院教师教育学院小学教育专业的教师们的共同努力，正是大家的努力，让丽水学院的小学教育专业成为浙江省特色建设专业、一流专业，在学校最早顺利通过了师范专业二级认证。所有这些努力都为本书的写作提供了极好的素材。

  更要感谢家人们、朋友们的理解、支持和帮助！是大家的共同鼓励，让我们有了写作的动力。

　　希望本书能给培养山区小学教师的教育机构同仁们、努力奋战在山区小学一线的老师们带来一些启示。不足之处也请大家谅解！我们会一直为山区小学教师的专业发展付出自己的努力！

著者

2024 年 1 月